版权声明

First published by Teachers College Press, Teachers College, Columbia University, New York, New York USA.

Copyright © 2008 by Ann Lewin-Benham.

All rights reserved. No part of this publication may be reproduced or transmitted in any form or by any means, electronic or mechanical, including photocopy, or any information storage and retrieval system, without permission from the publisher.

保留所有权利。非经中国轻工业出版社"万千教育"书面授权，任何人不得以任何方式（包括但不限于电子、机械、手工或其他尚未被发明或应用的技术手段）复印、拍照、扫描、录音、朗读、存储、发表本书中任何部分或本书全部内容。中国轻工业出版社"万千教育"未授权任何机构提供源自本书内容的电子文件阅览、收听或下载服务。如有此类非法行为，查实必究。

Powerful Children
Understanding How to Teach and Learn
Using the Reggio Approach

培养卓越儿童
幼儿教育中的瑞吉欧教学法

［美］安·卢因-贝纳姆（Ann Lewin-Benham） 著

叶平枝 洪浩才 周丹丹 等 译

中国轻工业出版社

图书在版编目（CIP）数据

培养卓越儿童：幼儿教育中的瑞吉欧教学法／（美）安·卢因-贝纳姆（Ann Lewin-Benham）著；叶平枝等译.—北京：中国轻工业出版社，2022.5（2025.1重印）

ISBN 978-7-5184-3749-8

Ⅰ.①培… Ⅱ.①安… ②叶… Ⅲ.①幼儿教育-教学法 Ⅳ.①G612

中国版本图书馆CIP数据核字（2021）第253488号

责任编辑：牟　聪　　　　责任终审：张乃柬
文字编辑：李芳芳　　　　责任校对：刘志颖
策划编辑：吴　红　　　　责任监印：吴维斌

出版发行：中国轻工业出版社（北京鲁谷东街5号，邮编：100040）

印　　刷：三河市鑫金马印装有限公司

经　　销：各地新华书店

版　　次：2025年1月第1版第2次印刷

开　　本：710×1000　1/16　印张：18

字　　数：167千字

书　　号：ISBN 978-7-5184-3749-8　定价：62.00元

读者热线：010-65181109

发行电话：010-85119832　　010-85119912

网　　址：http://www.chlip.com.cn　http://www.wqedu.com

电子信箱：1012305542@qq.com

版权所有　侵权必究

如发现图书残缺请拨打读者热线联系调换

242248Y1C102ZYW

译 者 序

本书围绕项目式教学，介绍了受瑞吉欧教学法启发的魔豆早期学习中心（Model Early Learning Center，MELC）[1]如何带领幼儿开展不同的项目。它徐徐地向我们打开一幅画卷；这幅画卷记录了一个项目从想法转变为非凡工作的过程，翔实且紧凑。教师的多重角色和儿童的贡献在瑞吉欧教学法中被赋予了重要地位，而这也正是具有创造性的、复杂的、原创的非凡工作得以实现的基础。本书通过实例详细地阐述了瑞吉欧教学原则在实践中的运用和渗透，完整地呈现了植根于意大利的教育理念在美国文化土壤中扎根发芽的图景。

在翻译过程中，我们有四点明显的感触。

其一，儿童的潜力远远高出我们的想象。魔豆中心儿童的发展水平颠覆了我们的认知。我们总以为儿童是弱小而低能的，处境不利的儿童因为各种缺失更是如此，但魔豆中心的儿童在良好的教育中获得了令人瞩目的发展。瑞吉欧教育中的教师中介作用和项目活动，让我们看到了儿童发展的无限可能性。好的教育确实可以培养"卓越儿童"（powerful children）。

其二，教师的专业性得到了应有的尊重。瑞吉欧教学法中的"家长们会像尊重医生或律师一样充分尊重教师的专业知识"。我们一直困惑：瑞吉欧教育为什么会吸引那么多家长和社会人士卷入？瑞吉欧教育的教师为何有那么高的社会地位？当翻译到第九章的第三节"支持教师"时，我们便恍然大悟了。首先，瑞吉欧教师的选拔严格，每年从数百名申请人中选出五六名。其次，瑞吉欧教师"工作时间合理，假期宽裕，待遇优厚"。最后，安·卢因-贝纳姆园长卓越的领导管理能力、强大的资金筹措能力让教师从行政事务中解放出来。教师可以依托首都儿童博物馆（Capital Children's Museum）的国

---

[1] 也有翻译为"早期学习示范中心"，简称"魔豆中心"。——译者注

家级资源，专心做教育，用心研究儿童，成为成就儿童、成就自己的受人尊敬的专业化教师。解放幼儿，应先解放教师，这对我们提高教师待遇，减少教师负担，让教师专注于教育，具有重要的启发性。

其三，教育是一个多因素作用的复杂系统。瑞吉欧教学法强调关系和联结，强调儿童的发展受多方面因素（既有人的因素，也有物的因素）的影响。从行动者网络理论来看，人的因素包括魔豆中心的每个班的教师、艺术教师、幼儿、家长、访问者、顾问专家、实习生以及"许多非教学支持人员、管理员、厨师和其他帮手、午后员工、木偶师"等，物的因素包括首都儿童博物馆及其资源、可可猫（Coco the cat）、复活节鸽子、布谷鸟和鸟巢、乌龟、各种材料等。所有的人和物通过行动（本书中的行动就是项目活动的开展）产生的联系构成了一个行动者网络，共同滋养着魔豆中心里来自处境不利家庭的幼儿。网络中的每一个节点即行动者，他们都在核心行动者（即教师）的领导下，影响着这个网络的质量、动向。

其四，瑞吉欧教学法强调纪律的重要性。一般认为，瑞吉欧教学法强调以生成性为主的活动，儿童在其中自由自在，缺乏约束。但魔豆中心的瑞吉欧教学法实践对纪律的重视和强调改变了我们的认知。

总体而言，本书案例生动，可操作性强，理论与实践相结合，课程生成过程清晰。相信本书对于学前教育（特别是课程和教学）改革具有重要的启发性和借鉴价值。拿来主义和闭门造车均不可取，学习先进的学前教育方法和模式，探索和思考我国学前教育的课程与教学，走出具有中国特色的学前教育之路是我们的责任和使命。

翻译的顺利完成离不开集体的共同努力。按照翻译章节排序，参与此书翻译工作的有叶平枝、覃文希、洪浩才、杨幼榆、周晓晴、夏雨璇、吴灵灵、丘苑、刘楷丹、王芳、孟斯宇和周丹丹。叶平枝、洪浩才、周丹丹、覃文希对全书进行多次统稿和修改。另外，特别感谢"万千教育"吴红主任的帮助和指导。

叶平枝
2021年12月1日

原著推荐序

在中世纪，人们根据外表判断儿童，普遍认为儿童就是小大人。这种认识也体现在艺术作品中。人们期望有上学机会的儿童好好学习，否则，就认为问题出在儿童的身上。在随后的几个世纪里，关于儿童发展和学习的研究慢慢出现。我们要感谢这些教育家：裴斯泰洛齐（Pestalozzi）、福禄贝尔（Froebel）和蒙台梭利（Montessori）。他们为我们丰富了知识——儿童如何发展，如何识别有助于儿童更好学习的物质材料、成人行为和态度。

儿童发展科学有自己的发展历程。在达尔文物种进化的划时代观点影响下，心理学家和"婴儿传记作家"就提出了他们对人类发展阶段的看法，勾勒出了儿童与灵长类动物幼崽的相似和相异之处。当瑞士心理学家让·皮亚杰（Jean Piaget）客观细致地观察自己的孩子，对他们理解了什么、没有理解什么进行针对性的实证研究时，一个巨大的飞跃出现了。皮亚杰描绘了一幅人类认知的画卷，他认为儿童发展的大部分动力来自儿童的"认知"单独与客体世界的相互作用。相比之下，苏联心理学家列夫·维果茨基（Lev Vygotsky）则呼吁人们注意多种方式——这些方式推动我们以整体的视角来看待文化，关注年长者为儿童提供的具体支持，它们共同影响着人类发展的步伐、轮廓和所获得的伟大成就。

在过去的50年里，也就是所谓的后皮亚杰、后维果茨基时代，经验主义的研究者们已经为儿童的具体发展过程提供了充足的证据。我们获得了如下认识：婴儿拥有关于世界的令人印象深刻的知识和理解世界的方法。1岁时，婴儿已经对数学领域、人类意图、物体可能和不可能的特质有一定的了解。而且，就像皮亚杰所说的那样，他们几乎不需要大人的特别指导就能做到这一点。与维果茨基的观点相一致的是，与知识渊博的成年人（或年龄较大的儿童）交往的质量和数量，对于幼儿是否能够融入他们的社区，以及在进入小学时是否已经踏上成为终身学习者的道路具有决定性的作用。

诺贝尔物理学奖获得者默里·盖尔–曼（Murray Gell-Mann）曾经说过，一个具有综合思考能力的头脑将是21世纪最宝贵的知识财富。我认为他的意思是，我们都被大量的信息淹没了，很多信息的价值都是可疑的。拥有综合性头脑的人知道什么值得关注，什么可以被忽略；此外，拥有综合性头脑的人还能以自己认为合理的方式将信息组合在一起——否则，信息将是杂乱无章的。同时，就所寻求的沟通程度而言，拥有综合性头脑的人一定会将一系列的想法呈现出来，这对他人来说是有意义的，这通过他自己的努力证明是有用的——无论是在理论中，还是在实践中。

在幼儿教育的理论和实践方面，安·卢因–贝纳姆首屈一指。20世纪60年代末，她在弗吉尼亚州阿灵顿县的四个贫困地区发起了美国第一个基于公立学校的蒙台梭利项目。20年来，她一直担任首都儿童博物馆的创始馆长，并很快成为儿童博物馆这一蓬勃发展的领域的领军人物。在儿童博物馆里，卢因–贝纳姆还为内城区的儿童（和成人）开办了选修学校，以调和高等教育的僵化。对本书的读者来说最重要的是，安·卢因–贝纳姆建立了卓越的魔豆早期学习中心。

在这个中心里，卢因–贝纳姆取得了理论与实践相结合的惊人成就。利用所掌握的人类发展科学的知识，她建立了一个完全与当代儿童发展的知识相契合的框架。与此同时，在令人激动的幼儿教育实践中，卢因–贝纳姆创办了一所学校，使处境不利的儿童的全部潜能得以发挥。用她那意味深长的话来说就是，使他们成为卓越的儿童。

在我看来，和安·卢因–贝纳姆的观点一样，当代最令人印象深刻的早期教育范例可以在意大利北部的小城市瑞吉欧·艾米利亚中找到。在40多年的时间里，具有开拓性的理论实践家洛里斯·马拉古奇（Loris Malaguzzi）和全身心奉献的同事们创造了一种儿童教学方法——如今全世界都在赞赏和模仿这种教学法。作为一位儿童教育先驱，安·卢因–贝纳姆很早就认识到瑞吉欧教学法的力量，并像任何一个美国人一样努力使它引起教育者的关注。

瑞吉欧教学法是魔豆早期学习中心的核心，也是我所描绘的早期人类发展图景的核心。事实上，那些对瑞吉欧模式的记录、评估、项目和小组学习感兴趣的人，将会在本书中看到精彩的介绍。

安·卢因-贝纳姆既有扎实的理论功底，也是一位杰出的教师和教学观察者。在本书中，我们可以探寻她和她的同事们在努力建立一个成为典范的学习中心时的思考。我们可以详细讨论发生在每一个儿童世界中的各种生动的主题，感受到其中的愉悦。这些主题包括季节更替、生日气氛、来自或发送给另一名儿童的口头和书面信息的特殊含义、校园内外物理环境的力量。当我们读到"可可猫"或者"乌龟、蝴蝶和月亮"（The turtle, the butterfly, and the moon）的传奇故事时，我们会回忆起童年，童年是一个充满感官图像、触觉、强烈气味和阵阵大笑声的世界，用马拉古奇令人难忘的话来说，就是有"一百种语言"的世界。

同其他文化的产物一样，教育不能简单地从一个社会移植到另一个社会。从一个富裕又富有田园风情的意大利地区到动荡不安的华盛顿特区内城，这样的距离也相当遥远。卢因-贝纳姆没有忽略美国迅速变化的环境：对学校责任的要求不断增加，把小学教育的方法和目标强加于学前教育的压力，市场、媒体和物质消费带来的强大而往往具有破坏性的力量。安·卢因-贝纳姆让我们认识到，如何让瑞吉欧教学法在另一个国家的完全不同的土壤中扎根，如何在保留瑞吉欧教学法的深层结构和本质的基础上，对许多具体的做法进行改造，甚至再创造。她没有掩饰在移植过程中所遇到的困难，因为一个人即使拥有强大的能力和动机也不能解决所有问题。

尽管卢因-贝纳姆的实践过程充满了挑战，但本书仍是一本值得期待的书。每一个新的儿童都构成了一个新的世界。2—5岁一直是一个"神奇的年龄段"。每一个新的儿童都为我们提供了一个机会来展示我们能做什么，我们如何让这个世界为儿童而变得更加美妙。并且，在这个过程中，我们增加了儿童有一天能够回馈社会的可能性——成为一个好的父母或教师，致力于让这个世界变得更好。在安·卢因-贝纳姆的实践和著作中，她做出了这样的贡献。我们都非常感激她。

霍华德·加德纳（Howard Gardner）
美国马萨诸塞州剑桥市，2008年1月

致　　谢

我很感激我深爱的丈夫——罗伯特·塞缪尔·贝纳姆。他支持我并给予我时间让我投入写作。我由衷地欣赏魔豆早期学习中心的教师珍妮弗·阿扎里提（Jennifer Azzariti），她是一位天生具有卓越能力的艺术家，可以让儿童深入使用艺术家的材料和工具，像艺术家那样工作。她有意缩短了本可以用来发展自己事业或用来抚养自己的儿子（路易斯和威廉）的时间。她慷慨地与我分享了她的故事、个人日记和从魔豆中心收集到的大量幻灯片。我将永远感谢魔豆中心的家庭和儿童们，他们用这么短的时间成就了这么多的事情。为了保护他们的隐私，所有人的真实姓名都改成了化名。魔豆中心的教师——吉尼特·阿斯塔克（Genet Astatke）、温迪·鲍德温（Wendy Baldwin）、德博拉·巴利（Deborah Barley）和索尼娅·肖特赫（Sonya Shoptaugh）都在勇敢而努力地推动变革。没有她们，就没有这本书。我很感激戴维·珀金斯（David Perkins）、鲁文·福伊尔斯坦（Reuven Feuerstein）、霍华德·加德纳和洛里斯·马拉古奇，他们的才华启发了我的思考。同样，我也敬畏瑞吉欧的教育工作者们，他们向我们展示了一个共同体如何在教师的领导下支持最好的幼儿教育。我要感谢教育家琳达·桑蒂斯（Linda Tsantis），她是我的同事，也是一位创新者，是她的灵感和知识丰富了这本书。康妮·坎卓尔（Connie Condrell）、亚历珊德拉·克鲁克香克（Alexandra Cruickshank）和唐娜·拉发内洛（Donna Rafanello）对不同章节进行了评价。科技巨匠克里斯·格罗特克（Chris Grotke）和迈尔斯·福西特（Miles Fawcett），让我想起了4岁的儿童是如何给他们的猫拍视频的。感谢田纳西州孟菲斯市的阿基米尼亚建筑事务所（Archimania, Inc.）提供了魔豆中心的平面图。感谢魔豆中心的教师和阿梅莉亚·甘贝提（Amelia Gambetti）为本书提供了很多图片。我非常幸运有玛丽亚·埃伦·拉卡达（Marie Ellen Larcada）做我的编辑。她热情、头脑敏锐、幽默，而且总是把宝贵的时间留给我。我还要感谢卡尔·尼伯格（Karl Nyberg）进行了大量细致、周到的阅读。最后，我要感谢许多行政人员、教师、学生、家长和其他曾听过我的演讲的人。你们认真的倾听和深刻的问题让我明白了我需要说什么。

前　言

本书有三个目的：为学前儿童强大的先天才智发声，提供大量开发这些才智的课堂实践案例，把儿童的才智和学前教育实践联结起来——便于政策制定者、教育工作者和父母能够清楚地看到它们之间的关系。为了实现这些目标，我从三个地方汲取了经验。首先是在魔豆早期学习中心的学前儿童及其家庭中使用瑞吉欧教学法——这些儿童和他们的家庭是"开端计划"（Head Start）的受众。其次是我唯一的外孙谢皮·卢因（Sheppy Lewin）的出生。自从他于2001年2月9日出生后，我有段时间在照顾他。这种当祖父母的经历让我在60多岁的时候重新体验了人类发展的壮阔景象。最后是我写的第一本书——《可能的学校——城市教育中的瑞吉欧教学法》（Possible School: the Reggio Approach to Urban Education，2006）。它讲述了我在20世纪80年代末创立魔豆中心的故事，并按时间顺序记录了我们最初2年在试图让儿童遵守常规和开展卓越实践的过程中挣扎的经历。在阿梅莉亚·甘贝提的专业指导下，瑞吉欧·艾米利亚市属幼儿园认可了我们对瑞吉欧教学法的示范性应用。本书一出版，我就开始频繁地演讲。因为我的听众（从大学到民间组织）各不相同，所以他们对人类发展的了解也大不相同——从心理学研究生到那些只通过只言片语接触到很少知识的人。我再次开始在各种各样的教室里观察。通过听众和教师的提问，在某种程度上，我仿佛把握到了关于儿童和学习的各种典型观点。在这些经历的交集中，我发现了这本书的目的：满足家长、教育工作者和政策制定者了解究竟是什么构成了优秀的学前教育实践的渴望。

对于上述经历，我有三种感受。第一，尽管最近有大量关于婴儿和早期发展的研究，但公众对于高质量幼儿教育的需求并不急迫。第二，除了一些明显的例外，大部分的幼儿园基本上和我1963年开始从事幼儿教育时没什么不同。知识渊博的教育工作者们关于教学技巧和内容的对话质量有所提升，但在大多数课堂中，其行动并没有跟上认识。不过，家庭的工作模式改变了，更多的儿童长时间由家人以外的人照顾。第三，除了明显的例外，从幼儿园到大学的教师、教师培训者和管理人员不知道如何改变以将最佳实践带入课堂。然而，许多人正将小学的教育方法推广到幼儿园，这是一种危险的趋势。

通过提供大量创新的、有效的、基于研究的幼儿教育的具体例子，我希望能够帮助读者了解他们的儿童观，了解是什么塑造了他们的信念，以及了解在开始改变时哪些是不同的和可能的方式。我也希望激励人们想要改变，展示我们应该对幼儿园提出什么要求以及我所描述的经验如何帮助儿童学习。所以，在这本书中，我将用清晰的文字描述强有力的幼儿教育是怎样发生作用的。我用来描述这种教育的措辞是"非凡工作"（significant work）。

本书的主题

本书有四个主题：①在每一章中通过例子和个案解释什么是非凡工作；②瑞吉欧教学法的主要特点；③通过非凡工作而实现的教学原则的清晰表述；④对儿童从非凡工作中学习到了什么的描述。

瑞吉欧教学法的主要特点

瑞吉欧教学法被广泛地认为代表了最好的早期教育实践。该教学法基于社会文化理论，经过几十年的发展，积累了有力的实践案例，这些案例充分体现了社会文化理论在实践中的样态。其中心思想是：由有思想的成年人协调的人际关系对学习至关重要。我们从人与人（教师-儿童、儿童-儿童、儿童-父母）之间的关系中学习，并且通过意向式教学来学习，这种教学对使用与我们文化相关的环境、工具和材料起到中介作用。

我认为瑞吉欧教学法有以下九个要素。

（1）相信儿童是有力量的人。这意味着教师应把儿童看作有权利的人，而不是有需要的人。因此，即使是婴儿的经验也比大多数人认为的更有挑战性和更复杂。

（2）小组工作。这意味着教师通常一次引导3~6名儿童，而不是整个班级。其目的是"由具有差异的个体构成的团体激励个体成员学习并通过对团体真正重要的贡献来证明自己"（Wilson，1998，p. 180）。每个班上有两位支持小组工作的教师。此外，通过分享不同的观点，教师会成为更好的观察者，对儿童的反应更加敏捷。

（3）每个学校都有艺术工作室（atelier/artist's studio）和艺术教师或工作室教师（atelierista/artist/studio teacher）。瑞吉欧教学法的创始人洛里斯·马拉古奇认为，艺术家作为广泛使用材料的专家，为儿童的体验做出了独特的贡献。

（4）一百种语言的比喻。这意味着儿童使用多种工具和材料的能力的提升。人类的表达能力是巨大的，表达的形式可以从数学到音乐，从十四行诗到铅球。这样做的目的是让儿童参与不同的表达形式。

（5）时间和空间的作用是相互关联的。环境对儿童的影响是细致入微的，教师把环境当作第三位教师。因此，儿童与环境中任何事物的交互都和他们与教师的互动一样有价值。

（6）家庭的广泛参与。让家庭参与学校生活的方方面面（从家具的打造到筹款）。在家长会上，教师会详细地讨论儿童与家长互动的经验，家长们会像尊重医生或律师一样充分尊重教师的专业知识。在培养儿童潜能的过程中，教师把家长看作全面的合作伙伴，而家长的回应则是更深入地参与到教育中。

（7）记录。记录的载体包括大型的像照片杂志一样的展板，它覆盖在学校的墙壁上，用以展示儿童在项目的关键时刻的言语和照片。因为记录反映了活动中的关键时刻，所以它对于项目来说是不可或缺的。儿童的学习记录也为他们的下一步行动提供激励。

（8）一个新的复杂的角色对于教师来说意味着他们以儿童发展的研究者自居。他们多听，多观察，少说，从儿童的言语和行动中找到项目的主题。

他们像科学家一样假设，"我想知道，假如……可能会发生什么？"，并与儿童在不可预知的各种项目上合作。

（9）一个支持教师的系统。这个系统基于这样一种信念：教师的持续发展与儿童的持续发展同样重要。持续的教师教育由知识渊博的专业人员、合理的工作时长和薪酬以及社会对教师专业知识的尊重来支持。

* * *

从第一章到第九章，每一章都分别描述了瑞吉欧教学法的一个特点。需要注意的是，在瑞吉欧教学法中，所有的特点都是紧密联系在一起的。所以如果你观察一个班级，那么你会看到所有的特点都在发挥作用，很难只体现一个特点。不过，为了清楚地举例说明每个特点，我在每一章只强调一个特点。

从第二章到第九章，我将介绍魔豆中心的项目，有时我会把一些相关的项目集中在一起讨论，有时只展示一个优秀的项目。我将解释每个项目的起源、发展和结果，展示课堂环境如何支持它，将项目与特定的教学原则联系起来，并描述它是如何例证非凡工作以及如何影响和反映儿童才智的。每一章的重点是项目如何反映瑞吉欧教学法的一个特点。

什么是非凡工作？

当工作激发儿童深刻汲取人类特有的丰富能力时，其意义就显得非常重大。许多能力在大脑中是固有的，并在生命的最初几年逐渐显现（Gardner，1983；Pinker，1997）。人类学家唐纳德·E. 布朗（Donald E. Brown）对200多种能力进行了跨文化鉴定、研究和总结。举几个例子：运动、语言、理论建构、唱歌、律动、共情、分类和理解比喻、符号化、类比、合作和察觉他人的动机（Pinker，2002）。非凡工作利用了包括这些能力在内的许多能力。

非凡工作让儿童进入一种像心理学家米哈里·契克森米哈赖（Mihaly Csikszentmihalyi）所描述的心流状态：

将注意力集中在一个明确的目标上……变得精神投入、集中、一心一意……专注的深度……使我们能够……在活动中沉醉。（1993，pp. xiii–xiv）

一个处于心流状态的儿童的故事：在 1933 年的芝加哥世界博览会上，展示着一个被玻璃包围着的蒙台梭利教室。游客对孩子表现出的专注力感到异常惊讶。为了验证这一点，一个坐在桌子旁的孩子被抬起，连同椅子和所有的东西都被转了方向，然后放下。但这丝毫没有影响到她的注意力。如果有适当的激励和支持性的环境，那么你就会看到儿童在心流的状态下进行非凡工作。这里有两个例子，涉及我所合作过的两个孩子。

例子 1：阅读。我的外孙谢皮从出生起就经常有人读书给他听。我们希望他听到完整的英语，包括英语的声音、节奏和词汇。我们会读《鹅妈妈》、莫里斯·桑达克（Maurice Sendak）的《果壳图书馆》、T. S. 艾略特（T. S. Eliot）的《擅长假扮的老猫经》，这些书会让你觉得给新生儿的读物充满了韵律、节奏和丰富的文字。虽然我还不能证明其中的因果关系或相关性，但谢皮很早就会说话了。我们继续阅读大部头的书并与他讨论，而他也表达了非凡的思想。尽管谢皮确实看了些他父母精心筛选过的视频，但由于谢皮的父母很少看电视，谢皮只在别人家里看电视。在谢皮 3 岁 9 个月的时候，他的爸爸租了《海底两万里》的录像带回家。在录像带播放了 20 秒后，谢皮和爸爸都认为：这个电影太吓人了。书则没那么具有画面感，因此我们在图书馆找到了这本书。谢皮被书中富有戏剧性的插图吸引，立刻想要聚精会神地听这本书。于是我读了插图上的文字，没有读远超他能力范围的 400 页文字。

当我 3 个月后见到谢皮时，我给了他未删节版和删节版的书。他马上看了插图，然后让我坐下来读 200 页的删节版的书。我们通读了一遍，谢皮全神贯注于故事，就像他全神贯注于插图一样。

在那本书的第十二章中，尼摩舰长解释了他藏匿的那批金子的来源，讲述了满载金子的西班牙无敌舰队遇到英国战舰的过程。西班牙舰长击沉了自己的舰队而不是将自己的财富拱手让人，最终这些财富被尼摩船长发现。我问谢皮，如果他是舰长，他是否会击沉自己的舰队。他严肃而坚决地摇了摇头说："不！"我问他会怎么做。他向前伸开双臂，举起手掌，做了一个明确的手势说："停！"然后，他慎重地、十分强调地说："我会要求停止战争，我会对所有人说'你们必须对话'。"读一本有思想深度的书并激起儿童的反馈是一项非凡工作。

例子 2：视觉感知。路易斯（Louis）是我的同事珍妮弗·阿扎里提的儿子，比谢皮大 6 个月。我每次见到路易斯时，他都会制作一些不可思议的东西：一把剑和剑鞘、一顶三角帽、一台织布机、一个鸟舍。他的作品是复杂的，由不同的材料制成，用丝带、羽毛、纸带、颜料和马克笔装饰。当路易斯还是个婴儿的时候，珍妮弗收集了超大开本的艺术书籍、地图册、杂志等有高质量、色彩丰富、细节清晰的图片的东西。她把这些东西放在路易斯的视线范围内，这样他从婴儿椅、地板或婴儿床上就能看到一些刺激他感官的东西。再次说明，我们不可能把珍妮弗为婴儿提供优质图像的意图同路易斯制作设计良好、装饰精巧的作品的能力直接联系起来。但是和谢皮的家人一样，珍妮弗也有一个特别的意图。她构造了环境，刺激了婴儿的视觉感知，这是另一个非凡工作的例子。

非凡工作的特征

任何类型、任何年龄段儿童的非凡工作都具有以下特征：它是有意向的、高度清晰的、有目标的、引人入胜的、对儿童的兴趣反应敏捷的和卓越的。这意味着非凡工作有潜力延伸到其他丰富的直接或间接相关的主题。非凡工作具有创造性、复杂性和原创性。它会激发人类一种或多种的内在能力，在谢皮的例子中，这种能力是语言和推理。在路易斯的例子中，这种能力是视觉、动觉和计划能力。本书中有许多非凡工作的例子，大多数来自 1992—1993 年之后的魔豆中心，那时我们开始采用瑞吉欧教学法。请将此处做标记，这样当你阅读每个例子时，你可以重新阅读上文所列举的特征。非凡工作来源于教师的选择，他（她）有意地决定接受一种哲学，并采取一系列实践。这些实践基于对儿童拥有强大能力的信念。

下面是创造性、复杂性、原创性工作与冗余的、简单的、无聊的工作的比较。

创造性。非凡工作具有创造性。想象一个典型的幼儿园公告板，上面有用彩色美术纸、纱线和胶水制作的自画像。整个班级以组为单位进行循环，每个组只有 5 分钟的时间，直到所有人完成这个活动。班级必须在当天上午完成这个活动，因为课程要求第二天进行不同的活动，而且每个家长都希望看到自己的孩子的作品被展示出来。每张自画像的脸看起来都很相似，但却不是小画家自己的模样。它们没有个性，一眼就能被看出是学龄前儿童制作的。

相比之下，考虑一个名为"代表不同的自我"的魔豆中心项目。这个项目由四个儿童组成的小组完成。儿童就自己的脸和教师进行多次交谈，在镜子里检视他们的脸，抚摸并感受他们的脸，讨论每张脸的独特特征。他们互相合作，每个儿童的工作都因其他儿童的关注而改善。教师鼓励孩子们一个一个地详述自己的脸的特点，教师一边听一边做笔记。她把笔记念给大家听，然后大家在教室里翻来翻去，寻找可以准确表达自己的材料。在三天里，他们每一天都要花超过一小时在这个事情上。最终完成的项目包括每个孩子的彩色照片、语言描述、一块有机玻璃镜子和五个运用了不同媒介材料的作品，这些媒介材料包括织物、蛋彩画颜料、铅笔、黑色细签字笔和蜡笔。作品的表现形式差异很大，观众很容易就能看到每个孩子的显著特征。

复杂性。非凡工作具有复杂性。这里有一个典型的例子：一个叶子形状的模板，叶子看不出属于哪种特定的树，只有一般的锯齿状的边缘；儿童需要描出、剪出这些边缘，用黄色、橙色或绿色的记号笔上色，再用摆动的塑料眼睛（标准的幼儿园材料）作为装饰。看起来简单的事情实际上很难，因为很少有学前儿童有足够的能力来描摹锯齿状的轮廓，更不用说剪裁它了。所以教师已经为每个人做了数量足够的描线和预剪。那还有什么剩下来给儿童做的呢？给叶子上色，然后粘上眼睛。就像画自画像的活动一样，树叶活动只需要几分钟，整个班级以组为单位进行循环，速度很快。这样课程就能按时进行。

相反，在魔豆中心里一个名为"秋天"的活动中，教师让孩子们参与对话，讨论他们对外面变化的兴奋反应。教师意识到颜色主导了他们的谈话，选择了五个被公认为表达最清晰的孩子。每个孩子都挑选了一组小盒子，为它们涂上自己混合的颜色，以描绘秋天的样子。然后他们把这些盒子并排粘在一起，再挑选出一系列代表秋天的物品。很多物品是在教室外面收集到的。他们遇到的挑战是选择适合每个盒子的物品，匹配盒子的颜色和大小，并通过纹理传达秋天的感觉。他们完成的项目包括干树叶、松针、草、纸巾、折叠和彩绘的纸条、纽扣和他们自己裁剪的纸张。他们必须提前计划并专注于属性——颜色、空间、纹理、秋天的感觉——以及黏合的过程。这个项目花了差不多一周的时间，产出了一个复杂的成果。

原创性。非凡工作具有原创性。尝试对比程式化的活动和魔豆中心的活动。在程式化的活动中，教师展示了一个由三张纸盘子、彩色美术纸、胶水、塑料眼睛和蜡笔或记号笔做成的猫头鹰模型，告诉孩子们要照着这个模型做一个一模一样的作品。同样，它涉及的剪裁和折叠的精确程度超过了大多数学龄前儿童的能力，所以就像做锯齿状的叶子一样，教师实际上做了大部分的工作。孩子们只是粘贴上眼睛，然后给翅膀上色。相比之下，魔豆中心的孩子们制作了他们称为"布谷鸟"的作品。这个作品使用了细铜线、羽毛、麦秆、折叠的纸条、他们自己的照片以及使用细线条的马克彩笔与钢笔标记的信息（见第八章）。这只鸟的身长超过了90厘米，高75厘米。这是一只没有人见过的鸟。

创造性、复杂性和原创性是非凡工作的明显特征。它们代表了我在本书中所描述的项目的特征。

章节概述

下文中的章节概述展示了本书的主题，即儿童天生的才智、瑞吉欧教学法、教学原则和非凡工作的联系。

在第一章中，我描述了开始非凡工作之前需要具备的观念。首先，教师必须了解他（她）的儿童观以及这些观念是如何形成的。对于塑造儿童观的四种主要外力，即政治家、营销人员、幼儿教育工作者和研究者的影响，我给予了说明。如果教师小看儿童的能力或仅仅使用教学－测验技巧，那么将会妨碍儿童完成非凡工作。其次，环境准备必须重视细节。例如，可以通过一群动物或人、管子、绳子和纸条，以及从大自然中发现的形状有趣的物品来增强积木的作用。娃娃家区域布置的物品应该具备吸引力和真实感，但同时要适合儿童；这些物品不会出现在幼儿园的商品目录中，这对认真负责的采购者将会是一个挑战。材料必须丰富多彩，以便吸引兴趣不同的儿童。种类繁多的书籍必须随手可取，从而扩展儿童的经验。关于环境创设的详细例子在本书中都有涉及。最后，儿童必须自律。如果他们无法通过内在的控制来尊重彼此和课堂规则，那么他们就无法完成非凡工作。本章强调瑞吉欧教学法的特征，即瑞吉欧教育工作者认为儿童是"富有的、强大的、卓越的"。虽然我们清楚将这种儿童观作为教学原则的重要性，但其并不一定与实践相关。

在第二章中，我讲述了魔豆中心的故事。这些故事发生在教师开始应用瑞吉欧教学法之时——儿童对颜色进行首次探索并开始使用黏土、胶水和纸张进行工作。受瑞吉欧教学法启发的大部分教师看到了愿景——一项超越了初始实践的未来图景。对早期工作的记录是为了展示起点，即一种强大的实践在教师最初运用时的样貌。瑞吉欧教育的关注点在于如何促进小组活动，因为小组活动可以促进关系建立且是非凡工作中必不可少的组织形式。本章的教学原则强调理论与实践的关系。

在第三章中，我介绍了魔豆中心中关于季节的活动方案。季节活动的主题是幼儿教育课程中的重要内容。传统的季节活动刻板、老套且可预测。在这一章中，我展示了如何通过季节变化培养儿童的兴趣并成就非凡工作——多样化的、富有活力的、原创的。同时，我对瑞吉欧教学法中不可或缺的工作室及工作室教师的角色给予了解释。本章强调教学应为学校生活做准备。

在第四章中，我讲述了魔豆中心儿童和可可（Coco）——学校里的一只猫——建立起来的人与动物之间的联系。这种关系对儿童学习控制自身行为，开始关注书籍及讲故事产生了重要影响，也是许多早期教育方案实施的推动因素。儿童的一百种语言是本章涉及的瑞吉欧教学法的特征。我展示了和可可有关的非凡工作是如何唤起儿童使用一百种语言的，而这也是本章所强调的瑞吉欧教学法的特点。所谓一百种语言只是一种比喻，泛指协助儿童获得完成非凡工作必备的各种各样的工具、材料和技能。本章的教学原则强调培养儿童的自律行为和社会–情感能力。

在第五章中，我记录了在瑞吉欧教育实践的启发下，魔豆中心如何庆祝生日。生日庆祝活动有助于儿童的兴趣在长时间内得以拓展，并最终发展成一门源自儿童兴趣的课程。本章体现了瑞吉欧教学法中整合时间和空间的特征。本章的教学原则是生成具有意向性的课程。

在第六章中，我探讨了魔豆中心内的交流中心——一个能够激发儿童巨大读写兴趣的区域。我描述了该中心如何被设计、其所产生的功能以及惊人的信息往来——儿童与儿童，儿童与教师，儿童与可可，儿童与乌龟，儿童与其家人以及来自其他学校的儿童。此外，我也记述了许多相关的生成性活动，讨论了这些活动对于前阅读者的重要性以及它们如何激发家庭参与，这是本章的主题。教学原则指向早期读写。

在第七章中，我讲述了一个长期项目——可可和乌龟。孩子们和乌龟的深厚友谊延续了3年之久，这个故事展示了儿童对其他生物的同情心。我从教师作为记录者的角度来讲述这个故事并穿插了一些相关的事例，以便读者从复杂的过程中找到一条清晰的路径，这也正是本章涉及的瑞吉欧教学法的特征。教学原则指向评价。

在第八章中，我分别介绍了复活节鸽子、布谷鸟和鸟巢的项目。许多教师困惑于项目如何展开、持续和结束。换言之，教师不清楚一个项目的边界，包括什么时候解散或维持项目。我把这些复杂的项目进行拆解，以便教师能了解其结构，进而将其应用到自己的复杂项目中。本章想要强调的是瑞吉欧教学法中的教师角色。当教师作为研究者时，非凡工作意味着倾听、观察和记录；当教师作为设计者时，非凡工作意味着协调时间、空间和关系；当教师作为组织者时，非凡工作意味着选择儿童并推进项目；当教师作为合作者时，非凡工作意味着和儿童及同龄人建立关系；当教师作为记录者时，非凡工作意味着使儿童能够反思；当教师作为中介者时，非凡工作意味着有目的、有意义并可以实现超越的干预。本章的教学原则突出幼儿教师在非凡工作中的角色。

在第九章中，我描述的项目中展示了两个孩子建造一座大型黏土桥的过程。借用这个故事，我解释了一些系统的问题，比如作为开展非凡工作基础的教师支持。这些支持包括共同的信念、持续的专业发展和延续瑞吉欧教学法的其他特征。本章的教学原则指向对教师的专业支持。

在第十章中，我简要地讨论了幼儿教育中的问题，包括教师素质、评估、特殊教育、计划–人口匹配和家庭参与。接着，我回顾了一些主要组织推荐的标准，包括全美幼教协会（National Association for the Education of Young Children，NAEYC）和"儿童很重要"（KIDS COUNT）组织推荐的标准。以这些标准为模板，我参考前述章节中提到的具体例子，对标准如何更具体地反映最佳实践提出建议。最后，我提出政策启示和改变教师教育的想法。

希望本书中关于儿童非凡工作的故事可以激励读者，鼓励教师去汲取我所描述的信念和应用我所推荐的实践，并帮助家长、管理者和政策制定者更好地理解什么构成了优质的幼儿教育。

作者简介

安·卢因-贝纳姆（Ann Lewin-Benham）是一名教育工作者，她将大部分时间用于为经济困难的儿童和家庭开发项目。在20世纪70年代初，在华盛顿特区，她管理了一家合作日托中心（该中心为华盛顿特区最早成立的合作日托中心之一）。在弗吉尼亚州阿灵顿县的贫困地区，她创建了一家蒙台梭利教育机构（该机构为这一地区公办学校系统内最早的蒙台梭利教育机构之一）；她同时创办了帕克蒙特学校，这是一所非传统的初级中学。在20世纪70年代中期，她创建并领导位于华盛顿特区的首都儿童博物馆长达20年。她还创建并领导了选项学校——一个初级中学辍学预防项目——以及魔豆早期学习中心（魔豆中心），后者是本书和她的早期著作《可能的学校——城市教育中的瑞吉欧教学法》中所讨论的主题。魔豆中心开办于1989年，是首批特许学校之一，与哥伦比亚特区公立学校签订合同，这些学校从供不应求的"开端计划"服务地区中选择儿童。魔豆中心是瑞吉欧·艾米利亚市属幼儿园所认可的学校。安是布林茅尔学院的毕业生，与丈夫罗伯特·贝纳姆法官居住在田纳西州孟菲斯市。

目　　录

第一章　信念、课堂环境和纪律 ·· 1
　　第一节　塑造实践的信念 ·· 2
　　第二节　设计一个环境 ·· 18
　　第三节　帮助儿童自律 ·· 20
　　第四节　目标：非凡的工作 ·· 22

第二章　理论与实践在此相遇：首批魔豆中心项目 ································ 25
　　第一节　开启瑞吉欧教学法启发的实践 ······································ 26
　　第二节　儿童的最初体验 ·· 32
　　第三节　觉醒 ·· 38
　　第四节　实践中的社会文化理论 ·· 44

第三章　工作室在入学准备中的作用 ·· 49
　　第一节　秋季体验 ·· 50
　　第二节　冬季体验 ·· 57
　　第三节　春季体验 ·· 63
　　第四节　工作室和工作室教师的作用 ·· 68
　　第五节　工作室：为小学做准备 ·· 70

第四章　一百种语言的概念 ·· 73
　　第一节　从猫的身上学到什么 ·· 74

第二节　项目：猫的一百条命 …………………………………… 79
第三节　更复杂的项目 …………………………………………… 88
第四节　儿童的一百种语言 ……………………………………… 92
第五节　非凡工作／流利表达 …………………………………… 94

第五章　走向更好的学前教育实践 …………………………………… 97
第一节　高度联结的实践 ………………………………………… 97
第二节　生日的演变 …………………………………………… 100
第三节　生日课程 ……………………………………………… 109
第四节　一种新的时间／空间范式 …………………………… 116
第五节　意向式内容与意向式策略 …………………………… 122

第六章　信息制作——家长参与和读写的动力 …………………… 123
第一节　信息中心 ……………………………………………… 124
第二节　交流在扩大 …………………………………………… 131
第三节　想法越来越多 ………………………………………… 137
第四节　信息随处可见（1995—1996年）…………………… 139
第五节　精致的空间 …………………………………………… 141
第六节　情境学习 ……………………………………………… 142
第七节　非凡工作 ……………………………………………… 144

第七章　孩子们和乌龟的友谊：一个记录实例 …………………… 147
第一节　故事 …………………………………………………… 147
第二节　支持性环境 …………………………………………… 160
第三节　记录 …………………………………………………… 163
第四节　非凡工作／评估发展 ………………………………… 167

第八章　从四个项目看教师的角色 ………………………………… 171
第一节　多元的教学角色 ……………………………………… 172
第二节　故事片段 ……………………………………………… 175
第三节　教师在行动中的角色 ………………………………… 184
第四节　学习新角色 …………………………………………… 190
第五节　被遗忘的空间 ………………………………………… 194
第六节　复杂的、原创的、创造性的工作 …………………… 195

第九章　搭建一座桥梁 ……………………………………………… 197
第一节　主角 …………………………………………………… 197
第二节　故事 …………………………………………………… 203
第三节　支持教师 ……………………………………………… 214
第四节　信念和文化是否支持实践 …………………………… 218

第十章　塑造幼儿园 ………………………………………………… 221
第一节　幼儿教育的若干方面 ………………………………… 221
第二节　标准 …………………………………………………… 230
第三节　对政策制定者的挑战 ………………………………… 238
第四节　展望未来 ……………………………………………… 239

术语表 ………………………………………………………………… 245
参考文献 ……………………………………………………………… 253

第一章

信念、课堂环境和纪律

我们最坚信的是我们最不了解的东西。

——米歇尔·德·蒙田（ca.1580）

魔豆早期学习中心在最初 2 年的抓拍中显示：六个儿童在水台边舀水和倒水，另外六个儿童和一名教师一起制作明胶来探索红色（红色是"周之色"）。红色被用整面墙展示——沙滩球、马车、地毯、夹克、棒棒糖的图片，用巨大字母写的单词"红色"（red），以及带着轮廓供涂红色用的复制表。四个儿童在玩积木，三个儿童在玩火车，五个儿童在使用分类材料，另外五个儿童在听《好奇的乔治》(Curious George) 这本书，一个儿童在跟着磁带听书。一个儿童在使用蒙台梭利地图嵌板，一个儿童在检查篮子里的贝壳。有四个儿童无所事事，他们加入了方块玩家的行列，但很快离开了；他们从架子上拿了些东西，但很快就把它们放回原处，其中有三个儿童在这个过程中故意捣乱。一名工作人员正在指导明胶活动，另一名工作人员正在读故事，还有一名工作人员正在清理早餐残渣，第四名工作人员正在心不在焉地看着积木搭建者。似乎没有人注意到其他人的活动，他们也没有通过眼神交流或讨论来进行请教，没有人试图让无所事事的儿童参与进来。这些典型的学前教育快照既不符合我们所说的信念，也没有反映出门厅里张贴的崇高的使命宣言。

从表面上看，这些快照看起来还不错：一个相对平静、有序的环境，带有不同认知内容的材料；儿童可以自己选择活动材料，大多数儿童都会自己动手操作，也没有明显的破坏行为。但是，除了"周之色"这一平淡无奇的活动外，没有任何东西可以从之前的活动延伸到未来。也许没有什么活动比本书中所介绍的活动更能引起儿童的浓厚兴趣。所有的小组都是随机聚集在一起的，而不是教师有意挑选的。然而，瑞吉欧学校快照与我们曾改造过的奉行瑞吉欧教学法的魔豆中心的快照则会呈现出这样的场景：有极其漂亮的儿童作品的环境证明了他们在准备入学时拥有必备的技能；具有挑战性的活动证明了儿童有自律性；儿童充满激情的参与证明了一门课程有意向性；非凡的工作证明了教师的优秀；大量关于家长参与的参考资料证明了家庭和学校之间的良好联系。你可能会猜测儿童是有天赋的（即使他们没有），也可以推断出教师相信学前儿童的能力。

我们对这两组快照的解释反映了我们对儿童的信念。信念在行为中变得根深蒂固，它与行动实际上是不可区分的。文化因素影响信念，尤其是这四种强大的力量：政治家、营销人员、幼儿教育工作者和研究者。在此，我将解释它们的影响，然后讨论非凡工作的两个先决条件：如何关注幼儿园教室设计的细节，以及如何帮助儿童自我约束。品质来自精心设计的环境、自律的儿童，以及最重要的是，教师对自己所坚信并导向卓越的信念的理解、清晰表达和实践。

第一节 塑造实践的信念

作为教育工作者，其他人的观点塑造了我们关于儿童天性和行为的信念。卡洛琳·爱德华兹（Carolyn Edwards）在《组织者》（*I Compagni*）一书的前言中将美国的学前教育描述为"资金不足、支离破碎、被政治钳制"（Corsaro & Molinari，2005，p. xii）。改变这一现状的第一步是让我们（幼儿教育工作者、家长、看护人和政策制定者）明白什么塑造了我们的信念。

政治家的声明

从19世纪引入考试到"不让一个孩子掉队（No Child Left Behind，

NCLB）"的计划，政客们一直把学校改革作为吸引人们关注的平台。我在这里简要回顾一下历史。

第一个测试。倡导普及教育的政治家霍勒斯·曼（Horace Mann）于19世纪中期首次在马萨诸塞州的公立学校引入了测试。他认为公立学校必须"受控制……对……公众负责"。从那时起，"政客们就谴责公立学校正处于失败的悬崖上"，他们说"为解决公立学校存在的问题，我们需要评定、比较、排序、分析和分类"（Sacks，1999，pp. 69–70）。在曼所处的时代，学校校长都是有权有势的公职人员，他们与其他政客争夺公众的赞誉，这使得政客们努力"让校长置于最糟糕的情况下"（p. 71）。学校领导不再有这样的影响力，但政客们仍然呼吁进行考试，"并不是为了发现学校或儿童表现得如何好，而是为了获得外部的……验证他们做得一点都不好的假设"（p. 71）。政客们为了重建学校而拆除学校，他们相信这样可以树立自己的形象。

人人享有自由平等的公共教育，这个理想与考试的现实相矛盾，考试从一开始就在不平等的学校里或道路上造成了"种族隔离"（Sacks，1999，p. 71）。在19世纪中期，考试被用来对大批移民进行分类，考试设计受到优生学的影响。优生学是当时流行的一种观点，认为人的外部特征——肤色、头型、发质——等同于智力。今天，大多数人对这种信念持怀疑态度，认为这是"一种前所未有的社会和经济混乱的不良结果，它伴随着工业资本主义的扩张而来"（p. 32）。在曼所处的时代，最初的考试只有30道题，涵盖了一整年的课程（p. 71），很难体现任何信息。但出于政治动机的考试仍然根深蒂固。

智商测试开始。20世纪初，美国引进了法国人阿尔弗雷德·比奈（Alfred Binet）制定的新智商测试方法。它与斯坦福大学心理学家刘易斯·特曼（Lewis Terman）的关于测试是衡量智力的最佳方式的观点融合在一起，并构成了斯坦福—比奈（Stanford-Binet）智力量表。"政策制定者和公众开始相信……它是衡量人类表现的一个具有决定性的、无可争辩的标尺"（Sacks，1999，p. 27）。尽管当时和现在的批评人士已经证明，它缺乏"最基本的科学元素——一种可能解释观测数据因果关系的可信解释"（p. 21），但它一直延续到今天。

身处推崇权宜之计的文化中，我们已经接受了政客的观点，即通过测试来量化一个人的智力是有效的，而且是永远有效的。人们不会介意以下问题：测试带有文化偏见，测试里的问题涵盖了一些无关的、基本上毫无意义的主题，将结果与我们现在所理解的智力联系起来并没有科学依据。在政治上引入的考试理念对美国教育产生了抑制作用，部分原因是它已经发展成为一项每年获得400亿美元收入的全球产业（Ohri，2007）。

林登·约翰逊（Lyndon Johnson）在"伟大社会"的第一部分——学校资助中引入了国家规范的理念，引发了全国范围内的公众对问责制的狂热推崇——这种突然的改变具有持久深刻的影响。在我看来，问题不是我们是否应该对儿童的进步负责，而是如何负责。如果对幼儿教育效果的考察类似于有效等级量表上的教师笔记、在瑞吉欧学校练习的文档记录、儿童从9月到次年6月的跨时间的作品集展示，以及珍妮弗教师的魔法清单（第七章），那么就已足够了。公众当然有权期待教育产生积极的结果，但是考试不会促进最佳实践的实施，事实上反而助长了最糟糕的幼儿教育实践。这个复杂的主题值得用一本书来解释。

问责制的时代。 在小布什（George W. Bush）所签署的"不让一个孩子掉队"的法案中，问责制搅乱了教育，我认为这是最误导人的教育法案。这一法案要求对学前班和幼儿园的儿童进行测试，同时伴随学业期待并要求教师通过预先设定的脚本进行教学。其结果是，机械化的小学教学被推入幼儿园中。正如神经生理学家弗兰克·威尔逊（Frank Wilson，1998）对婴儿的描述，这种做法对儿童尤其有害，因为他们的大脑发育仍然与动作密切相关。

在儿童最早实践物理学的体验中——用手和眼睛观察与定位,拦截移动的物体——神经系统建立了自己独特的解决方案库来解决协调运动带来的计算问题。(p. 103)

操纵物品有助于培养学前儿童的理解力。例如,如果三四岁的儿童能在数东西的同时移动物体,那么在这个过程中死记硬背的"一、二、三、四、五"计数将会变成真正的一一对应。在学前儿童从非语言计算到常规计算的过渡过程中,研究表明,物体及其固有的可操控性起着"关键作用"(Mix, Huttenlocher, & Levine, 2002, p. 110)。

对学前儿童来说,这是一个邪恶的命运,但也是一个有着强烈历史先例的命运。"不让一个孩子掉队"法案与联邦政府为公立学校提供的巨额资金捆绑在一起,很少有学校愿意违反这些规定,他们甚至赶走了好教师,让教师为考试而教来破坏教学,从而牺牲了对正确答案的理解。正如萨克斯(Sacks, 1999)所指出的,早在这一方案附加更多层级之前,我们就已经有了很好的测试。

历史的教训是,政治动机和当权者行使政治权力,而不是合理的教育理由,推动了学校使用标准化的考试。事实上,无论美国学校明显存在哪些问题,答案几乎总是一样的:更多的考试。(p. 70)

注意。学校董事会、管理人员、工会——任何支持"教学/测试"模式的组织和人员都必须明白——这是由政治驱动的。事实上,"不让一个孩子掉队"法案实施6年并被投入60亿美元后,其自身的评估表明,学术基石的目标——"阅读优先"——让每个儿童在三年级前识字的目标并没有实现。A. 格雷汉(A. Grehan, 2006)在一次对普通听众的演讲中说,测试结果显示,基于"不让一个孩子掉队"法案的教学技巧对二年级和三年级学生的词汇或阅读理解能力的发展没有显著影响。了解历史、了解政策中的政治偏见的教育工作者，会更有能力、更有效地反对那些出于政治动机的做法，因为他们知道这些做法违背了儿童的最佳利益。此外，他们会谨慎选择教学实践——不仅仅是因为这些实践符合规定，而是因为它们促进了儿童的能力。具有政治动机的行为影响着教学实践。不相信测试能充分提高儿童能力的教育工作者和家长应该读一读历史，联合起来抗议。

营销者的讯息

就像受政治驱动的考试会影响教师和学校一样，电视营销也会影响儿童和家长。电视营销对儿童的侵害很大，以至于孔克尔（Kunkel）、威尔科克斯（Wilcox）、坎托（Cantor）、帕尔默（Palmer）、林恩（Linn）和道里克（Dowrick，2004）在一份由美国心理学会特别小组撰写的报告中称美国心理学会的立场是"前所未有的"（p. 22）。这些作者参考了美国心理学会的建议，即限制"所有主要面向7—8岁前儿童观众的广告"。这项建议由美国心理学会在对173项关于电视广告对儿童影响的研究进行全面审查后提出。

电视广告和儿童。这些事实并不令人感到陌生，但是当被收集在一份单独的文件中，以科学谨慎的语言而非记者们用来吸引眼球的标题呈现时，它们是令人震惊的。

广告商每年投入超过120亿美元来瞄准年轻人市场……14岁及以下的儿童直接购买了240亿美元的产品或服务，家庭购买行为影响了1900亿美元的产品销售……儿童从小建立起的对品牌的忠诚，可以使品牌商在儿童的一生中收获经济利益。（Kunkel et al., 2004, p. 2）

美国心理学会的报告记录了几种将儿童置于危境之中的现象。首先，专为儿童设计的频道面向太多的观众，在上面做广告非常有利可图。因此，针对儿童的广告的数量和种类是前所未有的，并已显著影响受众的购买行为

（Kunkel et al., 2004, p. 2）。其次，在节目和商业内容之间存在前所未有的数量和种类的联系：在面向儿童的网站中，商业内容和非商业内容之间的界限即使存在，也是模糊的（p. 3）。再次，在1999年，26%的2—4岁儿童和39%的5—7岁儿童的卧室里有电视，他们在父母不知情或不在场的情况下就能看电视节目。最后，广告通过海报、广告牌、公司赞助的教材、教科书中的广告和产品植入，甚至传统的电视广告等形式出现在教室里（pp. 3–4）。因此，"平均每个儿童每年会接触4万多个电视广告"（p. 4）——每天超过100个——大多是与玩具、麦片、糖果或快餐店相关的广告。如此，我们还会好奇孩子们为什么肥胖吗？

营销者为了自身利益使看广告成为一种娱乐和享受（Kunkel et al., 2004, p. 4）。他们将产品与乐趣和幸福联系起来，而不是……提供任何与产品相关的实际信息。广告里不用儿童能理解的词语，而使用诸如"需要参加集会"或"均衡早餐的一部分"之类的话（p. 5）——使用有创意的词语误导儿童，模糊对赞助商无益的内容。

对学前儿童的影响。学前儿童缺乏两种基本技能来抵御这种营销：识别商业和非商业材料之间的区别的能力以及质疑能力。研究表明，6岁以下的儿童不了解对信念、欲望和动机等心理的操纵事件，因此无法识别广告的说服意图。5岁以下的儿童难以识别节目和广告之间的间隙，他们常常把广告当成节目中的一个场景。例如：6.5岁的谢皮很少看电视，每当广告出现时，他就会问为什么总是换台。即使儿童明白广告的目的是操纵，他们也不能认识到这要求他们持怀疑态度。怀疑的态度不是因为看电视而产生的，是随着儿童年龄的增长和认知能力的提高而产生的。

广告不利于儿童掌握生活技能，包括理解营养、拥有和他人（尤其是与父母）的良好关系以及警惕物质主义。虽然烟酒行业声称不会向儿童或青少年推送广告或推销产品，但有证据表明并非如此。

1996 年 6 月，酒类行业（故意）取消了对广播和电视广告的自愿禁令。最近人们关注的是……更甜的酒精饮料……其有效地瞄准了未成年人市场……可以看出……广告和营销助长了年轻人吸烟和饮酒的行为。（Kunkel et al., 2004, p. 11）

10% 的四年级学生不止饮酒一口（Donovan, 2007）。

最后，研究证实：

媒体暴力引发了攻击性行为、更容易接受暴力的态度、敌意的增加以及其他反社会的结果……（以及）恐惧、焦虑和睡眠障碍……大多数被归类为成人等级的暴力媒体产品有明确针对儿童的市场计划，但是儿童的年龄太小，不足以观看、聆听或玩这些产品。这类广告通常出现在未成年儿童经常光顾的地方……比如星期六早上的卡通片中。（Kunkel et al., 2004, pp. 11–12）

立法中止。 美国心理学会质疑对儿童施加广告的公平性，因为儿童在认知上无防御能力且"特别脆弱"（Kunkel et al., 2004, p. 14）。1977 年，联邦贸易委员会承认儿童的脆弱性，要求国会进行干预。但是国会站在了商人一边，停止了对联邦贸易委员会的所有资助，迫使其"不作为"。"只有国会同意废除……联邦贸易委员会才能恢复运作，拥有管理'不公平'广告的权力"（p. 16）。联邦贸易委员会依然坚持自己的立场，却无力采取行动。

注意。 了解营销人员的影响的教师可以决定禁止哪些图片、书籍和其他受电视影响的产品进入教室。他们可以更好地解释儿童受广告诱导的行为，可以向家长解释问题，可以要求他们考虑把电视从学前儿童的卧室移走，限制电视的数量，或者和学前儿童一起看电视，和学前儿童讨论什么是营销。教师可以向家长提供一些有价值的视频清单（确实有一些教师是这样做的）——并鼓励家长以这些视频来代替商业电视。不幸的是，所谓的教育电视受市场力量的影响略小于非教育电视。了解营销人员如何操纵儿童的家长或许能更好地抵制儿童对不必要或有害商品的诉求，减少儿童看电视的时间。对教师来说，重要的是了解电视如何影响认知。

虽然电视可以扩充儿童对内容的认知（有时是暴力、性或其他伤害儿童的方面），但如果儿童看电视时没有成人的中介作用，他们就不能理解内容的含义。更糟糕的是，他们不会集中注意力或有选择性地识别相关和不相关的刺激。电视不会教儿童学会思考、富有个性和详细阐述，也不会使儿童了解将经验转化为习得的行为所必需的认知过程，但会使儿童模仿不好的内容（Feuerstein & Feuerstein，2004）。当家长别无选择，只能让电视来"照看"孩子的时候，精选的视频节目是替代商业电视的另一种选择。

幼儿教育原则和标准

从全美幼教协会的原则和认证标准中可以明显看出其对幼儿教育的信念。下面我将介绍一些原则和标准，并提供一些启示和提醒。

发展适宜性实践原则。 幼儿教育从业人员普遍认为应该遵循发展适宜性实践原则（Developmentally Appropriate Practices，DAP），这些实践原则会影响大多数幼儿的实践，我在此简要回顾一下：

- 将童年视为生命中独一无二、宝贵的阶段；
- 以儿童发展知识为基础开展儿童工作；
- 赞赏和支持儿童与家庭之间的密切关系；
- 认识到儿童在家庭、文化和社会的背景下才可能得到最好的理解；
- 尊重每个人的尊严、价值和独特性；
- 在基于信任、尊重和积极关注的关系背景中，帮助儿童和成人实现他们的全部潜力（NAEYC，1996，p. 3）。

全美幼教协会不提倡任何特殊的做法。相反，它陈述了一般的目标，比如所有的项目都应该帮助儿童长大后成为这样的成年人：

- 拥有良好的沟通能力，尊重他人，参与团队活动；
- 分析形势，理性判断，解决新问题；
- 通过口头和书面语言等多种方式获取信息，智慧地使用复杂的工具和技术；
- 持续学习新的方法、技能和知识；
- 培养积极的性格和态度；
- 明白努力是成功的必要条件；
- 发展积极的自我认同，宽容拥有不同观点和经历的他人（NAEYC，1996）。

全美幼教协会提倡与家庭合作来确立教学目标，教师应该了解人类发展、学习、儿童的能力和兴趣以及社会和文化背景。

50年的儿童发展研究奠定了发展适宜性实践的核心信念：

- 儿童的性格与身体、社会、情感和认知发展密切相关；
- 儿童遵从有序的发展顺序；
- 儿童的发展速度不同；
- 早期经历影响发展；
- 先天和后天因素在发展中都很重要。

全美幼教协会主张儿童保育中心和保育项目应为学习者创造一个有爱心的氛围，促进儿童的发展和学习，建立适宜的课程，使用评估，并与家庭建立互惠的关系。它提倡工作人员的准备、适当的工作人员－儿童比率和对课程质量的监督（NAEYC，1996）。

1987 年，全美幼教协会所制定的发展适宜性实践原则并没有考虑到实践的充分挑战性或适应文化的多样性。此外，它的声明是模糊的和自我参照的。1997 年，为了回应公众对发展适宜性实践的批评，并且受到瑞吉欧教学法的影响，全美幼教协会修改了发展适宜性实践原则，建议教师对儿童提出更多的要求（但不是错误的事情），不要把课程的内容范围缩小到容易衡量的基本技能上，因为这些技能减少了智力挑战，低估了儿童的能力。修订后的声明建议使用经过验证的课程，但没有规定任何特定的课程，如蒙台梭利课程、高瞻课程、瑞吉欧课程等（NAEYC，1996）。

全美幼教协会的影响力。全美幼教协会拥有超过 10 万名会员，是幼儿教育的主要倡导者。它出版纸质期刊和在线期刊，每年成千上万的人参加它的年度会议。这些会议的主题反映了实现幼儿教育的多种方法，并解决了从多样性到学科、从金融到食品等各种各样的问题。全美幼教协会在 1985 年成立的专业认证委员会在认证照看人员方面扮演着重要的角色。2006 年，全美幼教协会新的中心认证系统开始全面运行（NAEYC，n.d.a），这一过程需要通过实地考察来验证自我评估。要想获得协会认证资格，幼儿园必须为教师制订专业发展计划，并在 5 年内对教师进行培训（NAEYC，n.d.b）。

认证标准。全美幼教协会制定标准的努力是崇高的，标准涵盖了所有中心的类型和规模，服务范围从婴儿期到幼儿园阶段。在约 672 项准则中列举了 10 项标准，包括职位描述、资格、绩效考核以及广泛的健康/安全标准。协会提到，达到它的标准"意味着幼儿教育质量有保证"（NAEYC，2008i）。在这里，我将讨论这些标准的要旨。

为了避免有人质疑准则的具体性，请参考全美幼教协会制定的健康/安全标准（NAEYC，2008m，5.A.；2008g，5.C.；2008c，9.C.06）。我参观过一些声誉良好的教育和保育中心，那里的婴儿待在一个没有窗户的地下室，里面有肮脏的管道系统，参观者穿着外面的鞋子走在婴儿爬行的地毯上，固定尿布垫的胶带边缘布满了黑色的污垢。在我生活的城市里，婴儿和学步儿被遗忘在校车里，死于高温。也就是说，为了达到健康／安全标准，我不得不雇用一个人，他的唯一工作就是监督学校的一切工作是否符合健康／安全标准，而不是照顾儿童。此外，标准强调保护儿童不受环境危害（NAEYC，2008f，9.D.），虽然其期望良好，却可能超出了任何人的能力范围。回想那位律师，他代表因水污染而失去孩子的家庭，出色而不懈地起诉了两家大公司，但8年后这两家公司仍未能被定罪（Harr，1995）。我对期望学校抨击这些问题的想法的合理性持质疑的态度。社区必须保护儿童免受环境危害，并使学校免于承担环境督查的责任。

我不期待魔豆中心能够获得认证。根据数百项准则来分析我们的工作需要大量的自我检查，这将会使我们应用瑞吉欧教学法的努力偏离轨道。深层的问题不是我们不同意具体的评判准则[如给所有材料贴标签（NAEYC，2008d，2.E.03）或鼓励每个幼儿教师每天独立写作（2008d，2.E.11）]。我们将会花费大量的费用以达到准则——形成基于技术的信息管理系统（2008h，10.B.03），"一个持续的监控系统，以确保所有项目目标和需求得到满足……（和）一个数据系统……收集同样的证据"（2008I，10.F.05）。相反，问题在于准则整体的基调：准则传达了一种自上而下的方法；大多数准则源自基于建构主义理论的信念；而这一过程可能会吞没实践性。下面将对此做出解释。

自上而下的方法。该准则强调问责制，并偏向于强调课程、项目人员和评估的权威性。例如："课程指导教师的发展和学习机会的有意实施"（NAEYC，2008e，2.A.03）。在魔豆中心，事件引导着课程发展：教师会积极地倾听儿童，识别儿童的兴趣，允许儿童追求自己的各种兴趣，在这个过程中儿童的兴趣得以保持（得到教师的深思熟虑的支持）。或者，"项目工作人员告知家庭由当地组织主办的社区活动"（2008a，8.B.03）。在魔豆中心，关于社区活动的信息既来自家长需要我们注意的信息，也来自我们需要他们注意的信息。一旦家长知道我们像倾听他们的孩子的兴趣一样认真倾听他们的兴趣，家长就会把他们做的东西带来。准则没有体现互惠过程，而是强调与评估相关的实践——"教学团队需要至少每周开会解释和使用评估结果，以使课程和教学实践符合儿童的兴趣和需要"（2008b，4.D.02）。在魔豆中心，权威被赋予在一个复杂的关系系统中，我们通过每时每刻的观察来不断调整我们对儿童行为的反应。

建构主义观点。建构主义观点认为，发展是在自然演化的阶段中发生的。我们从社会文化的角度出发，假设成长来自成年人对儿童在小组活动中的经验的有意干预和中介作用。标准1"关系"中的60项准则中没有一项提到以社会文化为导向的实践的小组结构（NAEYC，2008n），其他标准中的准则也没有提到（2008j）。然而，小组结构对儿童的发展具有重要的促进作用，是基于社会文化理论的实践的本质。

吞噬过程。一项准则这样陈述："项目运作的所有组成部分在书面规定的指导下通过明确的计划、系统和程序来执行"（NAEYC，2008h，10.B.02）。认证需要80%达到协会所规定的672项准则。这些准则虽然可能被实现，却有牺牲快乐、自发性、创新、新奇和复杂性的危险——这些很难被编纂成文本。无论这些准则多么鼓舞人心和具有教育意义，如果政策不要求按程序手册（2008h，10.B.）去做，那么教师不会尝试，园长不会批准，董事会不会许可，社区也不会接受。考虑一下：美学在任何准则（包括标准9"物理环境"）中都没有提到过（2008k）。这些标准可能会让儿童更安全，环境更清洁，课程设置更清晰，但不利于培养人的精神。

全美幼教协会的愿望是好的，并且已表现出对幼儿教育从业者做出回应的态度。认证体系随着时间推移肯定会不断完善。与此同时，我和园长们有同感——他们有些人在对我说话时很有信心，有些人在讲座上直言不讳——认为这个过程很烦琐，惩罚多于支持。用其中一个人的话来说，就是"对正在飞行的飞机进行建造"。

启示。全美幼教协会必须为每个人提供一些东西，因为照护者的范围从照顾家庭的未经训练的母亲（她们可能是辍学者，在家里提供照看）到拥有博士学位的园长不等（NAEYC，n.d.c）。准则和标准建立了一个基线，但是这些准则和标准如果没有实例，就很难被照护者掌握。发展适宜性实践和标准将无助于设计或布置教室、定义实践的具体内容或简明地陈述对幼儿的信念。然而，发展适宜性实践和标准是必要的，因为低质量的照看是一个全国性的问题。儿童保育中心中仅有三分之一的教师拥有学士学位（NAEYC，n.d.c），"美容师在获得执照前必须参加多达2000小时的培训，但是有30个州允许儿童保育中心的教师在没有参加任何幼儿发展培训的情况下参与儿童照护"（Children's Defense Fund，2002，p. 55）。公众似乎并不关心：孟菲斯市日托中心的主管正因使用资金不当而接受国家调查。两年来，他们的问题每天都出现在新闻头条上。但是，无论是信件、社论、评论文章，还是新闻，都没有评论过照护的质量——在这座城市里，在1997年至2003年间，有8名儿童死于被遗弃在校车上（Malkin，2003）。如果发展适宜性实践和标准得到普遍实施，那么儿童就不会死于车内，忽略了要点的新闻报道也就不会令人如此担忧。

注意。批评全美幼教协会的人需要明白，协会制定标准的努力是值得称赞的。即使是万能标准也不可能带来最佳实践。如果协会能够运营高质量的示范中心来示范最佳实践，那么它可能会向决策者和照护者展示什么是高品质的照护。如果它能提倡提高照护者的工资，使其与其他职业的工资相同，那么将大大提高教师的质量。

发展适宜性实践依据的是建构主义理论：发展是主体自然发生的，而不是由教师互动所驱动的。全美幼教协会的领导层可能已经超越了这一点，修订后的原则和新标准对社会文化的观点给予了肯定。但是，从业者在很大程度上继续遵循建构主义原则。建构主义和社会文化理论在教师角色上存在分歧。"皮亚杰强调自然发展是引发儿童思维总体结构变化的因素，维果茨基则强调社会方面的因素，强调与专家伙伴的对话对儿童自然形成的概念具有重要影响"（Berk & Winsler，1995，p. 109）。皮亚杰的理论实际上消除了教师的干预，维果茨基的理论认为教师的干预对儿童的学习至关重要。教师需要了解这些差别对教学的影响。

研究人员的大量研究

皮亚杰学派和维果茨基学派的对立说明了人类发展的研究如何混淆人们对儿童的普遍看法。在 20 世纪末，研究蓬勃发展，一部分原因是新技术使大脑功能可见，另一部分原因是神经科学、心理语言学、认知心理学、基因组研究、系统理论和进化生物学等新领域中大批极其重要的研究人员的推动。全球化和科技使得社会学家和人类学家的研究可以渗透到世界各地，促使对现存和灭绝的不同文化的研究大量增加。

发展的理论。我用来思考人类发展的一个框架是戴维·珀金斯（David Perkins，1986）对三种智能的描述：①大脑的先天系统，被认为不会改变。②知识是逐渐积累起来的，很难被直接影响。因为它涉及面广，专业范围广（地质学、英语文学、经济学），而且是终生积累的。③元认知——对认知的认知。元认知思维是可以实现的，也是教育工作者可以发挥作用的地方。

珀金斯的框架定位了个体心理学家的工作以及心理学的分支。例如：霍华德·加德纳的多元智能理论（1983）和史蒂文·平克（Steven Pinker）关于语言学和先天/后天问题的著作（1994）代表了先天智力的各个方面——我们天生就具有能力，这些能力是强大而复杂的大脑系统的表现形式，在所有人类的身上都普遍存在。相比之下，行为主义理论将学习归因于个体对外部刺激产生的反应，而没有解释大脑中发生了什么。行为主义理论为教学/测试模式提供了理论基础，简单来说，我对你这样做，你就做出那个反应。在学校里，这会引发练习、记忆和照搬事实。虽然行为主义理论作为解释我们如何思考的理论已被怀疑，但它在学校的一系列实践中是根深蒂固的。尽管其价值的相关争议不断——有时激烈而不愉快，但其影响依然存在。

与之形成鲜明对照的是，发展与认知心理学已经在思考和学习的个体差异、特定领域等方面取得了基础性的研究成果。心理学的这些分支，以及神经生理学和控制论等科学，提供了越来越多关于思考、学习和人类发展等方面的信息。突出的人物有第一次研究的是儿童而不是动物的让·皮亚杰，以及预见到当今社会文化理论前沿的列夫·维果茨基（第二章）。新思维科学的研究跨越了许多学科。许多杰出的科学家通过聚焦研究大脑特定部位的功能，或者依据对大脑功能的新理解来解释行为，从而拓宽了我们对人类认知的认识边界。例如：心理学家鲁文·福伊尔斯坦的理论和大量的实践推动了以非侵入性的方式改善大脑功能等前沿领域的研究发展。

研究人员与教育工作者的关系。外行很难了解事态发展，更不用说区分重大研究和非科学研究了。由于理论与实践之间的差距、实验室与课堂之间的脱节，公众难以对研究的意义形成一个连贯的图景，因此，这个问题变得更加复杂。此外，科学家、教育工作者和公众使用的话语体系不同。

我认为理论和实践很少能结合起来，因为这需要天赋来整合两者。幼儿教育是幸运的，因为有四个人物的存在——裴斯泰洛齐、福禄贝尔、蒙台梭利、马拉古奇，他们都发展出了坚实的教育哲学思想和大量的实践。裴斯泰洛齐是一个善于反思的、关心他人的、进步的教师典范。福禄贝尔提倡游戏的重要性，并开发了许多我们所熟知的玩具，如积木、缝纫卡片、嵌套立方体和马赛克瓷砖。玛丽亚·蒙台梭利开发了她所谓的实体化（materialized abstractions）、积木等材料，使儿童能够真正地理解抽象概念（如大小、形状和颜色）。她的材料涵盖了广泛的领域——地理、几何、生物、编码语音（写作）、解码打印（阅读）、算术函数。除了开发材料，蒙台梭利将教学个性化，准备井然有序的教室，展示如何帮助儿童规范自身的行为。

和蒙台梭利一样，瑞吉欧教学法的创始人洛里斯·马拉古奇承认每个儿童都有无限的潜力，创设美丽环境的必要性，以及专注地倾听儿童想法的重要性。他的创新在于创建学校——这类学校实际上是实验室——的能力来试验关于人类发展的想法。他和他的追随者们利用自己对儿童巨大能力的敏锐观察，建构出一个社会框架，并以此作为学习的基础。那些赞同马拉古奇观点的人可以从重要的认识论专家、哲学家、心理学家、教育家、设计师、科学家和艺术家的理论中找到共鸣。每个瑞吉欧学校里都有一位艺术家是瑞吉欧教育的重大创新之一。瑞吉欧学校进步的课堂实践、非凡的家长参与以及用记录的方式来展示"儿童的学习路径和过程"的倡导（Rinaldi, 2006, p. 68），是瑞吉欧教育工作者创新的标志。很多瑞吉欧学校已经存在了几十年，这进一步证明了其创始人的天赋。

注意。研究是重要的，因为它突出了当前认识的不足和克服这些不足的新的可能方向。然而，研究可能会采用不为多数人所熟悉的语言和技术（比如统计）。研究是广泛的，有些研究的范围只局限于特定的大脑功能或行为的发展方面。这样的研究很难在实践中被推广或被解释。此外，不同的研究可能会得出相互矛盾的结果。因此，一些研究成果对实践者来说可能更令人困惑而不是更有帮助。

小结：杂乱无章的想法

威廉·詹姆斯（William James）错误地认为"极度模糊，叽叽喳喳的混沌"这句话代表了婴儿的思维，更能充分体现幼儿教育的相关信息。一个想法是一种风尚，还是反映了坚实的哲学？吹捧这种信念的人的资质是什么？如同鉴赏家需要精挑细选，我们必须有选择地选择影响我们的信息来源。难吗？非常难！能做到吗？可以做到！教师可以做出明智的选择，使其行为符合关于儿童思考和学习的科学有效的观点。我个人倾向于赞同瑞吉欧教育工作者们简洁明了的信念，即儿童从出生起就是"富有的、强大的、卓越的"。幼儿教育工作者们必须诚实地评估他们的教室设计以及儿童是否自律，这些都是本章中的内容。

第二节 设计一个环境

在幼儿教育中，环境即课程。瑞吉欧教师"让环境结构化以践行他们的信念，即'环境是第三位教师'"（Lewin-Benham, 2006, p. 14）。无论儿童是像超级英雄一样在教室里蹦来蹦去，还是模仿外星人，或是用乐高和小型马达创造交通工具的行为，都取决于可接收到的刺激、教师的中介作用以及与伙伴间的关系。

瑞吉欧教师的部分角色是环境设计者，这意味着需要教师选择刺激，提供中介（直接或间接）和组织关系。设计幼儿园环境是大多数教师没有的经验，因此，许多儿童早期的教室环境不太可能激发非凡的工作。当我在这本书中描述非凡工作时，我将描述一个设计良好的环境是如何起作用的。下面的例子涉及一个基本原则：设计即细节。单独的例子看起来微不足道，但在整个教室里，每个细节都很重要，非常重要！

例子1：吸引父母

我们很难让父母参与魔豆中心的活动。第一次突破是我们向家庭征集照片，用反映家庭的照片来展示儿童的故事，并让儿童画出照片的意义。随着第一张照片、故事和绘画的完成，我们开始了一个展示的工作。在没有多余装饰的情况下，将材料布置在一个挂在墙上的大展板上。仅仅一个家庭的故事就立刻激发了其他人把他们的照片发送过来。布置和悬挂一个展板就是设计——选择一个单独的主题，消除分散注意力的材料，选择字体、标题、简短的描述和照片来讲述一个故事。对展板的研究可以激发儿童思考他们的认知（元认知），精心设计的展板证明了高质量的教学。展板还让家庭参与到儿童的早期读写中：儿童喜欢在展板上的故事中看到自己，而这些故事成为儿童向家庭成员阅读展板上的故事的工具。

例子2：不断丰富的材料

我们需要增加大量的材料，但是我们意识到纸板箱或仓库里的物品因没有被看到而未被使用。我们如何能以可见的、吸引人的、易取得的方式储存材料？解决方案是在工作室中增加货架单元，与儿童一起写信给他们的家人，表达对材料和广口玻璃罐（用作存储容器）的需求，并让儿童来分类和存储材料。当我们在不同的小组中对材料进行分类时，我们讨论了如何使用每一种材料，儿童之间相互激发并建构想法。当我们和儿童一起把罐子装满时，他们知道从哪里可以找到这些材料。存储材料即设计——重新设计空间，使存储空间可见和可进入，有合适的容器。让儿童自己拿（材料），以培养他们的读写能力。让儿童排序和存储，以构建他们的计算能力。了解在哪里储存材料可以培养儿童有目的地使用环境的能力，这对于自我调控是必要的。此外，这个过程吸引了很多家庭参与到学校活动中。有助于实现不同目标的良好设计是高质量教师的另一个标志。

例子3：鼓励运动

儿童需要消耗体力。然而，在操场上玩并不总是可能的——它可能会打断非凡工作。那天可能是雨天，大多数儿童可能在工作，而只有个别儿童需要充满活力的运动。我们认为让多数适应少数是不合理的。其解决方案是建造用于攀登、爬行和跳跃的室内设备，这些设备在任何时候都可以使用，并且在最少的监督下仍是安全的。它允许喧闹而活跃的儿童在他们需要的时候可以动动手脚。创建或选择装置即设计。高质量的教师将设计建立在对儿童发展的观察的基础上，在这种情况下，他们承认学前儿童需要进行高强度的体力活动且不遵从时间表。

从选择墙壁颜色到选择特定的铅笔，设计选择是无止境的，也是全覆盖的。这些例子仅仅呈现了三种方式，以此说明作为设计师的教师可以为了儿童通过无数种方式进行环境的调整。

第三节　帮助儿童自律

在魔豆中心创建之初，我们遇到了纪律问题，这威胁到学校的存亡。四个儿童表现出极端的行为问题，这意味着混乱而不是平静充斥着中心。连续三任园长都没能解决这个问题。最后，拥有临床儿童心理学博士学位、经验丰富的蒙台梭利教师康妮·坎卓尔解决了这个问题。她运用蒙台梭利方法，并结合心理学知识，教我们如何帮助儿童变得自律。

康妮指挥坚定，制定了常规，教授员工技巧，给每个人制定规则，并对角色做了限定。她每天都要给员工记录前一天的结果——什么有效，什么无效。6周后，儿童的行为就恢复正常了。作为高级教师，她懂得强有力的班级管理技巧，说话时具有任何教师都不具备的权威。作为任期较长的园长，她可以评估教师、助理和助手的潜力。作为临床心理学家，她懂得教师所不熟悉的纪律技巧。在康妮到来的最初几个星期内，常常可以看到她同时抱着两个孩子：一个3岁的孩子坐在她的腿上，另一个大一点的孩子在她旁边，被康妮紧紧拉着，以限制孩子的击、踢以及拳打行为。她冷静、有爱心、严厉且坚定。孩子们知道她是认真的，于是他们就安定下来了。教师模仿她的行为，采用了她的技巧。

与此同时，康妮和我们一起重新定义角色。按照严格的蒙台梭利生活规则，教师负责教学，助理则改为课堂管理者，以维持纪律，对捣乱或不安的儿童时刻保持警惕。课堂管理者重新指导他们，直到他们开始工作：你想用钉子还是木块？如果儿童无法做出选择，课堂管理者就为他们选择，并坚定地说：让我们用钉子吧。如果他们不能安定下来，课堂管理者就会把他们从房间里带走。助手准备饭菜，帮助儿童上厕所，等等。

四条简单的规则

康妮制定了所有幼儿园教师都知道的四条规则：轻声说（Use your quiet

voice）；慢慢走（Use your walking feet）；管好你的手（Keep your hands to yourself）；收拾好你的东西（Put your things away）。如何实现这些规则决定了一个班级的稳定的进程、纪律和秩序。如果你要求儿童使用安静的声音，你必须同样使用安静的声音；你不能对着房间的另一头大喊："亚历克斯！我听见了！"当他大声喊叫的时候，你应该有目的地走向他，温柔但坚定地要求他轻声说话。同样，你不能在房间里跑动，而应以不超过你对儿童所要求的速度移动。管理课堂气氛是课堂管理者的工作。当教师给小班授课时，管理者要确保其他儿童遵守规则。这条原则意味着幼儿班级里至少需要两个成年人。

康妮严格执行规则，以最大的一致性塑造行为，并坚持员工这样做。这是自我调控的关键。很难想象还有哪一群学前儿童会比魔豆中心的儿童更没有纪律性。这四个失控的儿童用一种尖锐、疯狂的语调，引发其他儿童的模仿。当我解释这四条规则提供了解决方案时，观众们都笑了！从理论上讲，我们都知道儿童会内化成人的行为。然而，真正实践起来并不容易。

有力的管理

教室管理员的工作描述中使用了"必须""强制执行""决不"等语气强烈的词，以及许多命令——"做""用""去""带儿童……"——用强调性语言表述的具体指导方针。教师很少被培训成有力的发号施令或使用命令者。所有的教师都采取积极的形式——做而不是不做，这样儿童对我们所期望的事情就有清晰的认识——没有否定或批评。这些话和上述技术解决了魔豆中心的早期混乱问题。要想开始非凡工作，教师必须诚实地评价他们的班级。儿童说话声音大？跑动？把材料留在外面？攻击别人？如果是这样，儿童必须学会自己规范这些行为，培养内控力来监督自己的行为。他们从教师的行为和持续使用的词汇中学习到这一点，儿童在私下谈话时模仿这些词汇，告诉自己该怎么做，这样他们就逐渐具备了自我调控的能力（Berk & Winsler, 1995）。不能自律的儿童不能做复杂的项目。从那时起，一旦儿童的行为开始恶化，我们就重新设置教师、教室管理者和助手的角色，儿童很快就会安定下来。

大量的研究集中于学前儿童注意力不集中、冲动和破坏性行为，以及正常和具有严重破坏性的行为之间的区别。研究表明，改变儿童的行为，教师可以使用这些技巧。

通常必须以相当的指令性努力作为开始来减少……不得体的行为。给予明确的指示和要求，对任务导向和社会行为保持明确和高度一致的期望，坚持到底以确保孩子遵守，并表扬孩子的参与和合作。（Berk & Winsler，1995，p.96）

第四节 目标：非凡的工作

我相信，幼儿教师是充满热情的——他们渴望与儿童一起工作，热爱儿童，并相信他们的强大学习能力。但我也相信有些教师不知道如何调动儿童强大的先天智力，这就产生了一个难题：积极的教师往往没有做好充分的准备以提高教学效率。人类的语言本能使问题变得复杂，我们拥有吸收新单词的惊人能力，不论是多音节的绕口令，还是代表强大概念和涉及整套信念的单词。心理语言学家史蒂文·平克（Steven Pinker，1994）说，因为我们本能的语言能力，"仅仅用嘴发出噪声，我们就可以使精确的新的想法组合出现在彼此的头脑中"（p.1）。当教师流利地谈论教育实践时，我们认为他们知道正在谈论什么。但是流利的语言并不等同于把概念带到儿童的生活中。跟着许多语言专家走进教室，我发现他们的实践和言语一点都不一致。

在这本书中，我明确指出了教师开展非凡工作所必须采取的做法。回顾一下，非凡工作包括在许多媒介上做复杂的项目，长期延续项目，设计和管理拥有丰富材料的环境，吸引家长深入学校生活，让儿童有机会通过小组合作建立关系。做到这些的教师将超出标准，他们的工作将成为实践的典范。

我的信念支撑着这本书：并非所有的经历都是平等的，儿童所做的事情关系到他们在一生中最终想要做的事情和他们能做的事情。非凡工作的例子——在这本书、瑞吉欧学校、一些努力适应瑞吉欧教学法的幼儿园，以及其他几个高质量课堂的例子中——展示了年幼的儿童可以解决复杂的问题，发展熟练的技巧的能力，建立超出对学前儿童的一般期待的良好关系。我主张教师在开始非凡工作之前做好以下根本工作——要深思熟虑地设计课堂环境，并确保学前儿童能够自我调控。最重要的是，教师必须检查他们的儿童观。瑞吉欧教育工作者的工作由信念所塑造：年幼的儿童是富有的、强大的、卓越的。在这本书的故事中，那些非常有资质的教师熠熠生辉，他们能够充分利用儿童的力量，并发挥儿童各种各样的、巨大的能力。

第二章

理论与实践在此相遇：
首批魔豆中心项目

> 人类学习最好的时候是……构建意义而不是接受它们。
>
> ——杰罗姆·布鲁纳（1996，p.84）

大多数尝试使用瑞吉欧教学法的教师并不会在一开始就取得一定的效果，而是在阅读书中所描绘的或者在富有活力的研讨会中看到所演示的成功项目后，实践很长一段时间，才能达到一定成效。本章所描述的早期教育工作展示了起点、挫折、洞察力是如何意外发生的。瑞吉欧教学法的基础是小组活动和结构化的关系，这使非凡工作成为可能。教学原则是列夫·维果茨基社会文化理论在实践中的运用。

我在十多次不同的访问中观察了瑞吉欧课堂，拍摄了许多照片，聆听讲座以及与教师分享我所看到的，因此，我们对瑞吉欧课堂形成了一定的印象。但我们几乎不知道自己在做什么，我们冲向前面，记录下我们并不理解的对话，获得了一些我们不知道如何联结的孤立的经验。瑞吉欧教学法是基于理论的，不是公式化的；也就是说，你以一个问题开始——谁可能会使用这些积木（理论），而不是以清单开始——谁将使用这些积木（公式）。理论开始于"如果……""假如……"。瑞吉欧实践遵循着维果茨基的观点：学习是一种努力，儿童努力接受着挑战，并努力以"参与的、积极主动的、共享的和合作的"方式与教师保持密切联系（J. Bruner，1996，p.84）。例如：教师使用儿童昨天的对话笔记来为今天的活动提供建议，但当儿童的反应趋向于其他方向时，教师停止采用此建议。

在1992—1993学年，我们使用了"社会文化"这个词，但我们既不理解维果茨基关于教师如何干预影响儿童发展的理论，也不了解社会文化对教师这一角色的影响。我们没有意识到在学前哲学中瑞吉欧教学法可能是社会文化理论最具代表性的例子，其与"维果茨基理论高度契合"（Berk & Winsler，1995，p. 140）。我们还有太多不知道的事情。在这一章中，我描述了我们的活动如何逐渐做到反映社会文化理论的主要原则。

第一节 开启瑞吉欧教学法启发的实践

我们的空间、教师自然地倾向于深思熟虑的中介作用、共同的愿景为我们的实践做好了准备。当我们试图搞清如何把信念、儿童的文化与正在尝试的高要求的实践结合起来时，我们在探索前进。

我们从已有的资源开始：充足的空间、没有受约束的课程计划和共同愿景。在喧嚣的两年半的时间里，儿童几乎失去控制，我们最终学会了如何使他们变得自律、冷静、保持材料整齐以及尊重他人。现在我们迫切关心的是：我们如何记笔记以及记什么？我们如何判断哪些工作是非凡的，哪些工作不是非凡的？工作室的角色是什么？什么因素决定了哪个儿童将从事哪项活动？对小组的形成、项目的主题进行磋商是什么意思？我们并不理解组织儿童、与儿童合作、对儿童实施中介影响意味着什么，也不知道如何基于儿童的想法、儿童的同龄群体、学校的材料以及我们自己等所形成的关系来启动项目。

资源评估

我们的环境、我们的倾向、我们的愿景都是资源的一部分，但我们如何有效地使用呢？

我们的环境。我们的学校是井井有条并充满趣味的——这里有许多各式各样的空间，长长的大厅、角落、大的窗户；白色的墙壁，降噪的地板覆盖物，以及充足的自然光使我们的环境从一开始就具有美感。我们有独立的工作室以及丰富的资源——钢笔、纸、记号笔、蒙台梭利地图嵌板、魔法方块、宽敞的空间与足够的成年人。因为没有课程计划，所以我们有充足的开放时间去追寻儿童个体或儿童小组的兴趣。我们了解他律与自律的区别，这是儿童社会情感发展的基础与小组合作的必要条件。儿童必须有能力控制自己的自私行为，自己选择材料，集中精力，当与小组合作时，在教师离开之前能自己把材料放好。环境是十分平静的，因为大多数的儿童都是自控的，所以我们可以给予他们很大的自由活动空间。

我们的倾向。我们在必要时进行中介调解，对"教师为儿童做事与让儿童自己为自己做事之间的区别"保持敏感（Berk & Winsler，1995，p. 43）。在不使用维果茨基的"最近发展区"一词的情况下，我们理解"儿童在独立解决问题中能完成什么，与在本文化中的成人或更有能力的成员的帮助下能完成什么之间存在一段距离"（Berk & Winsler，1995，p. 5）。在明确的限制范围内，只要儿童愿意，我们尊重他们在喜欢的地方走动、聊天、坐在他们喜欢的地方、选择朋友与活动的权利，改变活动、喝水、使用洗手间的权利——在任何他们想要做的时候。我们相信不是由预先计划的课程或预定的产品指导着活动，而应由逐渐形成的活动指导着活动本身。

我们的愿景。最重要的是我们有愿景。即使在 1992—1993 学年之前，我关于瑞吉欧教学法的汇报与描述也激起了教师尝试不同事物的热情。因为他们都是自然的实干家，渴望着尝试新鲜事物，他们会做任何必要的事情去实现这个愿景。

向玛丽亚·蒙台梭利致敬：在我 20 多岁的时候，我与一位要求严格、鼓舞人心且由蒙台梭利女士指导的英国女性玛格丽特·斯蒂芬森（Margaret

Stephenson)一起在国际蒙台梭利协会(Association Montessori Internationale)进行了9个月严谨又传统的训练。我在此学习,然后培训教师。我关于有组织的环境、开放式的时间、由儿童自己选择、自律等的信念就是这些经验所塑造的。

小心翼翼地探索

从哪里开始?我们还有太多不知道的东西!

第一项承诺。我们的第一项承诺是:关注环境的每一方面,不允许凌乱,设立秩序,即使需要浇水与整理许多植物,也需要维持一切的整洁。通过寻求每个人的看法和让成年人参与一切事务——记录儿童、参加员工会议、讨论问题、与家长会面——来消除教师或助理的等级制度。所有活动都以小组为单位进行,尝试项目活动,记录下儿童的语言与经历。因为教师从活动刚开始就进行记录,所以我们有最早的摸索记录。教师在没有工作模板、没有指导的情况下设法进行实践的时候,也有过绝望、突破与新开始。

第一批问题。最迫切的问题是:同时进行倾听、回应与记录,以及搞清什么是项目等所碰到的困难。挑战是:如何维护环境以及与他人协作。新进入项目的儿童缺乏与纪律相关的引导,而进入项目较久的儿童则需要更多的自我克制,这意味着儿童需要不断保持自律。我们发现,对于新来的儿童(或不能自律的儿童),教师需要使用某些常规对其进行行为管理,而对于已进入魔豆中心一段时间的儿童(或可自律的儿童),则需要使用不同的常规。新来的儿童需要学习四条基本规则(第一章),已进入魔豆中心一段时间的儿童则需要持续不断地强化理解如何使用日益复杂的环境。最困难的是我们感受到普遍的不确定性。在大量的人事考核与调整和精心地挑选之后,我们发现了十分乐于学习新方法的教师——德博拉(Deborah)、吉尼特(Genet)、珍妮弗(Jennifer)、索尼娅(Sonya)、温迪(Wendy)。后来我们发现,他们也是天生的中介者。随着对瑞吉欧教学法的理解与实践技能的不断提高，他们变得更加有意向性。接下来的故事将展示我们是如何与挑战进行搏斗的。

了解文化环境

选择在幼儿园教室中投放什么材料是一种有意识的、深思熟虑的行为。教室里的所有东西都为了一个目的。教师不知道如何做这些有意向性的选择。在珍妮弗教师寄给我的一份备忘录中，我看到了她正在与这个问题进行斗争：她清理了画架和搁板，从工作坊中移走了她暂时不需要的东西，收集与整理了透光桌上的材料。她还有一些在夏季的翻修中未完成的提供给承包商的整修清单，需要我签字的采购项目，有关维护环境的问题。她应该怎么做才能维持有准备的环境，而不是靠一味地清洁或组织？她应该如何才能预测儿童可能会询问的问题或他们可能需要的材料？她猜测这与项目有关，但她不知道它们之间是如何关联的。她应该询问儿童什么类型的问题，以及在什么时候询问？她对项目有着初步的设想——或许是叶子？蜘蛛？自画像？他们可以做很多和面部相关的活动——使用麦拉膜（聚酯薄膜）面具以及用拾得物去制作。她很困惑制作泥球与制作蠕虫是否能成为一个项目。她还记得演示过的几张不寻常的瑞吉欧教育幻灯片——容器中装有典型区域/文化的物品，如一捆捆的小麦、意大利面的收集物、本地的玻璃器皿。她思考如何反映我们自身的地区与文化。她需要在餐厅里摆放美丽的黑眼豌豆和甘蓝菜照片吗？她应该挂放玉米编发与非洲风格发型的图像吗？她们应该研究传统的非洲织物吗？（J. Azzariti，1992）

在研究了15年的瑞吉欧教学法后，这些重大问题依然会有新的答案。这些意义在于整体文化、周边环境、人际关系对儿童学习的影响。在幼儿园里，环境和关系就是课程。如果你能明白这一点，那么你会发现不守规则的儿童、混乱的环境、匮乏的材料、关于读写算（abc/123）的课程以及照本宣科的课堂会对儿童造成十分痛苦的影响，因为这些阻止了儿童思维的拓展，限制了文化对儿童的影响。如果儿童的身体蓬勃发展是因为儿童摄入了食物，那么儿童思维的拓展则是因为儿童所使用的材料——文化所提供的材料——以及儿童的同伴、成年人与儿童如何使用这些材料。

学会倾听与记笔记

倾听儿童的想法是项目活动的基础，记笔记则是倾听的基础。学会记笔记对于教师来说是一项挑战，学习阅读笔记就如同学习阅读外文一样困难。

记录技巧。 瑞吉欧教师十分投入地倾听，实际上他们把录音设备放在幼儿小组中以捕捉他们说了什么。每一位魔豆中心教师都设计了自己记笔记的方法，最初主要靠手写。当与儿童积极交谈时，教师能设法记录下很长的、一字不差的笔记。温迪教师在第一次记录关于可可猫的交谈时，使用了四张21.6厘米长、27.9厘米宽的纸张做手写记录。在她的笔记中，在秋天与冬天时，其他有关可可猫的内容记录达到了32页。她在几年后回忆道："这项工作很难，我必须在记录、倾听、把注意力集中到儿童身上的同时思考我接下来将要说什么。"（W. Baldwin，2007）

笔记中记录着什么？ 教师在培训中学习写笔记，学习如何记录教室中发生的事情以及特定儿童的行为。但是教师所关注的焦点不一定是儿童说了什么，而是使用笔记为明天所需要做的事打下基础。这是我们早期所遇到的困难之一。教师知道项目始于倾听：什么是儿童真正感兴趣的？什么想法有足够的教育意义而需要被继续挖掘？他们很清楚答案在他们的笔记中。但是答案并不总是显而易见的。当教师看到儿童出现两个明显的兴趣时，教师抓住了这两个兴趣——对可可猫的痴迷以及对木制火车的沉迷——以作为他们的第一批项目活动的主题。在大家的同意下，温迪教师跟随着对可可猫有兴趣的小组，而索尼娅教师跟随着对火车感兴趣的小组，火车组的儿童曾在附近的车站听到过火车的声音。

学会阅读笔记。教师总是在放学后一起朗读笔记。当温迪教师读到关于可可猫的笔记时,每个人都听出了这个项目存在的几个潜在的探究可能性:猫是怎样行动的?如何对待可可猫?如何观察它?火车项目是在索尼娅教师观察时所认真记录的笔记中产生的。有时她会根据儿童的兴趣马上采取行动,如当天儿童有渴望去火车站的愿望。其他时候,她会阅读她的笔记,从笔记中决定相关项目,如画出火车发出的声音,这是她因在笔记中看到儿童在玩火车时模仿火车声音而决定的。珍妮弗教师坚持每天在笔记中记录下儿童的活动;这会帮她想起哪一名儿童用过什么样的材料。当她阅读笔记的时候,她会意识到哪名儿童需要被带去工作室——因为他们从未使用过某些特别的材料或者已经准备好做一些更有挑战性的事情。小组活动能让教师近距离地倾听与观察儿童,他们发现每位教师对同一儿童的观察都是不同的。渐渐地,当教师学会相互信任(通常来说是一个痛苦的过程)时,他们会开始挑战彼此的观察、笔记与解释。他们学到:

如何陈述他们的观点、解释他们的选择以及愿意接受一个更好的选择;如何在不破坏人际关系的情况下保持对立观点;如何在不引发怨恨的情况下发表不相同的看法;如何放下戒备之心并接受批评;如何不找借口或推脱责任。当他们意识到批评可以改善自己的表现……以及个体的控制服从于小组的活动过程时,这将会是一个重大突破。(Lewin-Benham,2006,p.100)

但是 1 年过去了,教师才学会如何充分利用他们的笔记——引用儿童的话让他们重燃兴趣,使儿童保持专注或刺激儿童的记忆,看到一个新项目或继续已启动项目的可能性。如果做了这些事情却不理解如何利用它们,就会让人感到十分懊恼。不做笔记会更容易,但值得称赞的是,他们都做了。

第二节　儿童的最初体验

一些早期经验实际上就是项目经验——火车项目持续了至少3周；可可猫的项目（第四章）花费了好几个月。在这个过程中，我们很容易发现包括可可猫的项目活动调动了孩子们的参与兴趣。一些初体验是偶然获得的，如颜色的体验活动。其他的是以前错过的机会。

颜色与光线

1992 年早秋。珍妮弗教师在通往餐厅的长廊中把彩色凝胶贴在朝南且能接受阳光照射的窗户上（如图2.1）。正如教师所预料的，孩子们十分激动。

图2.1　从门厅到餐厅的凝胶

第二章 理论与实践在此相遇：首批魔豆中心项目

10月7日：在玻璃窗上的凝胶。 蒂娅拉在长廊上走着，从地板看向窗户，又从窗户看向地板。

索尼娅教师："你看到了什么？"

蒂娅拉："蓝色的光。"

索尼娅教师："它怎么会在这里？"

蒂娅拉："它滑到了这里。"

索尼娅教师："它从哪里来？"

蒂娅拉："窗外……其他人都走了！"

索尼娅教师："他们去哪儿了？"

蒂娅拉："我不知道。"

10月8日：没有阳光！ 阴天多雨。在去吃早餐时，泽泽看着地板，气喘吁吁地说："我的天！啊哈！落到地板上的颜色！"他看了看窗户，确定颜色还在，然后往下看说："啊哈！颜色不在地板上，它们走了！"他完全不知道光与影的关系，他迷失了方向。对社会文化理论与实践有重要推动作用的著名心理学家瑞文·费厄斯坦（Reuven Feuerstein）认为，迷失方向是学习的必要前提，在学习时我们必然会注意到有些东西与我们的预料不同，并且会为这些差异而感到烦恼："反思性思维起源于迷惘、困惑或怀疑。"（John Dewey，1933；Feuerstein, Falik, & Rand，2002, p. 144）泽泽正在困惑着！

11月10日：叠加凝胶。 珍妮弗教师增加了工作室朝南窗户上的凝胶，在窗台上放了一个装有不同颜色凝胶的小托盘。她与泽泽交谈，发现泽泽并没有减少因颜色而感到的兴奋。

泽泽："为什么老师从来不把绿色放在窗户上？我喜欢绿色。"

珍妮弗教师选择了一支绿色的凝胶并把它挤在窗玻璃上,指着绿色的影子说:"这样如何?"

泽泽欣喜若狂地大叫着:"绿色!!!"

珍妮弗教师指着托盘说:"你来试试。"

泽泽非常兴奋,将两支凝胶紧靠在窗玻璃上:"我知道是怎样的了,我妈妈会喜欢这个的!我太疯狂了。"然后他看着地板上绿色的影子:"耶!我做到了!"

珍妮弗教师:"看看你身上的所有颜色!看看画架!"

泽泽看着画架上凝胶的影子:"噢!"他把红色的凝胶放在窗玻璃上:"看这个。如果这样做……"他把凝胶往上挤,接着加入蓝色凝胶,"把这个放这里。"他对珍妮弗教师说:"你可以把它拿紧吗?在这里。谢谢。不要把我的事情搞砸了。这样很好。这是紫色!噢!"

拉莎儿在偷偷地看着泽泽,说:"嘿!是的!!"

泽泽对着紫色说:"我看到了你的颜色。"他看着画架,把凝胶分开:"我看到你是蓝色的。"他快速移动凝胶:"现在我看到你是黄色的。"

珍妮弗教师:"我看着不是黄色,是蓝色。"

泽泽一个又一个地叠加着凝胶:"不,这不是,这是黄色,这是橙色。现在是红色,它是红色的,淡红色。我的天!"

贾米亚纳加入了我们说:"我看到哪里都是红色的!我看到了一只红色的狗。"

泽泽:"我的天!我的天!"他看了看凝胶:"哇!我的天!"

贾米亚纳:"我的天,哪里都是粉色的。"

泽泽把绿色和黄色混合在一起:"看我做了什么!这一块是蓝色的!"

这个体验至少持续了6周。这是一个突破性项目,教师有效地整合了环境、材料、儿童的兴趣以及他们自己的干预。他们最初认为凝胶是有趣的,没有想到颜色的混合。15年后,伴随着儿童的激动之情,笔记中的内容跃出纸面并映入现实，让儿童兴奋、扩展他们对自然效果的兴趣，如太阳与影子的活动，培养了儿童观察与实验的品质。"正如维果茨基所说：高级心理功能源于儿童参与的活动和社会性对话。"（Berk & Winsler，1995，p. 153）这其中的意义在于，关于颜色的经验为活动与对话提供了一个强大的促进因素。

一年后，到处都是颜色。在1994—1995学年，色彩成了16个独立的意向性项目的焦点：珍妮弗教师阅读了儿童在讨论颜色时所使用的明喻——"蓝色像试图在水中捉鱼一样"——并让儿童转化成图画。教师让儿童参与关于颜色的理论探究。儿童讨论为什么天空是这样的，太阳如何在天空中移动，这些移动如何影响颜色，如果有一天天空破裂会发生什么。他们对是谁制造了天空中的颜色意见不一，他们尽力向他人表达自己的意见。谈话很长，很多都是他们在教师朗读他们所说过的话时受到启发而形成的。使用其他教师的相关笔记已经成为教师们的普遍做法。谈话成了所有经验中的基石。

对话是人类交往的主要手段之一，是一种基本的语言功能。在维果茨基的学说中，语言是"'心灵的工具'……是最被经常广泛使用的人类表征系统"（Berk & Winsler，1995，p. 21）。教师及时倾听被反复说到的单词或主意，帮助他们在杂乱无章的字里行间找出一些线索。教师一起分析他们的记录，如果不同的教师记录了相似的单词，这可能提示着儿童真正的兴趣是什么。如果引用儿童的话可以点燃儿童的兴趣，这就对了！如果教师把这件事告诉了同事，如果他们尝试了且管用，如果儿童的兴趣重燃了，那么应关注的焦点就产生了。然后，他们会记录下当天、当周以及与第二周相关的内容，并开始思考想法可能会导向何处。当他们与儿童一起讨论这些想法时，他们发现这些想法的确扩展了儿童的兴趣，这就为一个项目指明了方向。如果教师问"我们接下来应该怎么做？"，而儿童热情地回应，那么他们就开启了一个新的项目！（Lewin-Benham，2006，p. 45）（如图2.2）

图 2.2　温迪教师在与小组谈话

错过的机会

由于最初我们不知道怎么分析哪种经验有被延伸的潜在可能，或者如何在项目中激起兴趣的火花，因此，许多笔记反映了这种"虎头蛇尾"的经验。

不知道如何倾听。拉翠霞（Latricia）在 11 月安排了有关花朵的活动："要装多少水才适合呢？"她笑眯眯地说："我有两块海绵，这样水就不会流下来了。"她自言自语："太漂亮了，拉翠霞，这次弄两个，我今生从未见过如此美丽的花朵。这里到处都是水，我要去擦地板。它们喝到水了吗？如果它们没有喝到水，它们就会死掉。花朵们一定在说'我想在死前能喝到水'。"

如果教师知道如何阅读笔记，那么他们可能会让儿童画出花瓶，对拾来的物品进行创作，找到书本或杂志上的花朵，做给花朵浇水的实验而不是其他实验，讨论生命与死亡，以拓展儿童的经验。但是如果教师不知道如何与儿童一起反思经验或者使用反思去发起一个项目，那么这种经验的意义就不大。

误解笔记。教师的日常笔记记录了谁与谁发生了什么。从实习生邦妮（Bonnie）在3月5日早上记录的笔记中可以看到：温迪教师在早上与7名幼儿一起活动，他们整理弹珠、练习在这个环境中走动、在椅子上坐着、使用卫生间以及洗手。邦妮继续写道：

雷吉诺德和卡姆雷尔与我一起在房子里学习东西的确切位置以及清理步骤。洛里安放弃了磁性弹珠，加入了我们。

拉莎儿、贾米亚纳和亚历克斯在化妆间里工作。一段时间后，亚历克斯与泰莎一起玩闪卡。唐纳、艾其尔和阿隆佐早上把大部分时间都花在实验室的计算机上。唐纳在图书区里给大家读故事。3人围绕火车活动了一段时间。5人与实习生在水坑中活动。4人继续围绕直升机开展活动。

邦妮的叙述是枯燥无味的，每件事情与先前发生的事情毫无关系，没有对接下来发生的事情的暗示。教师在其中看不到什么项目。

新的关注焦点。在那个星期的晚些时候，退休的瑞吉欧教师、著名的瑞吉欧实践顾问阿梅莉亚·甘贝提进行了第一次访问。她建议做一个关于环境的项目：教师与小组儿童共同谈论环境中的各个区域。从邦妮的笔记中可以看出儿童在哪个区域活动。环境项目意味着带这些儿童到各个区域，讨论这些区域的目的，可以用这些材料做什么，其他地方的材料是否能在这里使用，多少儿童可以在这里玩，在区域活动结束后如何整理。教师与小组儿童共同讨论权利、规则与责任。通过这种方式，儿童最后学到了每个区域的作用，以及在学校中如何管理每个区域。

邦妮的笔记同时展示了儿童会选择与哪个同伴一起玩，这有助于了解儿童更喜欢谁的陪伴。这些笔记显示了活动吸引了哪名儿童参与其中，或者哪名儿童有能力参与到这一活动中。如果你想让儿童相互教学的话，那么这是很有用的："泽泽，我注意到你在很仔细地使用耳机，你能帮助布兰迪选择一盘磁带并小心地使用耳机吗？"从这些角度来看，邦妮的笔记是丰富又有潜力的。合适的问题使笔记成为焦点。一个学说是一种新的看问题的角度。从社会文化理论的角度出发，儿童自主选择朋友和活动以及成人"体贴和及时的帮助，促进儿童的表征和策略性思想的发展，鼓励儿童在任务中随着技能的提高承担更多的责任"是十分重要的（Berk & Winsler，1995，p. 32）。

第三节 觉醒

珍妮弗教师告诉来访的教育工作者，工作室花了两年时间才发展起来。

在一开始时，工作室里连颜料都没有。阿梅莉亚第一次来的时候，我们坐在一起阐明我们要做什么，我迷失了。这次经历使我和其他教师进行了一次对话，我们开始研究我们之间如何进行沟通的问题。工作室里有工具和材料以供修复工作，所以教师们开始工作了："珍妮弗老师，这里需要修缮。"现在，他们（教师、家长和孩子）把所有的材料都使用得很好。现在我知道工作室对于每个人来说，是一个开放的空间，是一个为教师和儿童提供资源的地方。我和工作室走过了很长的路。（J. 阿扎里提，魔豆中心日的汇报，1995年2月21日）

魔豆中心的教师是坚定的。通过自己的奋斗，基于专家的建议和我们学校特有的文化，我们逐渐实现了突破，最终我们互相信任，成功地组成小组，增加项目的难度。

早期工作室的工作

初秋,珍妮弗教师介绍了黏土、胶水和纸张。对于儿童来说,材料是新的,他们的手还不习惯操作这些材料(如图 2.3)。

图 2.3　儿童从黏土块中撕下黏土

黏土。珍妮弗教师没有使用由商业制作或由家庭制作的面团,而是使用雕塑家喜欢用的低火黏土。她给每个儿童一大块黏土,让他们挑战将块状黏土做成球或蛇。早期的工作完全是儿童使用手指能做到的。逐渐地,在使用双手的过程中儿童发展了能力,加上珍妮弗教师的教学变得更有意向性,他们学会了切、推、拧、翻滚、敲打,使黏土平滑以及成型。如果你认为只有读写算活动有价值,那么想想这个:只有当你的手有能力时才有可能进行清晰的书写。更重要的是,有研究把语言发展与手的使用相联系(Wilson,1998,p. 50)。神经生理学家威尔逊(Wilson)认为,"大约一年左右,思维语言的关系将会变成手–思维–语言的关系"(p. 195)。学前儿童的手是他们最重要的工具；要改善手的使用，帮助儿童转换心理意象、计划，遵循合乎逻辑的相关步骤，完成在他们的文化中具有重要意义的目标。在社会文化方面：

通过艺术手段创造多样化的课堂活动与概念的符号表征，体现维果茨基对使用的信念……社会符号系统是实现高级心理功能的主要途径。（Berk & Winsler，1995，p. 145）

有时候，儿童制作具体的物品。珍妮弗教师鼓励儿童使用黏土制作可可猫，不断敦促他们进行仔细观察，对比他们所观察到的和他们所制作的，让他们的作品看起来像真的可可猫一样。4岁的儿童在制作可可猫雕塑时，只需要8周的时间就能完成一个立体的泥塑作品，并能正确地展示物体表面的细节：唐纳把密密麻麻、平行的条纹覆盖在"皮毛"上；拉莎儿和泰莎在爪子上做出了凹痕，虽然不是特别精确，但是能被辨认出来（如图2.4）。这些都在告诉我们，儿童通过仔细观察、有目的的比较、一致的努力来反映现实。重要的是，仔细观察是认知的支柱之一；没有仔细观察，就不可能有高层次思维。这些作品体现了维果茨基理论中教师为儿童的思考提供鹰架的原则。

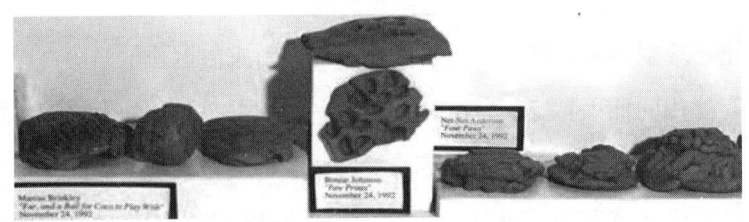

图2.4 使用黏土制成的可可的皮毛与爪子

胶水。一开始珍妮弗教师把胶水本身作为媒介，不是因为它的黏性。温迪教师注意到儿童的不适：他们不喜欢胶水黏在手上的感觉，他们会不停地跑向水槽并进行冲洗。一些儿童在画画的时候也如此反应，本能地发现它很脏。教师提供了一段很长的时间让儿童反复体验，这样儿童将会熟悉材料的特性——它的手感、味道、黏稠度以及可用其完成的行为。这种熟悉作为儿童理解物质世界的基础是有重大意义的（Hawkins，1974）。如果我们想让儿童做的不仅仅是看电视、打电话和玩电子游戏，而是成为文化中的积极分子——幼儿园时期是儿童为高层次思维打下基础的时候，那么这种思维需要通过维果茨基所说的"文化工具"（Berk & Winsler，1995，p. 5）和瑞吉欧教育工作者所说的"一百种语言"来发展。

纸张。即使像纸张一样简单的材料也需要介绍。你可以无休止地改变纸的形状和大小：压皱、剪切、撕碎、弄弯、卷曲。在一年之内，随着儿童用纸来实现自己的各种想法，他们将会完成这些操作。但在开始的时候，他们需要探索纸张的特质，除了体验这些行为之外，他们没有其他目的。后来，他们就会发现纸张的潜在功能范围极其广泛——包装礼物、折纸、写信息。

中介作用。典型的幼儿园遵循着皮亚杰的"预设能力"理论，这一理论导致教师行为与社会文化理论的立场明显不同。

  皮亚杰学说强调发展多于学习，在获得新知识的过程中教师的贡献应少于儿童……儿童对不干扰自然发展的社会环境中的改变负责。（Berk & Winsler，1995，p. 103）

维果茨基学说承认发展的作用，但主要强调的是儿童与环境（包括人）的关系。费厄斯坦的理论进一步佐证"在个体没有接触中介并受到中介影响的情况下，学习将不可能发生"（Feuerstein, Feuerstein, Falik, & Rand, 2006，p. 101）。

魔豆中心的教师倾向于通过在解决问题方面提供鹰架来与儿童合作。每一种媒介——纸张、胶水和黏土——有其固有的问题和可能性。教师组织"任务和周围环境，让儿童在任何时候都处于一个能够接受适当挑战的发展水平，并不断地调整成人的干预量以适应儿童当前的需求和能力"，这就是维果茨基所说的"最近发展区"。在面对每一个问题时，教师通过"尽可能让儿童自己调节合作活动"以促进儿童自律（Berk & Winsler，1995，pp. 29–30）。一直以来，教师给儿童定下了温暖与积极反馈的感情基调，儿童逐渐建立了认知能力。

文化因素

一些社会文化因素所奠定的基础构成了魔豆中心的社会环境。

动机。教师的积极性高，主要受他们的天性、对可能性的强大愿景的驱动。瑞吉欧学校里不断高涨的兴趣尚未开始，我们就已经预感到它就是未来。此外，我们是首都儿童博物馆的附属机构。首都儿童博物馆是一个富有声望并有开拓精神的组织。魔豆中心中有雄心壮志的工作人员并不满足于魔豆中心一直被人看作一个栖息在首都儿童博物馆的 5 楼的初创实体，而是渴望与博物馆的声望相匹配。这样的渴望既由媒体激发，也是魔豆中心的特色。在成立之初，这种愿望就出现在电视和印刷品上。1993 年 10 月，我们刚刚开始应用瑞吉欧教学法，《儿童》（Child）杂志就将我们评选为美国最好的 10 所幼儿园之一。我们正在采用一种幼儿园教育的方法，这种方法在 1992 年被《新闻周刊》（Newsweek）杂志称为"世界上最好的方法"。

领导能力。我的领导能力是一个因素。我已经开启了许多项目，所以我知道需要多少时间才能启动一个项目以及多少时间项目才能成熟，我很有耐心。作为魔豆中心的负责人，我与华盛顿公立学校、美国国会的专项资金组织、私人捐款机构等保持着密切联系，这是我们的命脉。我设法获得以下资源——从家具到资金，从材料到咨询委员会成员。我向大家保证，教师会从行政工作中解脱出来。

突破

1994年2月，教师的热情开始减弱；他们不知道如何做得更深入，他们说需要知道更多的内容。在访问瑞吉欧学校时，我咨询了卡丽娜·里纳尔迪（Carlina Rinaldi）和提兹亚纳·菲利皮尼（Tiziana Filippini），为教师的疑惑寻找答案。"对于每一个问题，我们只听到一个答案：视情况而定。"（Lewin-Benham，2006，p. 63）这是一个转折点，我们要么在没有足够知识的情况下向前继续行走而陷入困惑，要么寻求帮助。

我说服阿梅莉亚来这里过周末，她让教师精力充沛。在接下来的3个月里，儿童交谈的记录数量是6个月前的3倍。索尼娅教师开发了一个沿着许多新维度从美国国会大厦中移除自由雕像的强有力的项目。温迪教师把污染和救护车作为主要项目的主题。珍妮弗教师对她的角色，工作室与整个学校有着怎样的联系，她（作为工作室教师）与其他教师的关系如何有了新的理解。

珍妮弗教师开始意识到她的角色不是教儿童艺术，而是运用她对不同材料的理解去充实儿童与儿童之间、儿童与教师之间的对话，去拓展每个儿童的探索风格。她开始意识到她应该建构一种师傅／徒弟的关系，使用她的专业知识去帮助儿童学习难度更高的技能，通过提供艺术家的不同视角去充实教师间的合作。当珍妮弗教师的理解能力逐渐提高，她意识到她需要参与整个学校正在进行的活动，而不只是在工作室里。

维果茨基学说的一个原则是，所有人类独有的、更高形式的心理活动都来源于社会文化环境，并为这个环境中的成员所共享，因为心理过程具有适应性。它们带来了在特定的文化背景下个体通向成功所必需的知识和技能（Berk & Winsler，1995）。当教师采用更适宜的方法来帮助儿童思考与学习时，他们的教学技能正在显著增加。

社会文化理论考虑到不断扩大的圈子——家庭、学校、社区、国家，以及不同文化和每种文化的特定符号：手势和面部表情联系着母亲／儿童，制度构建起学校，历史把社会团体联系到一起，宗教、食物和笑话使国家融合

（或分裂）。越来越多的魔豆中心教师将儿童不断扩大的圈子中的文化符号融入儿童的经验。随着不同文化的人们在全球范围内日渐融合，如果儿童形成了小组合作的能力，那么这将会是一项重要的财富。

第四节　实践中的社会文化理论

伯克和温斯勒（Berk & Winsler，1995）概括了维果茨基的主要思想，现在在此进行简要回顾，因为这些思想与魔豆中心的早期活动有关。

发展的两个方面

发展在自然与文化两个方面同时发生。在自然方面，发展随着身体的成长与身心结构的成熟而发生；在文化方面，发展发生在儿童学习使用文化工具的时刻。"人类意识出现于参与文化活动中"（Berk & Winsler，1995，p.5）。魔豆中心的教师根据儿童已经知道的以及他们是如何行动的——他们的活力、健谈、依赖性——来引导儿童参与活动。因为所有活动都涉及了学习与文化相关的技能，儿童的自然发展过程将会受魔豆中心对社会文化理论的强调所推动，这种强调遍布全书——广泛交流、相互尊重、挑战、合作开展与文化相关的项目。群体总是深刻地影响着个体，中心的教师会有意识地利用这一现象。

低级心理功能与高级心理功能

低级心理功能是人类与动物所共有的。高级心理功能是人类所独有的，即"系统地重组低级心理功能"（Berk & Winsler，1995，p.5）。回顾泽泽对颜色的第一反应，他只是简单地回应了刺激物（低功能）。6周后，他能有目的地使用颜色来达到某种效果（高功能）。回忆儿童最初的黏土活动——仅仅是弄断黏土（低功能），6周后在教师的脚手架的支撑下，儿童捏出了可可猫的细节特征（高功能）。我们看到儿童的思考能力正在增长，因为教师使用了对话、意向式教学、工具和材料——所有都与文化相关——作为学习的工具。

文化发展

概念形成、社会交互作用以及所有其他行为会出现两次,"第一次在社会或人际层面上,第二次在个人或心理层面上"(Berk & Winsler,1995,p. 5)。也就是说,高级心理功能源于社会层面并"最终内化"(p. 5)。回顾教师反复让儿童参与学习利用环境的方法。教师通过逐步培养儿童选择工作、熟练地使用材料并保持材料原有秩序的能力来帮助儿童自律。很多教师不会开展小组工作,因为他们不知道如何在组织一个小组中的儿童开展工作的同时管理好其他孩子。魔豆中心的教师将环境结构化,然后逐步让儿童建立对环境结构的理解。随着他们理解能力的提升,儿童逐渐能够自己利用和维护复杂的环境。

文化差异

不同的文化强调不同的活动,使用不同的工具。因此,高级心理功能因"文化而异"(Berk & Winsler,1995,p. 5)。

幼儿专业人员持一个悠久的传统观点,认为儿童的知识和发展是通过个人而不是社会建构的——这个观点源自皮亚杰的著作……维果茨基的观点是独特的,他认为思维并不局限于个人的大脑或者心灵。相反,心灵超越了皮肤(Wertsch,1991a,p. 90),并与其他心灵不可分割地联系在一起(Berk & Winsler,1995,p. 12)。

根据社会文化理论,在童年早期和中期普遍发展的思维方式,更像是特定环境和文化条件的产物,而不是以前所认为的(Berk & Winsler,1995,p. 18)。

在魔豆中心的儿童缺乏使用纸张、剪刀、记号笔、胶水、黏土和其他材料的经验，这是文化所决定的：他们的家里既没有材料，也没有父母的指导。因此，在他们进入魔豆中心的时候，无法与那些家庭里材料丰富、在许多活动中早早就有受过高等教育的父母指导的儿童相比。上文中提到的这些活动，对于经济贫困的儿童来说，是在学校中第一次体验的活动——使用纸张和书写工具，玩纸牌游戏（如注意力游戏和钓鱼游戏），以及读很多书。然而，与维果茨基理论相一致，以及作为意向式教学的结果，仅仅在一年内魔豆中心儿童的能力就超过了其他同龄儿童，消除了文化所导致的心理功能差异。他们每日都会接受关于如何使用黏土、颜料、纸张和魔豆中心内其他不同材料的指导。教师引导他们每天进行多次对话，进行小组内或一对一的读书活动，教师还作为专家合作伙伴与他们一同玩耍。其结果显而易见，他们的作品表现出日渐增长的独创性、创新性以及复杂性。

理解发展

理解人类行为取决于观察"行为如何在发展中形成"（Berk & Winsler，1995，p. 5）。我们的发展是因为特定的人类能力的演变、不断进化的文化的影响、个体的生活史以及我们在处理特定任务时日益发展的能力。这个丰富的传统观念说明了儿童的力量，也是魔豆中心教师所信奉的瑞吉欧教育体系的基石。对人类发展的不同方面的认识有助于帮助教师更好地理解他们在儿童能力发展中的中介角色。随着任务挑战性的增加，回想起珍妮弗教师不断敦促儿童观察、对比和整合各种各样的材料的特性，这些能力亿万年来人类都在学习，从而可以将其运用于生活之中。纵观全书，看看教师们是如何在儿童所做的每件事情上发挥儿童天性的。

教育的作用

"学习和发展既不是独立的过程，也不是完全相同的过程……而是以一种复杂的、相互关联的形式联系在一起，因此教学引领或者引导发展。"（Berk & Winsler，1995，p. 104）瑞吉欧实践是复杂的，体现在教育如何与儿童的学习紧密相连，有时引领，有时跟随，但总有意向性。通过这一章，我们看到了教师在努力学习这些做法。出于不同原因，每位教师都有积极的动机和意愿投入精力来获得成功。他们相信学校教育不仅仅是一个社会化的过程，而是一个帮助儿童获得各种重要的技能的过程。

最近发展区

最近发展区是一个假设的动态区域，是"儿童在解决问题时可以独立完成什么，以及在成人帮助下可以完成什么"的动态区域（Berk & Winsler, 1995, p. 5）。即使在最早尝试应用瑞吉欧教育的时候，教师也与儿童一起活动、观察、提出问题，引导儿童观察、比较、分析，以及通过语言和其他不同的方式去充分表达自己的想法。或许在瑞吉欧实践中最引人注目的是儿童把想法转化成语言，把语言转化成图画，把图画转化成 3D[1] 作品以及把理论转化成工作模型的技能。此外，他们学会了选择最适合每种表达方式的材料和工具，以及与谁在一起活动。在本章中我们可以看到教师们的这些努力，努力使儿童获得更好的学习。

语言的重要性

"语言，人类用来调节活动的重要的文化工具，对调整思维、形成更高层次和自律的思考过程有重要的作用"（Berk & Winsler, 1995, p. 5）。想想可可猫的雕塑。儿童在与教师多次讨论关于可可猫的各个方面后制作了它，以至于可可猫的雕塑不仅仅呈现了猫的形象，而且呈现了系列的想法——首先是语言上的，其次是其他媒介上的，这些媒介由儿童现在拥有的语言进行组织和表达。儿童习得新的单词如同鲸鱼吞下磷虾一样毫不费力。当泽泽在工作室中看到颜色并开始把凝胶覆盖起来时，珍妮弗教师的问题有爆炸性的效果！语言的力量胜过了行为的力量。

---

[1] 3D 是英文 "Three-Dimensions" 的简称，中文指三维、三个维度，即"立体的"。——译者注

* * *

儿童将会思考宇宙上最遥远的地方，无论是移动的蚂蚁群，还是聚集的乌云。在以社会文化引导的课堂中，教师会注重将这些思考带入儿童的对话，充实他们的想法（不是通过词汇有限的故事，而是通过图书区中大量的出版物和所有与文化相关的东西）。然后教师会帮助儿童解释自己的想法，利用彼此不同的优势和观点，利用文化中多样的工具和广泛的人类表达媒介——黏土、衣服、符号、棍子、铁丝、文字。吸收和塑造文化的能力是我们的传统——无论是打造新的技术，还是使用令人心旷神怡的语句。敏感的成年人通过与小组儿童讨论广泛的想法以及使用材料来表达这些想法，从而确保了发挥儿童的天赋——根据想法采取行动并实现文化认可的重要目标。

第三章

工作室在入学准备中的作用

学生、工作室教师和材料之间的对话"深刻影响……我们与儿童共处的方式"。

——洛里斯·马拉古奇（in Edwards et al., 1993, p. 68）

四季是幼儿教育课程的重要内容，但活动经常是程式化的并有可预测的结果。四季这一主题总是能激发舞蹈、音乐、绘画和文学上的丰富创作，甚至引发对科学的深入研究。四季的变化主宰了我们的生活：在夏季我们担心干旱，在冬季我们忧虑暴风雪。儿童发现季节变化具有戏剧性。魔豆中心的教师捕捉了一些戏剧性事件并将其用在多样化的、富有活力的、原创的项目之中，有些会在本章中呈现。在本章中呈现的瑞吉欧教学法的特色是工作室（atelier）和工作室教师（atelierista）的作用。教学原则指向学习入学准备技能。

"atelier"一词是指工作坊或工作室，通常指艺术家的工作室。从本质与概念上来说，工作室是瑞吉欧学校的中心，是以下信念的体现：至少有一百种语言——声音、运动、材料——儿童可以用它们来表达自己，学校必须帮助儿童学会熟练地使用这些语言。练习使用工作室里丰富的材料可以逐渐地提升儿童的技能，最终使儿童发展出运用多种媒介的惊人能力以及熟练掌握不同的表达模式。工作室教师增加了一个不同学科的视角——该视角在理解材料如何发挥作用方面提供了丰富的信息——到学校的对话中。工作室与工作室教师能够培养小组儿童协作工作的能力，提升儿童多方面的能力，为儿童入学做准备。

第一节　秋季体验

儿童对秋天中鲜艳的色彩、嘎吱作响的声音和腐烂的气味反应强烈，他们的兴奋反应重新唤醒了秋天对成年人的感官刺激。由于教师试图通过儿童的眼睛观察一切，所以他们灵敏地发现了儿童对秋天的反应，并利用他们对秋天的感知作为项目开展的助推剂。

制作收藏品

1993年9月。还记得上一学年，孩子们带了一把橡子。教师将此作为项目的开端。在10月中旬，孩子们已经开始和同伴或教师讨论叶子、颜色、声音和气味，并每天带上一些秋天的物品。他们说："叶子从树上掉下来了。""在地面和树木上有不同颜色的叶子。""现在变冷了，所以我们要穿外套了。""松鼠们在吃坚果。"孩子们注意到了周围发生的一切变化。教师将秋天的物品和儿童对它们的评论陈列在展板上，大家通过阅读展板，激发出更多相关的思考和问题。这些思考和问题也被教师收集起来并用于小组对话中。

语言技能是入学准备的关键。研究表明："低收入家庭的儿童的语言能力可能更有限"（KIDS COUNT，2005，p.2）。希思（Heath）的研究表明，"问—答"这一教学模式在白人儿童的教学过程中很常见，但这在低收入家庭的黑人儿童的教学过程中并非如此。

> 50%以上……（白人父母的）说话方式……以询问式为主……为了增加孩子对世界的了解……而（黑人）父母……则使用一种和白人教师不一样的方式……来问孩子们问题。（Heath，1983，1989；Berk & Winsler，1995，pp. 16–17）

多样的学校问答活动为魔豆中心的儿童上小学打好了基础。

在工作室里，珍妮弗教师将由她收集或孩子们带来的细心挑选过的种子、豆荚、树叶、茎和树枝摆放在一起。她在透光桌子上陈列了其他秋色的拼贴材料——半透明胶状物、玻璃纸和薄绉纸。一些孩子制作拼贴画，其他孩子则在观察叶子后，用黑色或彩色的铅笔或细线笔画叶子。画画和用胶水黏合提高了儿童的精细动作能力与观察力，这些是重要的认识技能，将在不断增加难度的活动中得到更多的提升。

到了 10 月中旬，孩子们和教师一起给家长写了一封信，邀请他们帮助收集与秋天相关的标志物。提阿拉的妈妈点头："好的！这个周末我们会出去收集相关的物料。"于是，在星期一，教师收到了 19 个袋子，到了星期三，则收到了 30 个。收集回来的袋子都装得满满当当的，有些还装有不寻常的宝物。索尼娅教师和温迪教师将孩子们分成不同的小组，并让他们去检查且就每件物品进行讨论，理出一个贮存这些材料的逻辑方法。这是一项繁重的工作：孩子们需要数周时间将叶子按颜色、形状和大小进行分类。对这样庞大的收集物进行分类与贮存，儿童需要具有判断能力和敏锐的视觉辨别力、仔细观察的能力、专注力和毅力。而这些正是入学前儿童需要具备的能力，因为这可以帮助儿童理解基本的数学概念（如分类），还能强化儿童的自律行为——这是独立工作所不可或缺的，也是在学校中取得成功所必需的。

做项目

数周以来，整个工作室都在忙着秋季的活动——进行各种对话，在透光桌上勾勒树叶的轮廓，对树叶进行绘画和着色，开展日益复杂的拼贴活动（如图 3.1）。

秋天的材料仍然像潮水般涌来，家长与孩子们同样沉浸在秋天的活动之中。其中有两个孩子在一个鞋盒里制作了一幅精致的秋天透景画——微型画，这幅栩栩如生的复原画与真实的背景形成了鲜明的对比。在 10 月 28 日，有 9 个家庭参加了国家植物园的郊游活动。孩子们在高高的草丛中奔跑，然后对树木进行描画，与此同时，家长踏在嘎吱作响的落叶上。这个黄金秋日在

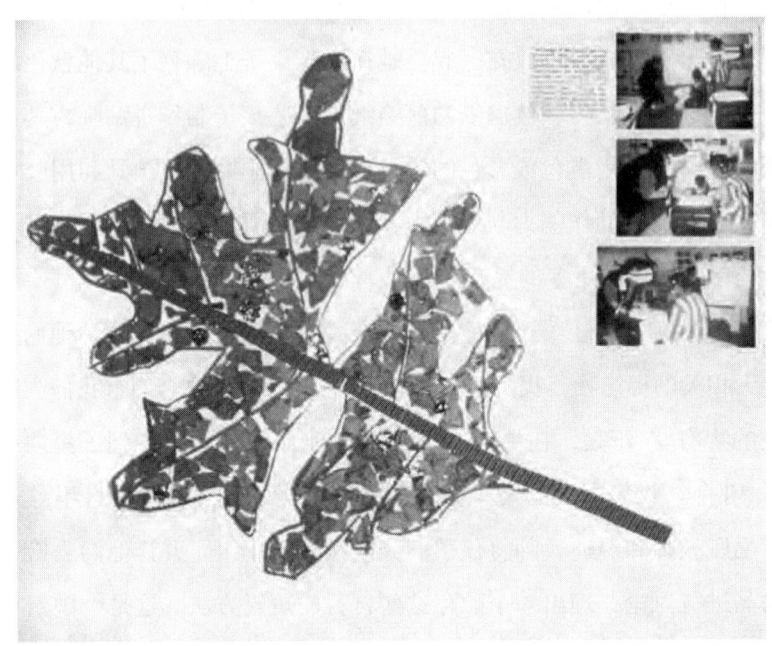

图 3.1　巨大的叶子、纸板和碎叶

大量的对话中被不断提起，甚至在幻灯片中得以再现，家长和孩子们一样渴望看到他们的照片被展示出来。

改变比例。 珍妮弗教师投影了一个孩子画的叶子，他们都很惊讶于这片叶子可以变得如此巨大。两个孩子用黑色的钢笔描绘出它的轮廓，然后用铁丝勾勒出它的边缘和脉络，再用瓦楞纸板和纸进行填充。该活动需要儿童坚持与互相合作，其成品令人惊艳。珍妮弗教师将活动分成以下板块：让孩子们学习之前制作的秋天的展板来激发他们对秋天的颜色的记忆，然后将绘画颜料混合成展板中的颜色，用此来画巨大的投影叶子。看到孩子们沉迷于巨大尺寸的绘制工作，教师为所有年龄稍大的儿童提供了选择的机会，他们热切地接受了。缩放是一种用于艺术、数学和科学的复杂的测量手段，是超出幼儿教育项目标准的众多经验之一。儿童的热情反映了他们积极的学习态度（如图 3.2 和图 3.3）。

第三章　工作室在入学准备中的作用　　53

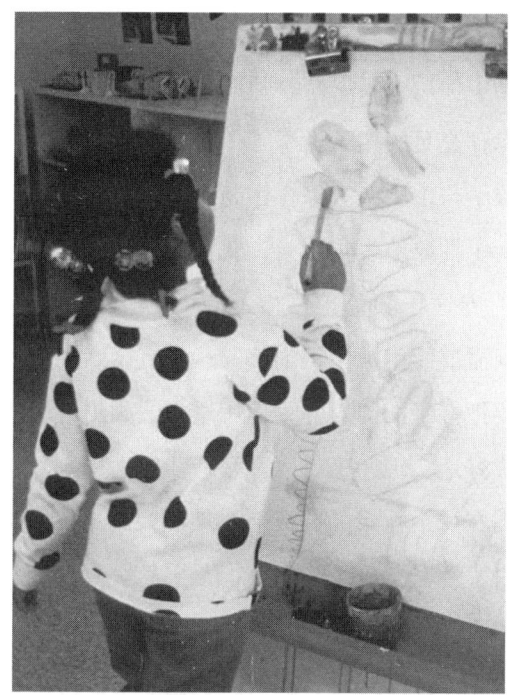

图 3.2　描画被投影过、被描过的图像

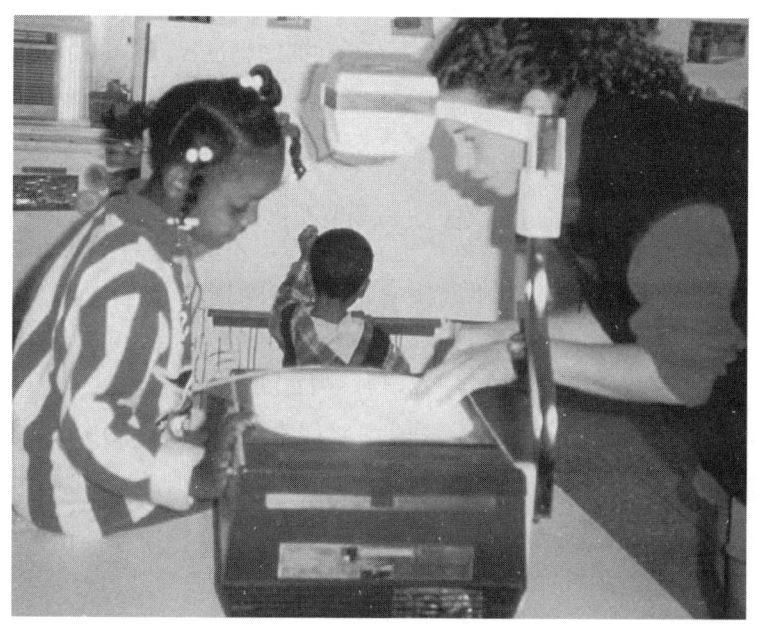

图 3.3　在投影机上放置图像

选择材料。11月2日。珍妮弗教师组织了一些材料，供孩子们在秋季编织、绘画或拼贴画中使用。索尼娅教师压碎了许多叶子，将它们存放进广口瓶，为工作室里库存充足的架子增添了一种有美妙的手感、颜色与芳香的材料。三名4岁的孩子与珍妮弗教师合作制作了在简介中提到的拼贴雕塑。这太具挑战性了：为了抽象地表达秋天，儿童需要从工作室里巨大的库存材料中进行选择，同时专注于颜色、手感、尺寸。项目需要不断增强的表达技能——制作拼贴画需要使用被压得细碎的、具有微妙色调的树叶，制作一个秋天的装饰物需要把握平衡与对称，运用透视法画出玻璃广口瓶里所收集的物品，辨别怎样最好地实现一个目的。夸特莎向索尼娅教师描述了每个人的作品，并将其陈列在一个秋天的展板上。年龄大点的孩子比较了四季并总结了关于四季差异的很多观点。其中有一个孩子认为"意大利有一百个季节"。

对于如何执行幼儿教育标准，从而推进项目并不断提高其复杂性，教师培训中没有提供任何指导。在此，我们看到每个季节都充满了连续性项目。教师的合作、对儿童所说的话的细心关注让"大"的想法落地。儿童积极参与、提问并使用不断丰富的词汇，这些都是小学生的基本行为。教师悬挂了八块大展板，其中两块展示了秋天活动的完整过程。其他展板现在仍然是空白的，准备在冬天与春天时使用。每个季节的馈赠——树叶、枝条、花朵——被用于编织、小雕塑、纸张结构之中。通过使用理论、诗歌、素描画、颜料画，儿童表达了他们的观察，并就季节变化提出了自己的分析。

雕塑。1994年春季，来自拉维利塔幼儿园的艺术教师乔凡尼·皮亚泽（Giovanni Piazza）访问了魔豆中心。他鼓励教师扩大这个项目，于是"树雕塑"（tree sculpture）这一活动应运而生。珍妮弗教师和孩子们用制型纸[1]和铁丝来装饰一根巨大的树干，然后将它悬挂在天花板上。制造出来的作品结构显眼又复杂，能很好地激发儿童的想象力，而且可根据季节变化进行更新。

---

[1] 加进胶水等经浆状处理的纸，用以做装饰品。——译者注

它延伸了季节展板，象征性地与季节展板连接在一起，从而对季节变化进行类比。类比是人脑特有的思维过程。费厄斯坦说："类比思维……是认知功能的基础……（类比思维）也意味着构建……将事物关联的规则"（Feuerstein, Feuerstein, Falik, & Rand, 2002, pp. 424–425）。许多项目帮助儿童奠定注意和使用类比的基础，支持了他们的认知发展。项目的意义在于，到了年底，儿童观察季节的能力更敏锐了，认识到了自然物品的不同用处，他们说话、写作、画画与思考的能力也更成熟了。

区分材料

11 月 19 日，一群儿童将颜料混合成秋天的颜色，在墙上绘制出一幅巨大且精细的壁画，其成果令人惊艳。这样的结果并不是偶然发生的。它们是各种活动一起产生影响的结果——涉及成人、家庭、环境之间的关系，工作室与工作室教师的作用，还有材料因素。

探索道具属性。 作为艺术家，工作室教师能看到颜色、形状和形式之间的独特关系。他们了解材料是如何起作用的：哪种颜料可以画出浓密的笔画，哪种不会留痕；哪种铁丝足够细软并适用于小尺寸作品，哪种适用于坚固的构造；哪种胶最能与哪种材料黏合；哪种材料可以实现特定效果。魔豆中心的儿童除了可以了解到和彩色美术纸、蜡笔以及糨糊相关的基础词汇，还可以收获更多的相关认识。比如说，儿童可以就纸这一素材，说出它的重量、质地、颜色、纹理、透明度和表面光洁度等特性。他们还体验过纸和各种潮湿物品之间的相互作用：哪些物料可以从纸的表面滑落，哪些物料会起泡，哪些物料会被吸收，纸和水是如何相互影响的。

开发和利用各种材料。 在儿童观察秋天、收集和分类秋天的物料时，珍妮弗教师正忙着在工作室中将经验结构化，以帮助儿童学习材料的表达方式。为了实现这一点，她准备了大量的练习，练习的目的只有一个，那就是让儿童探索某种特定的材料。每周，各小组会尝试上下交叠物料，戳、挤捏和挖凿黏土，曲卷和折弯纸张。他们实验过把纸弄成条状、桥状、螺旋状或让纸变褶。他们把纸进行折叠、弄皱、黏合、编织、交叉、曲卷、扭曲或标记。他们还将其分层堆叠，切成各种形状或捆扎在一起。

在接下来的一周，活动可能在透光桌上进行。珍妮弗教师会预先选择具有特定颜色——可能是各种绿色，或者其他反映季节的一组颜色——的物品。材料有可能是透明、半透明或具反射性的，所以当光线穿过它们时会出现不一样的效果。他们将层层薄绉纸和醋酸透明塑胶片粘起来，以便观察光线穿过多种颜色的表现，或者在一个小的透明塑料袋里装满树叶、种子和豆荚来观察光线如何从中透出。

在10月到次年2月的这段时间里，珍妮弗教师给孩子们一共介绍了15种材料，材料选取范围甚广，包括铁丝网、瓦楞纸、钢笔和墨水等。其他教师则介绍了音乐、水、运动和粉笔。教师观察到仅仅在一次展示之后，当某种材料适合某项任务时，儿童就会选择某种技巧并自发运用它，这充分体现了人类适应性行为的倾向。其他教师也学会了这些技巧，因此，使用新的媒介与技能成了每个人的全部本领的一部分。

发展技能。 因为大多数儿童尚未有阅读或书写能力，所以学前儿童需要利用各种材料来帮助自己表达。儿童可以通过使用各种材料，积累新的经验，如儿童通过操作剪刀让自己的手指变得灵巧，有足够的力气挤出胶水瓶里的一滴胶水，或者如果他需要的话，挤出一大坨胶水。混合颜料或多种绿色的使用，可以使儿童学会辨别颜色之间的微妙差异；用画刷蘸取颜料的动作或把刷毛弄尖，可以训练手部的精细动作能力。每一种材料的使用都能够锻炼儿童的脑、手和眼之间的协调能力。他们制作出的这幅秋天的壁画展现了儿童所掌握的各种技能，以及教师自身的成长。例如：珍妮弗教师了解到儿童可以认识丰富的自然色彩，而不仅限于认识为幼儿园所制作的材料调色板上的颜色。温迪教师知道儿童可以在公共图书馆中阅读任何书籍，而不只是词汇量有限的读者。索尼娅教师了解到儿童自己发现的问题远比教师的指导更加令他们印象深刻。教师在四季中感受到四季的魅力，感受到四季那无限广阔和令人敬畏的美：寒冬的凛冽、春日暖阳带来的愉悦、秋高气爽带来的兴奋……他们帮助儿童利用这些感受去探索自然或做出有品质的东西。儿童在成就中实现自我满足。随着经验的积累，他们学会了辨别事物之间更细微的差异，磨炼了其入读小学所需要的观察技能，并获得了为生活做准备的实用知识。

第二节　冬季体验

1995 年的冬天格外凛冽，雪虐风饕，寒风刺骨，因此学校停课了很多天。对于儿童来说，大雪纷飞的冬日缔造出的仿佛是一个仙境。于是，教师们充分利用这次机会，让儿童对冬天的质感、颜色和效果进行讨论和学习。

讨论奠定基础

1 月 4 日。温迪教师和其中一个小组在聊天时惊觉一个新的季节已经到来了。3 日后，珍妮弗教师突然发现透光桌上居然多了一个惊喜——冬天拼贴画的材料。于是在第二周，她组织儿童画出他们眼中的冬天。然而一场暴风雪来临了，雪积得有 60 厘米厚，再加上极端的天气，学校停课 9 天。孩子们都在讨论这场大雪。教师利用这个机会，就这个话题引导孩子们讨论树叶在冬天里的变化。格内特教师接连几天和不同的小组开展讨论。

说话先于读写。教师对交流的重视为儿童提供了大量倾听与使用语言的体验。对话通过在情景中增加词汇来扩大词汇量。情景赋予单词以意义并为儿童形成新概念做准备。通过扩大儿童的词汇量来提高他们的表达能力，这是幼儿园阶段的教育让儿童掌握重要的入学准备技能的方式。让儿童参与讨论，教师全神贯注地倾听他们的表达，这是扩大儿童词汇量的最有效办法。为了能真正扩大儿童的词汇量，教师不仅要鼓励儿童讨论，还要要求他们学会倾听。魔豆中心的儿童学习围绕主题表达自己的想法，然后将想法演变成观点，最后可以用自己的观点和他人进行辩论。

1月31日。温迪教师找来四个孩子，让他们制作与冬季相关的拼贴画。首先她问"这些是什么？"，让孩子们在触摸的同时说出名字。亚历克斯和布兰迪说出了石头、豆和纸；安吉拉说出了树木、贝壳和胶水。当温迪教师问它们的颜色时，孩子们齐声说道："白色！"他们选择了像雪的物品，而雪意味着冬天。符号表征是一项高阶认知技能，"要求系统、精确的数据收集……（和）以视觉/空间形式……进行内部表征"（Feuerstein et al., 2002, p. 213）。

温迪教师问为什么树叶从树上掉下来。

亚历克斯："那是因为树木很冷。"
布兰迪："风把它们吹走了。"
温迪教师："那你们可以怎么利用这些白色物品（来体现）呢？"

思考、细节描述、长对话、关于复杂项目的想法交织而出。

日益多样的项目

雪一直没停，孩子们回到学校后都在分享他们在雪天的乐事，比如他们怎样在雪中玩以及在冰上滑倒。每个人都参与了冬季的活动，包括创造树、编织、写诗、滑冰、合作制作一座和冬季相关的雕塑以及从三个方面描述并呈现雪是怎么形成的。

口头描述。2月1日。温迪教师请三个孩子介绍了他们绘制的冬季树木（如图3.4）。

图 3.4　冬季树木

夸特莎:"它没有叶子……它们落光了,因为风很……冬天的风总是格外的大。"她的话中体现了因果关系,以及一种问题解决能力。

弗兰克:"……如果外面很冷,它们(树叶)会掉下来。如果是冬天,它们就会被吹走……"他通过假设体现因果的逻辑关系。

亚历克斯:"(树木)没有了衣服,叶子是它们的衣服。它们是赤裸的。那意味着很冷……"他运用了类比,并暗示了一项命题:如果树是赤裸的,那就意味着是冬天了。

找出因果关系、利用类比和提出假设都是更高层级的认知技能。在幼儿园里学会这些技能是意义重大的。它帮助儿童在进入小学之前学会思考。

编织。在接下来的一周,珍妮弗教师为冬季编织活动准备了不同寻常的织机——两根结实的木棍之间缠绕着线绳,以及以冬天的色调为主色调的物料——有的材料是长的、闪闪发光的、白色的,有的材料坚硬透明,还有一些材料则比较柔软或凹凸不平。她让孩子们想想如何增加收藏品。儿童最终的成品究竟是无趣的还是创新的,取决于教师如何启发他们去开始一个项目。

让儿童写"我在去年夏天都做了什么"的任务与让儿童根据所给句子("夏天的酷热消耗了我所有的精力,直到……")续写故事的任务会产生不同的结果。在任务开始之前,珍妮弗教师和孩子们对雪的特质进行了讨论,预测在透光桌上编织会发生什么。对事物进行预测可以促使大家思考各种可能性,从而生成心理意象。孩子们在这一过程中思考了哪些材料可以上下叠放,并通过观察编织的式样来研究光线是如何(从编织的成品中)透出来的。这些是意义非凡的经验:材料的选择要求对过程的限制有所认识;模式是一个基本的数学概念;观察光所引起的结果为思考光是如何起作用的奠定基础。问题解决能力、数学推理能力和观察能力是入小学所需的重要技能。

诗歌。2月10日。大雪仍然覆盖着地面,寒冷在空中蔓延。温迪教师问了六个孩子"什么会让你想起冬天?",并建议他们以诗作答。特雷尔说:"你必须重复相同的单词,因为诗歌就是这样创作的。"他们的诗开始了:"冬雪,冬雪……"另一首诗是这样写的:

雪是白色的。
寒冷时,
雪变成了冰。
雪如此之多,
它发疯了。
雪融化了。

他们的写作表明,儿童开始有意识地选择特定的单词,并意识到诗意表达的约束性。

理论。教师清理了一个架子,存放了一些有关暴风雪的书籍,孩子们经常查阅这些书籍。索尼娅教师和四个孩子讨论了雪是怎么下的,然后引导孩子们画出自己的想法。他们的绘画展现了他们所讨论的内容，认为雪是由复杂的机器制造出来的。

德马科（5岁）："你必须快速地拉动所有的手柄……有时需要一段时间才能出来。第一台机器里有一片雪花……雪花出来后雪就做成了。"

提阿拉进行了反复描述，其中心思想是："手柄使之启动，雪就出来了。机器上有一个小孔，有人将所有的雪都放在机器的袋子里。"

当孩子们互相查看绘画时，很明显他们想要得出一种理论。接下来他们辩论了两天。在整个过程中，教师之间、教师与孩子之间进行了谈话，谈话是孩子们达成共识的过程——选择哪些主意来组合成一种理论。他们决定"上天的母亲制造了一台计算机"，并建立了一个模型。此时，孩子们已经拥有讨论和进行复杂项目的经验。他们为模型创建了一个架子，并为此写了一本书。

儿童将想法画出来会使讨论变得更容易。例如，如果一个儿童在描述火车时说"引擎推动了它的前进"，那么你很难知道他理解了什么。言语掩盖了一些不精确的想法，画画则表达得更精确一些，而画一个模型就对精确性要求更高了。当儿童用语言表达"有时需要一段时间……"或"雨转成雪"这一类的话时，我们很难理解他们对雪的认知。儿童制作的模型又高又直，看起来像一个有窗户的公寓大楼，表明他们可能认为雪来自高的地方。儿童将白色棉球堆在上面，并用白纸覆盖了其中一边的高楼。当珍妮弗教师问他们是否希望模型上的东西动起来时，他们感到非常兴奋。她用一个篮子装了一个滑轮系统，这个篮子实际上可以被吊起、放下，还可以钩东西。珍妮弗教师说："你拉一根绳子，东西就掉下来了！这很复杂，很难想象，但真的管用。"（J. Azzariti，2007）这满足了他们的想法——上天制造了雪。理论化基于先前的经验、预测、对因果的理解和分析——所有这些技能都是儿童以后上小学所需要的更高层次的思维能力。转化也是一项高水平的技能，包括把文字变成图画，把图画变成三维立体图形。

　　造雪机项目显示了儿童所需学习的知识量。因此，教师们在学校的图书馆中添置了更多有关天气、云和雪的形成的书籍，并一致认为需要与儿童更多地讨论他们的想法。教师自身需要了解更多的科学知识，以更好的问题来支持儿童的理解。这是教师将理论转化为有形形式的首类经验之一，他们知道在支持儿童的理论方面，尤其是在诸如天气形成之类的复杂主题上，还有很多知识要学习。儿童不会将他们的问题局限于答案简单的主题。更多与雪的形成相关的细节讨论将在下个冬天等待着他们去进行。

　　铁丝。想法不断涌现，并且不可预测地发展。1995年的冬天多雪而冰冷，这是对话中常常被讨论的主题。儿童注意到我们在冬天时独特的出行方式。两个孩子对滑冰感兴趣。所以，他们去滑冰了。在讨论如何记录滑冰的体验时，珍妮弗教师建议使用铁丝来记录，因为它易弯曲、可以形象地代表身体的姿势。尽管孩子们以前没怎么试过使用铁丝，但最终还是把铁丝雕塑做成了。塞梅特里画了一幅自己滑冰的侧面轮廓，粘在毛毡上，然后剪下来，用铁丝做出框架，这是一个复杂的过程。她在晨会上自豪地展示了成品图。特雷尔正在考虑制作他的雕塑，他非常钦佩塞梅特里，但想再等一等。珍妮弗教师同意他可以在下周开始。人们在应对挑战之前通常需要思考的时间。在魔豆中心里有的是时间。用铁丝来做雕塑要求儿童学会分析身体在空间中的方位。空间方位感是一种基本的认知功能。了解上、下、前、后、左和右是相当有必要的，以便遵循指令——在页面背面的右上角写下你的名字。

　　雕塑。在2月的时候，教师仍在继续扩充有关冬季的杂志和书籍。他们与儿童讨论了关于暴风雪的剪报，并在记录展板中添加了一些反映儿童经验的信息。在2月23日，他们再次参观了那根为秋天而做的大树干。罗纳德、塞奥拉和宝拉用新材料对其进行了改造——当天，他们把银箔做成的物体挂起来，像冰冻的树叶；另一天，他们用银光闪闪的亮片代表冰雪；还有一天，他们用玻璃般的珠子代表冰柱。他们使用学过的材料和技术制造了一个冬季风铃，总共工作了四个星期。长时间的持续活动使儿童为小学一年级的累积任务做好了准备。冬季项目比秋季项目更为复杂，这是儿童技能不断提高与非凡工作的标志。随着春天的第一丝气息的到来，他们在3月初完成了树干的改造。

第三节　春季体验

儿童谈论了他们期望看到的花朵。调色板从冬天的冷色调变成了春天的暖色调。项目的复杂性再次增加。

持续对话

3月底，几个孩子在操场上发现了盛开的木兰花。兴奋蔓延。一大群孩子聚集在树下凝视着眼前的壮观景象。教师将孩子们分成小组来讨论眼前的变化。罗纳德说："草在长高，叶子正在长出来，到处都是鲜花！"

在其他对话中，孩子们谈论了操场上还有许多鸟和其他动物——松鼠、蠕虫、臭虫、蝴蝶、苍蝇、蜜蜂。威利进行了理论概括："在冬天的时候，所有的鸟儿都去了纽约市，因为它们可以在那里找到食物。现在它们回来看看漂亮的花。"年龄较小的孩子们认为这些动物在冬天时会找地方躲藏起来，由于现在天气变暖，小动物们又出来了。他们还比较了冬季和春季的衣服——"现在甚至都不需要穿外套"。他们的理论建构和比较证明了他们进行关联的范围越来越广。

大孩子们兴奋地谈论着骑自行车，在公园里跑步或在散步时看花和树。由于有风，他们可以放风筝。去年的展板提醒他们要做的其他事情（如看樱花树或在树下玩转圈游戏）。安东尼提到可以种植出一个花园。一些孩子谈到了祖母花园中的甘蓝、西红柿和其他蔬菜。春假过后，家长们送来了种子和幼苗，现在他们已经习惯了参加学校的活动。

文学作品将童年描绘成一个欢乐的时光，儿童在阳光下的田野里嬉戏打闹，与动植物融为一体。电视夺走了儿童的这种乐趣，并使成年人很悲观。儿童兴奋地站在一棵开花的树下，谈论关于动物的理论，体验大自然带来的喜悦，这营造了一种更加温馨的气氛。

绘画激增

3月23日。5.5岁的弗兰克兴奋地说道："我们要去看樱花树！"一大群孩子和三位教师一起去了。樱花几乎看不见，但木兰花和郁金香正盛开着。孩子们在木兰花下玩耍，陶醉在阳光下，谈论着这些树和花。

夸特莎："樱桃是从树上长出来的东西。"
弗兰克："看看这些树。它们光着身！"
夸特莎："因为现在不是夏天。如果天气变暖些，花朵就会盛开。"

在接下来的一周里，樱花都开了，并且开得非常繁盛！一个小组带了铅笔、纸、橡皮和剪贴板来画速写。所有人都选择了自己喜欢的树木，然后一起坐下来画其他仍然光秃秃的树木。在学校里，他们在画上粘贴纸巾花，把光秃秃的树画成开满花朵的树。

如果你从未在樱花节期间到过华盛顿特区，那么你很难想象。在肉眼无法看到的远处，是一个枝繁叶茂的"天篷"，下面是一片繁花"地毯"。弗兰克说："我和洛里安努力想摘到这些花。我告诉索尼娅教师我想要一朵花，她伸手给我摘了一朵花。"两位教师和十个孩子在那儿玩耍——追逐、躲猫猫、转圈。他们环抱着这些树并用花朵装饰自己。在国会大厦的北侧，他们停留在一片红色和黄色的郁金香附近，闻着花香，轻轻地抚摸着花瓣，仔细地感受花的质地。教师与孩子们对这些感受进行了长时间的讨论，然后画了出来。回到学校之后，布兰迪和塞梅特里制作了拍立得照片给其他人看，他们不想让朋友们因错过这次活动而感到难过。这些照片也激发了孩子们去创作更多的绘画作品。

粉笔和胶水的效果

  大孩子们喜欢风，回想起在博物馆的展览中看到过的风筝，他们用纸和笔画草图，把他们看到的东西和自己的设计结合起来。他们甚至注意到了风筝的制作方法，并对它们的飞行方式做出了预测。孩子们会参加即将举行的风筝节。但是，当他们在记录展板上看到他们的风筝画时，它们看起来缺乏生机。孩子们知道原因了——没有风！霍华德和珍妮弗教师讨论了这个问题。霍华德还记得他挥动胳膊，在黑板上涂抹粉笔的情景。他认为那看起来就像风。当他们在风筝的后面添加了波状的粉笔条纹时，风筝看上去的确像在航行。孩子们变得越来越善于分析——考虑风筝的设计与飞行的关系；越来越会反思——观察到风筝的外观有问题；越来越足智多谋——学会用符号表示法解决问题。

  春暖花开，冬天的雕塑显得格格不入。有几个孩子把它当作一个项目，去除了那些象征冰雪的材料。他们用粉色、绿色和白色的纸巾做了樱花，把它们粘在透明的醋酸塑胶条上，将其变为花朵饰带。

  洛里安：“把这些东西弄碎，它们就会变成花朵。我要把不同的纸巾花放在那里……一整堆。这是树枝妈妈，这是爸爸，这是宝宝。”

  她说出了完整的句子，并且正确地使用了动词"是"（is）。

  孩子们选择了一些合适的材料，学习如何造型并用最好的胶水进行固定粘贴，他们还考虑了要粘贴多少才能将冬天的树枝变成春天的树枝。他们轻松地对可能性做出了预估，这表明孩子们已经大致了解关于材料特性的知识，也掌握了一定的手工技巧。夸特莎说："樱花很漂亮。它们是白色的，闻起来很香。这种感觉就像我在摸一个真的花朵。花朵落在树干上。"每个人都非常喜欢春天的树枝。

壁画的复杂性

珍妮弗教师放映了一张幻灯片。在两天的时间里，许多孩子对五颜六色的花朵和叶子的轮廓进行描绘，随意地来回走动，只要他们喜欢，就可以工作一个多小时，也可以工作几分钟。这将是他们的第一幅壁画。下周，两个孩子以幻灯片的颜色为参考来混合颜料。当他们绘制所描绘的形状时，他们谈到了背景：如果背景是绿色，那么如何呈现出绿色的叶子或绿色的蝴蝶呢？那是个大问题！

孩子们整个月都在忙。壁画挂好后，泰莎带着她的母亲来到工作室，她的母亲说："哦，你已经装饰好了你的壁画，他们把它挂起来了！"泰莎满面笑容。壁画是个大型项目，整个过程充满变化，每个过程都预示着下一步的走向。这要求孩子们在心里形成一幅图像，同时提前预知各个步骤，以使作品慢慢呈现。"如果没有表征的帮助，人们无法保留或传播……信息……"（Perkins，1995，p. 287）。这是儿童思考的基石，对于他们在后续理解难度不断加大的小学科目非常重要。

郁金香盛开后，全班同学一起看幻灯片、照片以及同伴的绘画作品。几个孩子坚持要更近距离地观赏郁金香，于是他们去了国会大厦。之后他们想要创作一幅郁金香花圃壁画。他们与珍妮弗教师讨论了技巧，决定描绘幻灯片上花朵的轮廓，然后使用纸巾将水和胶水混合以形成茎和花。年龄较大的孩子的技能比较熟练，负责描绘并准备好轮廓。年龄较小的孩子准备纸巾和胶水。两周后，他们将完成了一半的壁画移入大房间，其他孩子与德博拉教师一起为郁金香着色，并将幻灯片作为颜色参考。然后，这幅壁画被搬回到工作室，其他孩子继续添加了更多的郁金香。这是一次重要的合作，几组儿童花了3~4周的时间，整个过程涉及六个流程。通过与年龄较大的孩子一起合作，年龄较小的孩子的视野和能力得到了提升。复杂的技巧、辨别谁可以处理哪项任务的洞察力、不断变动的小组、较长的时间跨度、漂亮的结果，让这个项目意义非凡。

有关拼贴画的方方面面

孩子们对春天的色彩进行了多次讨论。一天早晨，他们来到大房间，发现一张桌子上铺着一些小的方形纸巾。珍妮弗教师演示了如何将纸巾扭成蝴蝶结。他们一边制作蝴蝶结，一边商量着可以用蝴蝶结来做些什么，并挑选了一个很大的空箱子来放这些手工作品。不一会儿，箱子就满了。他们把箱子放到透光桌上，对于展示效果以及他们的合作，孩子们感觉相当满意。

第二天早晨，另一个惊喜正在等待着孩子们——大型方格纸。孩子们可以在上面绘画或粘贴蝴蝶结以及其他材料。这些材料由珍妮弗教师用红色、粉红色、黄色、绿色和紫色等组合而成。这项工作花费了几天的时间，期间有不同的孩子参与进来。他们合作制作了 9~10 张拼贴画，这些拼贴画里包括几何设计、蝴蝶结、花朵图以及孩子们对春天的印象。他们的标题——"春天的象征"——很有意义：一个表示象征主义的词，描述了具有象征意义的作品。在另一个早晨，索尼娅教师在透光桌上放了一束有大花瓣的红宝石百合，孩子们用大的纸巾拓印这些花，并且制成了拼贴画。这些作品的意义在于它们的多面性——技巧的种类、技能的范围以及审美的效果。他们的计划、集中的注意力、手部技能、主动性、合作的能力和热情的态度等与入学准备发生关联。

影子戏

教师投影了国会大厦场景的幻灯片。在屏幕前，孩子们变成了小鸟，在树梢上飞来飞去。他们在樱花下玩耍，像郁金香一样挤作一团。4月底，当教师放映春季远足的幻灯片时，孩子们带着用海报纸和凝胶制成的风筝，让风筝在樱花上方、醒目的蓝天下"飞翔"。5月，他们制作了一个鸟木偶道具，然后提出了挑战：将鸟的影子放在樱花树上，使风筝飞过郁金香。线、身体、雕塑、色彩和图像的交互作用富有戏剧效果，使校园里的春天充满了欢乐。这意义非凡，因为孩子们在使用不同的媒介时展现出了他们的创意。他们也相信自己可以处理复杂的任务，这为上小学做好了准备。

第四节 工作室和工作室教师的作用

季节项目极大地依赖于工作室和工作室教师。在本节中，我将讨论他们之间的不可分割性以及关系。

工作室

工作室的材料非常丰富，儿童可以从中进行创作。对一个工作室而言，没有哪种媒介或表达形式是陌生的。戴安娜学校有一系列名为"脚的对话"和"嘴巴的运动"的照片。拉维利塔幼儿园拥有精心制作的水车和复杂的风力机。你可能会找到一套专业的鼓或一排画架，或两者兼而有之，或者是木匠的工具，或者是具有多种软件的计算机。工作室里虽然"挤满"了材料，但并不混乱；这个"材料"的大杂烩井井有条。工作室看上去很有趣，但是有一个严肃的目的——让孩子们的"大"主意得到尊重、鼓励、期待，因为更"大"的主意正在酝酿中。每个工作室在细节上都是不同的，因为它反映了负责这个工作室的艺术教师的兴趣和技能。

艺术教师

"atrlierista"指艺术家或工艺大师，他们拥有工具与材料方面的专业知识，为活动的意义、可能的活动方向提供了不同的视角。打个比方，艺术教师就是住在工作室中的。艺术教师在工作室中与儿童和教师一起工作，充分利用家长的技能来设计活动，将工作室的思考风格带入项目中。由于艺术教师并不专门负责某个班级，因此他们随时可以在全校内工作。作为艺术家，艺术教师精通各种各样的材料、工具和器具——纸张、黏土、铁丝、金属、油漆、凿子、照相机、刷子、吉他、喇叭、滑轮组、传动装置、电钻、电锯等。

就像一起从事科学研究的同事一样，艺术教师和班级教师经常自发地开会、做计划。他们讨论可能性：当儿童使用不同的材料来解决问题时会发生什么？如果儿童试图使用纸、纸板或者黏土来制作他们所理解的"人群"会怎样？如果儿童发现他们的教室在一张厚纸下消失了会怎样？如果儿童尝试用不同的媒介（如铁丝、黏土或声音）来呈现铅笔素描画会怎样？通过黏土来表现素描中的人物会怎样？艺术教师的专业知识使假设变得丰富，通过多样化的媒介，假设也会被检验，这些媒介反映了艺术教师的广泛经验。

工作室、艺术教师与学校的关系

建议具有感染力和无限的可能性。儿童、教师和艺术教师都参与其中，任何个体的想法都受到团体的支持和鼓舞，大家组成一个内涵丰富的共同体。那些懂得倾听的重要性的成人也非常同意这一点，就像马拉古奇所说："大混合，就像（混合了蔬菜和意大利面的）意大利浓菜汤。"思想在整个学校中得以扩展和传播。教师打下基础，期待、预测可能发生的事情，就支持预测的必要条件进行集思广益，假设什么事情最可能发生，准备环境以将可能变为事实。有时，一个儿童的灵光一闪会影响整个学校。家长也参与进来，形成一个兴趣和经验的共同体。

该工作室不仅让我们避开了那些普遍冗长的演讲和时代的说教理论（青年教师接受的唯一准备），还可以减少周围文化中行为主义信念对我们的影响，这些会使人的头脑沦为某种被填充的"容器"……最重要的是这是一个研究的地方……我们已经研究了一切……形状和颜色……陈述和辩论……符号……大众媒体……性别差异。（Edwards, Gandini, & Forman, 1993, pp. 68–69）

当儿童将观察结果转化为具体表现形式时，他们展现了一幅关于他们如何思考的画面。这构成了一次对话的基础，也形成了儿童、教师、材料之间的互惠关系。

第五节 工作室：为小学做准备

在一整年里，工作室都会涉及关于形状和颜色的活动。吉尼特教师和小组儿童经常讨论形状的相关问题，他们会在学校里进行调查或者走到外面寻找形状的踪迹。他们有时会在工作室里切形状，或者使用蒙台梭利金属嵌板在大教室里将形状绘制出来。他们会分析字母的形状，同时拍摄一些看起来像字母的形状的东西。他们也会分析颜色，在1993—1994学年，儿童总共进行了16项以颜色为重点的单独活动（不在本章讨论过的范围内），这些探索活动提高了他们的感知能力。无论如何，儿童的作品都是美丽的且是原创的。如果没有亲眼看见他们的工作过程，你会很难相信儿童能做出如此复杂的东西。

实际上，最重要的不是儿童创作的作品，而是这些作品反映着他们不断增强的认知能力。3月份，特雷尔希望在制作滑冰铁丝雕塑前有时间进行思考。在开始具有挑战性的项目前，他会对自己的能力进行评估。加德纳（1983）将这种能力称为内省智能。在春季，洛里安在观察后说："天空非常美，它是蓝色的，而花朵是白色的。"她的视觉感知能力不断增强，并且把注意集中于刺激物上。5月份，加莱莎站到一旁，让泰莎和塞梅特里描绘出花朵的轮廓；她已经学会了如何与他人进行分工合作。这些技能对于儿童取得学业成功很重要。

在春天到来前的3月中旬，温迪教师和一个小组用各种纸质材料制作了纸板雕刻。和往常一样，他们首先讨论材料——材料的纹理和厚度如何？是否可以弯曲、折叠、卷起或切割？其次，他们比较了不同种类的胶水。遇到的挑战是将硬纸板和纸张卷成管状，然后制成雕塑作品。遇到的一个问题是如何最好地将纸粘贴到纸板上，孩子们决定解决它。另一个问题是防止管状物展开，这让每个人都感到困难。他们最终达成了一致，其共同完成的成品也非常复杂：作品是由互锁的硬纸板组成的网格，就像是盒子隔板，高五行，宽五列，在每个隔间中都装有区别于纸张和纸板的管状物。作品的形状是规则的几何形状，其颜色融合得很微妙。

在工作室教师的敏锐眼光与工作室的丰富资源的帮助下，儿童正在掌握各种复杂的技能，了解不同材料的无限可能性。他们正在不断发展着能力——在我们一生不断发展的过程中——以多种方式表达抽象的想法，反思想法并理解合作的力量。他们的工作意义非凡，体现着丰富的思想和强大的执行力。

第四章

一百种语言的概念

没机会无聊，手和脑……以极大的、无拘无束的欢乐建立起密切的联系。

——洛里斯·马拉古奇（in Edwards et al., 1993, p.68）

我的蒙台梭利教室里养了一只大黑兔，这只兔子是被抛弃的，因为它咬了前主人家里的电线和洗衣机软管，使地下室被淹了两次。孩子们都在的时候，西克特（那只黑兔）会在教室里自由地蹿来蹿去。幼儿园里总会有几个孩子怀着不愉快的心情入园，其中会有两个孩子的情绪尤其低落，心事重重。这几个孩子来到幼儿园后什么也不做，只去抱西克特，一抱就是几小时，这种情况持续了好多天。当西克特受够了孩子们的拥抱时，它就会迅速地逃脱，穿过教室，钻到储藏柜的下方。孩子们相互尊重，井然有序地在自己的地垫上工作，西克特径直跑过，打扰了他们的专注工作。这时你会听到"坏兔子！"。但孩子们还是给了大黑兔很大的宽容和自由活动的空间，许多孩子通过抚摸它来缓解坏心情。

几年后，许多麻烦的行为出现在魔豆中心里。（在这样的情况下）听说有一窝新的小猫，我带了一只小猫回家。猫的气质似乎很适合孩子们。1993年4月，我问教师："来一只小猫怎么样？"教师沮丧地盯着我说："孩子们会杀了它！"我把西克特的故事告诉了他们，并表示如果小猫最终还是不能和孩子们友好相处，那么我可以把它接出来送给我的邻居，他们喜欢小猫。教师决定尝试一下。和西克特的经历一样，许多孩子也喜欢通过抱小猫来疏解自己的情绪，后来我们给这只猫取名为"可可"，它对许多项目的开展起到了推动作用。

可可的故事展现了"一百种语言"的理念，瑞吉欧教育工作者用此诗意的语言描述儿童天生的探索欲望和让许多材料、工具的使用更加得心应手的能力。这些早期的经验表明，教师从一开始就理解有准备的环境和进行非凡工作的意义。教学的原则是让儿童习得自律行为、发展社会和情感能力。

第一节 从猫的身上学到什么

可可是一只周身白色且有不规则黑色花纹的小猫，起初它就不碍事地待在教室里。1993年6月，在为秋天的主题准备环境时，教师给可可分配了属于它的邮箱，上面有名字、标记和照片，就像每个孩子都有的邮箱一样。大家通过邮箱进行交流——发送和接收源源不断的信件。到了秋天，可可几乎长成了一只大猫。唐纳进行小结："看可可！它变得很大！"可可成了非凡的绘画、照片和黏土的表现对象，视频和幻灯片里的明星，以及一本书的主题。对可可的兴趣触发了对话，可可多次成为讨论的话题，它是孩子的语言能力发展的动力。最重要的可能是，可可激发了孩子们的社会情感能力。

基本内容

魔豆中心的儿童在谈话和材料中表达了他们对可可的想法。当他们学会如何对待猫时，他们也变得更加自律。

对话。一些早期的经历没有留下明显的痕迹，因为它们只涉及文字。像许多对话一样，教师们也会记录和分析孩子们关于可可的讨论，以了解他们为何有如此的经验：我们为什么要这么做？为什么我们选择了这些孩子？"就像和一个婴儿玩球一样，他必须学会来回……对于一个教师来说，保持谈话的重点是不容易的，研究对话很费时间且要求严格"（Lewin-Benham，2006，pp. 44-45）。教师们每天进行激烈的讨论，探求哪些对话揭示了儿童的能力，

第四章 一百种语言的概念

哪些对话揭示了儿童选择和使用材料的技能。

11月2日。第一个关于可可的项目活动开始了,它被简单地称为"可可猫项目"。六个孩子认识了可可,他们与索尼娅教师一起观察并讨论了它,最后得出了他们的看法。

11月5日。温迪教师和4.5岁的拉莎儿、3岁的唐纳聊起了可可。

拉莎儿:"你把猫抱得太紧了!"

唐纳:"我没有!"

温迪教师:"你想知道关于猫的什么?"

唐纳:"它在跑步吗?我们怎样才能抓住它?它跑得很快,非常快。"

温迪教师转述了唐纳的问题,强调如何吸引而不是抓住可可。温迪教师表现出同理心(一种基本的社交/情感技能):"是的,它跑得很快,你怎么做使它来找你?"

唐纳:"不!不!不,它不会!它只想睡觉。"

拉莎儿附和温迪教师:"你想知道关于猫的什么,唐纳?"

唐纳:"哈哈!哈哈!它跑得很快!"

当温迪教师问拉莎儿她想知道什么时,拉莎儿回答:"他们伤害了可可的感情。"

唐纳和拉莎儿说,许多孩子在学校里到处追着可可跑,想要抓住它,那次蕾妮狠狠地击倒了可可,还有德瑞克追着它。拉莎儿说,孩子们捏着可可的耳朵,扯着可可的脑袋上的黑白毛发,"弄脏它的眼睛"。他们一边说着,一边试图撑开可可的眼睛。温迪教师问道:这样做会让可可有何感受?"疯了!"拉莎儿说。她还描述了可可如何咬了她的手指。拉莎儿没有哭,因为可可的牙齿很小,但这伤害了她的感情,之后他们详细地讨论了感情这件事。拉莎儿也承认她抱可可太久、太紧了。温迪教师问了他们是否喜欢和可可玩耍,两个孩子都答应不再追赶可可。

当在下午的会议上讨论这段对话时，教师们意识到可以通过一些方式培养孩子们的社交和情感技能：讨论可可的感受、如何照顾宠物以及他们之间的关系的相关性。他们更换了去年的可可猫展板，为新展板腾出空间。同一天，提阿拉和弗兰克讨论了人体的各个部分，并通过打印的黑白照片来研究眼睛。这些活动将被纳入可可猫项目。

阅读。11月9日。温迪教师问唐纳是否愿意给她读一本关于猫的书，并出示了四本书供他选择。他挑选了《小猫在度假》(Kitten on Vacation)，这本书里的猫看起来很像可可。温迪教师在一对一的谈话中一页一页地询问，然后唐纳进行描述。温迪教师反复问可可使用了身体的哪个部分，故事里的小猫和可可有哪些相似之处，并且提供了很多信息。当唐纳提到猫的"手指"时，温迪教师提供了"爪子"这个词。除此之外，她还提供了熨衣板、长凳、山脉、墙壁、许可证标签等词汇，并对唐纳所知道的词汇（如"马"和"圆圈"）进行了称赞。唐纳继续称猫的爪子为"手指"。当他提到一幅"怪物"的画时，温迪教师告诉他正确的称呼是"鱼"，最后让唐纳总结这本书。唐纳有限的词汇说明，他还需要学习，一对一地帮助他将注意力集中于一本书是很重要的。

11月12日。温迪教师问拉莎儿是否愿意给她读一本书。她也选择了《小猫在度假》这本书。她的词汇量很丰富，所以温迪教师只需要提示几个单词。两个孩子都缺乏常识性信息，例如：猫不喜欢下水、在假期里你可以看到美丽的事物。

一对一地阅读和讨论书籍内容的重要性怎么强调也不为过，尤其是对于那些对内容和词汇掌握不足的儿童。魔豆中心对对话的高度重视增强了儿童的语言能力。语言对情绪控制至关重要。"根据维果茨基的说法，自言自语的主要目的不是与他人交流，而是与自己交流，目的是自律或指导自己的思考过程和行动"（Berk & Winsler，1995，p. 37）。

观察和比较

11月15日。珍妮弗教师带着唐纳、拉莎儿和蕾妮去了工作室。这是一次具有戏剧性的经历，他们制作了自己的手印、脚印和可可的爪印，并讨论了不同之处和相似之处。当珍妮弗教师问猫的脚叫什么时，孩子们立刻回答说："爪子！"他们掌握了这个新词。但要让孩子们注意到手、脚和爪子之间的差异，还需要通过提出很多问题来聚焦。最后，蕾妮解释道："猫的爪子比我的小。"珍妮弗教师惊讶道："观察得很好！"当珍妮弗教师问孩子们可可有多少个脚趾时，拉莎儿说有五个，孩子们的注意力在不断地减弱。珍妮弗教师注意到，这一天有太多的激动时刻，当孩子的兴趣减退时不要强迫孩子。要给他们时间来巩固经验，让他们回答自己不知道的问题会使他们觉得自己无能，从而削弱情感力量的建立。

两天后，温迪教师一对一地询问每个孩子。唐纳接着把猫的大小与他的姐姐和表妹进行比较。温迪教师重新引导他将注意力集中在爪子上。唐纳注意到，"我的脚比可可的爪子还大"。他用了正确的词并补充道："它有抓人的爪子。"蕾妮表现得更专注，并且有很多话要说。她意识到可可的爪子永远不会像她的手那么大，总结道："它是一只小猫，所以它有爪子。我是一个女孩，我有指甲。"拉莎儿直奔重点——可可的爪子永远不会像她的手掌那么大："它是一只猫！"费厄斯坦说，比较是认知的基础，它意味着关注细节，同时关注两件事，利用图式，找到方法以表达结论（Feuerstein et al., 2006）。在发展的早期，唐纳只能说出尺寸，甚至连拉莎儿也只能把尺寸和手指甲联系起来进行比较。这些微小的反应只是说明了孩子们缺乏详细描述的能力，这是一种心理功能，反映着"言语概念是个人技能的一部分……并且可以在表达层面被调动起来"（Feuerstein et al., 2002, p. 139）。

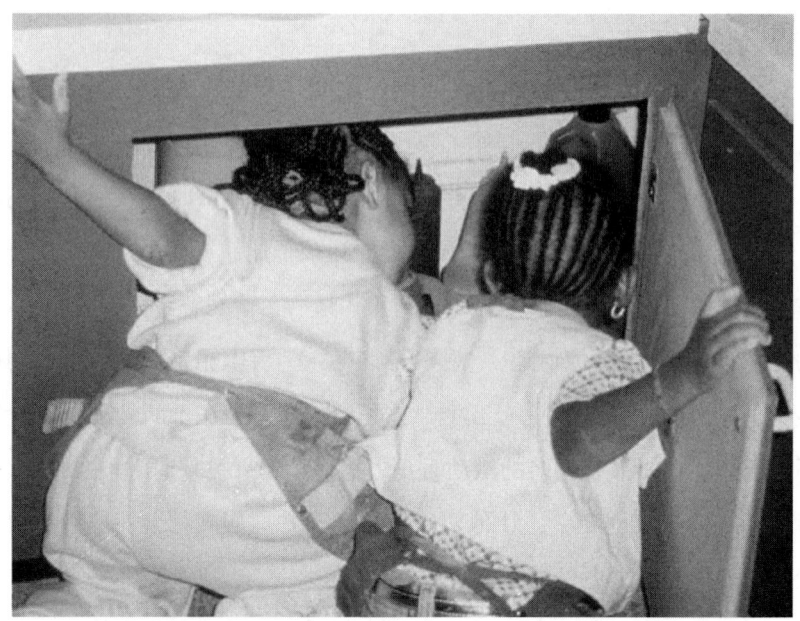

图 4.1　寻找可可

图 4.2　橱柜里的可可

第二节 项目：猫的一百条命

魔豆中心的儿童通常同时做几件事（包括项目活动和其他活动）。在积累关于猫的知识并将猫和儿童进行比较的同时，他们也在观察和描述人体、搜寻材料、继续进行对话。例如一些项目——比较爪子和脚印以及研究他们自己的身体，教会他们认识身体的各个部分。

2月15日。他们开始了一个大项目，这个项目一直持续到4月底——那就是拍摄可可。这个项目始于孩子们讨论可可在白天去了哪里，他们在不同的地方为可可拍照。当冲洗那些照片时，孩子们产生了疑惑——可可的一部分身体在照片中消失了。热烈的讨论持续不断，讨论的主题是当一张照片被剪切之后，你可以或不可以看到的是什么。大家都开始为自己的观点辩护。

讨论范围扩大并集中在可可的感受上，可可为什么逃跑，以及他们能做些什么——再次分析共情意味着什么。他们用拍的照片来表达他们的想法。记录可可已经成为他们最喜欢的项目。一年来，对语言描述的强调帮助孩子们建立了一个认知基础——新的图式——用于组合单词和图像。6月，孩子们为可可做玩具——带有悬垂羽毛、织物和珠子的管状物。拉莎儿说："它们必须漂亮，这样可可就会喜欢追逐它们。"然后他们拍了自己和可可的玩具的照片。记录显示，到6月份，孩子们已经学会了在文字和图像中添加材料的相关词汇。

可可视频

2月，四个五六岁的孩子制作了一个关于可可的视频。这是一个漫长的项目，需要儿童具备博物馆动画工作人员的专业知识、强大的专注力和自我控制能力。动画部主管克里斯·格罗特克（Chris Grotke）回忆道：

> 魔豆中心里有一些几乎不参与活动的孩子，只有可可能够引起他们的注

意。孩子们使用新的 Hi-8 照相机,这种照相机很轻,孩子们可以轻易地拿着。我们觉得自己无敌了:"把这些孩子交给我们吧。"我们围成一个圆圈坐在学校的储藏室里——有孩子、照相机、猫。首先,我们教孩子们照相机的镜头像"眼睛",麦克风像"耳朵"。然后,我们教他们如何按下"开始/停止"按钮,并瞄准物体。在接下来的几天里,我们就一直用照相机跟踪拍摄猫。

机器使用基础。克里斯播放着孩子们的录像带:"你们还记得这些是什么吗?"

唐纳:"录像带。"

克里斯:"首先我们要把录像倒回去,你想按按钮吗?"当孩子们在显示器上看到他们的脸时,他们禁不住笑了起来。

克里斯:"这张照片里发生了什么?"

蕾妮:"那是可可!"她的回答被笑声淹没。

拉莎儿:"哈!哈!哈!看我!"克里斯停下以召回他们的注意力。他接着演示了如何使用表盘来回移动录像画面,然后给每个孩子进行操作的时间。操作这项任务需要儿童具备很好的自我控制能力。

唐纳旋转着表盘:"看看这个!可可走得真快。"克里斯接着讲了如何快速和慢速地移动录像画面,以及如何查找特定的图片。

拉莎儿对可可的图片着迷:"我要让你再回来。"

孩子们从这个项目中了解到,为了能够控制机器,他们必须先学会控制自己。

编辑技术。克里斯回忆道:

我们希望孩子们能编辑这些录像,但遇到了麻烦,这就像是要求一个不知道句子是什么的人来写一段话一样。当孩子们回看拍摄的片段时，我们注意到了他们最喜欢的场景是什么。显示器上的移动图像容易让人分心，这导致给这些"场景"排序比较困难。最后，我们决定为每个"场景"打印一张图片。成功了！没有了显示器的干扰，现场也安静了。

视频助理迈尔斯·福西特（Miles Fawcett）回忆道，这些图片散布在地板上，我们把它们组装起来，就像一本书一样。克里斯鼓励唐纳选择一张图片，然后找另一张，判断它和前一张是相同的还是不同的，是在它之前还是之后，是小的还是大的。

唐纳："大的！我喜欢它在走廊里跑的那个！把它放进去！把另一个也放进去！"

克里斯回忆说："和孩子们一起定的顺序指导着我们，因此我们可以根据孩子们列的明细单进行最后的编辑。"

他们学习到编辑意味着要在许多图像中搜索自己想要的，一旦选择并进行排序后就会得到一个特定的结果。这个过程则需要个体在脑海中形成一幅图像并推理如何排序，以使其与视频保持一致。在这一环节结束时，克里斯向孩子们解释说，他和迈尔斯会把他们的选择制作成录像带，并在下次会面时一起看看他们做的成果。四个孩子一起喊："可可！"他们明白了自己的努力是为了什么。

观看。迈尔斯给孩子们提供了爆米花，并告诉孩子们，他们将会看到自己制作的视频。

拉莎儿兴奋地说："那是我抱着可可。那是泰莎，那是唐纳。"
蕾妮高兴地说："那是唐纳！"

唐纳热忱地说："那是可可、泰莎，还有蕾妮。"

拉莎儿说："我爱那只猫。爆米花很好吃。"迈尔斯问他们是否想把视频展示给其他同学。

拉莎儿坚定地说："不！他们可能会把可可带回家。"由于她的这种反社会回应，迈尔斯稍做停顿，又问了一遍。

拉莎儿表示反对，但屈服于集体压力，她最后还是说："好吧。"当克里斯问他们是否喜欢这场"电影"时，他们回答的声音在空气中回荡着："是的！"

一位观众。 克里斯回忆道：

我们决定有一个大的突破。我们把巨大的显示器移进电梯里，然后推着它进了教室。电影制片人坐在前面的特殊椅子上。我们宣布：这些电影制片人付出了巨大的努力，制作了名为"可可猫"的视频；今天是一个特别的日子，因为这是全球首演。观众们听得入迷。在闭幕式音乐响起的那一刻，他们从座位上站了起来，先是几个人站了起来，然后是所有人站了起来，大家开始跳舞。一些孩子拥抱了电影制片人，一些孩子拥抱了巨大的显示器。迈尔斯回忆说：他们当时欣喜若狂！

之后，教师们报告说，有四个孩子取得了很大的进步。其中的一个孩子能带领全班唱歌，这让大家都很惊讶。其中的两个孩子选择继续进行静态摄影。最有趣的是看到当孩子们——其他人可能不会对此抱有希望——对某件事情感兴趣时，他们会在这件事情上表现得很好，如同瑞吉欧的原则在我们的眼前活起来了。

我记得经常有学习专家来找我们谈话。我们沉浸在理论和想法（如心流、多元智能和中介理论）中。我们认真地对待它们，试图把这些想法运用到儿童工作中。它们就像硕士课程。几年后我们才意识到我们所接触的是什么。

视频中的图像出自不断摇晃的小手所拿的相机。视频中天花板的画面出现得太频繁了,就像有人瞄准了天花板上的东西。与学前儿童完成视频作品的事实(受教师的鹰架支持)相比,这些瑕疵就微不足道了。从古至今,这就是学习思考的过程——在知识渊博的成年人的循序渐进的引导下,一步一步地进行文化生产。过程越复杂,引导就越周到,孩子们就会学得越多。这次合作是社交能力方面的一个不同寻常的课程案例。

可可在兽医诊所

3月12日。可可从一扇窗户爬到屋顶上,在那里它的全身被粘上了焦油。温迪教师说,可可如果舔了焦油,可能会生病,它急需看兽医。之后,温迪教师反馈说,可可的问诊进行得很顺利,现在它需要和我们在一起。这是一次重大的冒险的序曲,记录中显示的标题为"可可猫项目中的大事件:我们拜访兽医"。

手术。3月24日。蕾妮、拉莎儿、唐纳、温迪教师,还有护理人员弗兰西斯(Francis)女士带着可可去做绝育手术。在路上,温迪教师问孩子们是否知道他们要把可可带到哪里。蕾妮和唐纳齐声说:"去看医生。"拉莎儿补充道:"去打针。"温迪教师提醒他们,昨天在晨会上,他们谈过可可需要手术,之后它将不会成为父亲。弗兰西斯女士问孩子们是否在街上看到过跑来跑去的、无家可归的猫。然后她告诉孩子们,我们不希望可可有它自己照顾不了的小猫。温迪教师向他们保证:我们很爱可可,它会没事的,但它可能会嗜睡,不太想玩耍,医生会告诉我们如何照顾可可。强调共情和社会/情感能力是该项目的标志。

在兽医办公室里,温迪教师告诉史密斯(Smith)医生他们到这里的原因,并让他检查一下可可的耳螨[1]。史密斯医生邀请孩子们观看检查。温迪教

---

[1] 耳螨,又名耳疥虫,英文名是 ear mites,是猫和犬常见的耳道寄生虫。在多数情况下,它寄生于耳道;在少数情况下,它也会出现在头部、颈部和尾部。——译者注

师让孩子们密切观察，这样他就可以把情况讲给没有来的同学听。实地考察的小团体总是被鼓励多为其他同伴考虑。

史密斯医生："我要给你们的猫打一针，我想把所有的耳螨都弄出来，这样你们就能在显微镜下看到它们。我要抱住它，这样它就不能动，我好给它清理耳螨。"

唐纳惶恐不安地说："它现在要打针了吗？"

拉莎儿惊慌地说："噢，不！它现在要打针了！"

医生的助手说："大家往后站一点，它可能会跳起来并制造一些噪声。"

可可："喵——呜！"

唐纳同情地说："可可伤心了。"

蕾妮解释了可可的感受："可怜的小猫，它只想去它的笼子里。"

拉莎儿担心道："你要给它一个创可贴吗？……所有人安静点，这样可可就可以睡觉了。你看，它快要睡着了。"

温迪教师提议，他们可以问任何想知道的事情。孩子们问起了在房间里的事，当提到医生向可可的眼睛里滴药水时，他们同情地说可可哭了。回到候诊室，温迪教师能够感受到一种很强烈的情绪在蔓延，她问孩子们对这段经历有什么感受。

蕾妮仿佛很懂地说："我认为这很痛，因为可可哭了。"

拉莎儿笃定地说："它睁着眼睛睡觉了。"

15 分钟后，医生说，孩子们可以带走可可了。他们大声说："它还在睡觉吗？"

拉莎儿宠溺地说："可可，我把录音机放在地板上了，你能给我打个招呼吗？我闻到你的身上有酒精的味道，我要带你去车上。"

温迪教师问他们是否想再去兽医诊所。他们急切地齐声说："是啊，是啊！"孩子们在激烈的情感体验中建立了情感能力。

讨论。15天后，3月27日。温迪教师建议拉莎儿、唐纳和蕾妮告诉泰莎他们去看兽医的事情。

蕾妮最先开口："桌子上有针头和酒精，医生在可可的眼睛里放了一些东西让它哭，而且可可被剪了指甲。"

拉莎儿详细地说："不，不！它哭是因为它不想睡觉。它花了很长时间才入睡，他们一直在弄它的耳朵。"

泰莎同情地说："可可，我的猫呀。"

唐纳强调："他们在可可的屁股上打了一针，之前医生把我的牙齿拔掉时在我的屁股上也打了一针。"

蕾妮若有所思地说："可可要做手术，这样它就不能当父亲了。我想它可以成为一只小猫的父亲。你不这么认为吗，唐纳？"

"不，"唐纳在一个他无法理解的概念上大力摇头，"呃，呃，它不是父亲，它是可可。"

蕾妮沉思："耳螨，耳螨，原来是这样。"

唐纳肯定地说："呃，呃，它们在它的耳朵里。"

拉莎儿澄清了困惑："停！停！不！不！全都是那黑色的东西。医生用棉签把它拿出来了。"

泰莎："哈哈，哈哈！"

温迪教师担心他们对可可所处的困境的反应并不适宜，然后问："泰莎，告诉我，你在笑什么呢？"

泰莎透露说，她不知道螨虫这个词："那些老鼠（mouse）。"

蕾妮坚定地说："不，不！是耳螨（mites）！"她开始了一段很长的描述，几乎涉及办公室环境里的每一个细节，这表明情感经历能够让儿童产生强烈的记忆。

唐纳担心地说："可可不能动了。"

拉莎儿自信地说："它可以的。"

唐纳强调道："不，它不能，它睡在储藏室里。"

拉莎儿回忆道："它病了。他们说我们回到学校后，可可需要休息。第二天，我找不到可可了。也许是那位女士把它带走了。"

蕾妮对这样一个不太可能发生的情况不屑一顾："你真傻。"

唐纳安慰地说："它就在储藏室里，就在那儿。"

在整个经历中，孩子们展示了对猫的同情心，理解了本次之行的重要性，彼此的关系得到了改善。他们在讨论中显示了表达广泛的情感的能力。

绘画。泰莎改变了话题："我想画画。"温迪教师同意了。这是一个绘画的好时机，他们可以画出在兽医办公室里的所见所闻。

蕾妮："我要画我看到的一切。"

唐纳、拉莎儿和泰莎："我也是！"

孩子们一边画画，一边自言自语。蕾妮连续的语句表现了她出色的回忆和叙述能力。

这是手术台。医生和另一位女士在这里看着可可的眼睛和耳朵，寻找耳螨。你知道吗？那里有一个留着长发的女士，这个是她的桌子。她一直在打电话，所以没有从座位上站起来过。

蕾妮不停地说。

你看到剪刀了吗，温迪教师？医生把可可耳朵里的黑东西都取出来了，只是为了找耳螨。她把找到的东西放在纸巾上。但是我不能看到没有耳螨[1]，可可也不喜欢那样。那位女士问："可可住在学校里吗？"她可真傻！……她还说："谢谢你们的到来。记得把可可带回来看我们，并且从这里带走一些文件。"这个是针，针头很疼，不是吗，温迪教师？

蕾妮停下来指责拉莎儿："你在做什么？别看我的！"

拉莎儿："我才不想我的画像你的画。这是我画的手术台，可可就躺在这张桌子上，医生就在这里，我画了一张大桌子。"

泰莎："这是我画的手术台，可可就在这里，医生在这里，我想要画两幅画。"

唐纳："这是我画的大手术台和可可，它睡着了，医生在它的屁股上打了一针，可可的耳朵里没有老鼠。"

蕾妮："耳螨。"

孩子们的图画和话语中的细节生动地展示了他们的感受：他们不喜欢打针或不喜欢陌生的医生办公室，他们把自己的情感准确地投射到可可的身上，并感同身受。

重演（Re-enacting）。4月21日。唐纳、拉莎儿、蕾妮和泰莎上演了一场关于这次经历的木偶戏，他们选举唐纳扮演医生，拉莎儿扮演助理，蕾妮和泰莎扮演学生。可可是由一个木偶假扮的。他们想象可可在手术中会扭动，

---

[1] 原文真实地呈现儿童表达中的语法问题。——译者注

然后假装按住可可。孩子们将走廊的桌子作为手术台，并在上面布置了纸巾、酒精和一个仿真针头。像他们的绘画和叙述一样，他们在戏剧中很好地表现了一次紧张经历中的很多细节以及他们对此的感受。

在5月3日的员工会议上，教师们回顾了可可猫项目中发生的很多事情并做了文档计划，考虑了由谁来转述孩子们的对话，选择他们的图画或其他作品，编写文本，设计布局。从那时起，可可的兽医诊所之旅是教师们最喜爱的板块。

充满探索的一年

在大量的引导性探索之后，使用不同媒介开展的工作呈爆炸式增长。这些工作涉及无尽的谈话、对书中图片的讨论所使用的言语，用铅笔、钢笔、记号笔、蜡笔、颜料和拼贴画制作的肖像，以及拾得物。孩子们已经学会使用照相机、照片打印设备、摄像机、编辑设备和计算机。他们尝试用颜料、光线、阴影和铁丝进行实验。他们将各种各样的天然材料和人工制品结合在一起并制作出各种作品。他们进行了编织。他们使用了多样化的纸——从易损坏的彩色薄纸到结实的瓦楞纸板。可可猫项目需要很多媒介。他们的手开始对材料进行整理，他们的大脑则开始对材料进行分类。对材料使用熟练就是瑞吉欧教育工作者所指的儿童学会"说"一百种语言。

第三节　更复杂的项目

1994—1995学年初，在迎新会上，我们将新的家庭成员介绍给可可。当阿梅莉亚·甘贝提（我们的瑞吉欧顾问）到达时，她带来了孩子们在拉维利塔幼儿园（一家瑞吉欧幼儿园，她在此任教已有20年）中为可可制作的礼物。在11月，珍妮弗教师和阿梅莉亚将展板中关于可可的内容进行了压缩，并对它们进行了重组，以便为有关可可的新项目记录腾出空间。

图 4.3　可可的近景照片

图 4.4　可可的近景画像

压缩后的展板内容使之前的体验得以延续。看着展板，教师们察觉到他们没有花足够的时间来帮助新来的孩子认识和了解可可，就像温迪教师在1993年秋天和唐纳、拉莎儿以及其他人一起做的一样。同时，他们注意到年龄较小的孩子们会跟着可可在学校里转来转去，如果看不到可可，他们就会去把它搜出来。所以，在12月初，他们把新来的孩子分成两组来讨论可可——这个介绍催生了新的可可猫项目。对于教师们来说，可可已经成为一个常客或老朋友，但对于新来的孩子们来说，它却是一个新奇的源泉。

使用多样化的媒体

项目被记录在一个展板上，这个展板名为："可可的重要性——我们学校里的一个人物"。孩子们的照片、讨论和图画清楚地表明了他们对可可的爱。项目包含两个主题：一个是可可的故事，一个是可可移动的特殊方式。教师们意识到运动就其本身或另一个视频而言，是一个丰富的话题。项目的种类在不断增加。

记录猫和乌龟。 最长的可可猫项目是可可和乌龟之间发生的传奇故事，故事始于学校意外地获得了一只乌龟。令教师们惊讶的是，可可和乌龟之间的友谊在孩子们的关注下绽放（第七章）。教师们没想到可可会像乌龟一样成为突出的"人物"。到1995年1月，这个项目进入了高速发展的阶段。安吉拉和塞梅特里绘制了一组图画，展示的是可可跳进乌龟的盒子里的场景。安吉拉开始画一个有盖子的盒子。他们把这幅画传来传去，每个女孩在传给下一个人的时候都会对画有所修改，这些修改与可可的跳跃声、乌龟的抓挠声十分协调。另一些人则把猫和乌龟的故事改编成音乐，这需要高度的自制力和全面合作，这是自律的表现。尽管这个项目很吸引人，但它并没有遮蔽有关可可的其他活动的精彩。

雕塑可可。 2月。珍妮弗教师做了一个视频项目，先是录了两个男孩，然后录了两个女孩，他们在用黏土给可可建模。视频显示，孩子们让一个泥人站起来是多么困难。他们工作了一个多小时，每个孩子都在尝试用独特的方法让泥人的大腿支撑起泥人的身体。特雷尔先做了四条腿，他注意到这些腿太细了，并且评论说身体会"压扁"它们，事实确实是这样的！他沮丧得几乎要哭了，但他坚持要继续，最后以极大的毅力把腿的粗细做对了。与此同时，亚历克斯把两条前腿弯曲在一起，做了一只有两条腿和一个身体的猫，并说道："这站起来像个人。"泰莎也很难做出四条分离的腿。加莱萨解决了这个问题，他把一个碗放在可可的头下，称它是一碟食物，并宣布："他在吃东西。"孩子们坚持不懈，坚持挑战，这是其自律的标志。

3月3日，格伦和塔米卡决定制作一个和可可的真实大小差不多的泥塑。格伦从头部开始，起初他只用一团高尔夫球大小的黏土，但在过程中他很快意识到黏土应该更大才行。可可躺在透光桌上，塔米卡从身躯开始，仔细地打量可可，就像艺术家观看现场模特一样。在珍妮弗教师的精心指导下，他们把黏土堆成一卷，并把每一层都弄平。做这个泥塑花了一个星期的时间。最后的步骤是增加类似于可可的皮毛的纹理，并且附加上腿。索尼娅教师留意到，在3D的雕塑中呈现可可躺下的样子比在2D[1]的图画中容易得多，可可躺在那里对制作是多么有帮助啊。这座雕塑栩栩如生，显示出孩子们观察细节的能力，以及他们在指导下使用工具和材料的能力。最重要的是孩子们如何成功地克服了巨大的挑战。它要求我们反思对孩子们的要求应该是什么，我们是否给了他们足够的挑战，以及我们相信的目标是什么：是通过教授读写算（abc/123）课程，为他们进入一年级做准备，是教他们不要打人或拉帮结派，并且学习道歉和分享，还是帮助他们通过智力挑战和解决现实生活中的冲突来发展社交能力和情感能力？

图画和文字中的可可。 那只猫有趣极了。孩子们自发地谈论着可可——

---

[1] 2D 是英文"Two-Dimensions"的简称，中文指两维、两个维度，即"平面的"。——译者注

它的感受；它为自己找到了新的喜欢的地方（比如透光桌）；它一定很聪明，因为当它想要进入一个房间时，它能打开门。5月5日，教师询问孩子们是否想要给可可"画肖像"，然后用两种语言——图画和文字——向另一个孩子描述可可。这揭示了孩子们对可可的了解程度，每个孩子对可可的看法是多么的不同，他们的词汇量扩大了多少，以及他们在社交和情感方面的能力变得多么强。6月，儿童与教师们密切合作，用他们的文字和图画创作了一本25页的关于可可的书，书名为"可可的多种形象"。同样在春天，教师们放映了一个关于可可的幻灯片，观看和讨论这些幻灯片成为孩子们最喜欢的活动。从他们机敏的讨论、词汇量的增加和语法水平的提高中，我们可以明显感觉到孩子们的英语表达能力在不断提高。

西克特（大黑兔）所在的地方里有一间带浴室的矩形教室，面积约93平方米。可可住的空间是它的三倍，有许多小角落。孩子们发现，像其他的动物一样，可可也有最喜欢的地方。在环境项目中，当孩子们参观每个区域、了解每个地方发生了什么时，拉特里西娅问为什么可可会待在特定的地方。索尼娅教师解释说，"可可喜欢熟悉的地方，这个地方像它的家"——就像有灯光时温暖的透光桌或用餐时的餐厅。它最喜欢的是园长的椅子，上面盖着黑色画布。不管椅子在哪里，可可都可以找到它，白猫和黑色的椅子相得益彰，这一点没有逃过孩子们的眼睛。宽敞的空间增加了这只猫的吸引力：它可能在任何地方！新来的孩子们不太习惯它的生活方式，他们可以把它搜出来，那些喜欢恶作剧的人会在长长的走廊里追着它跑。然而，孩子们经常讨论如何成为可可的朋友——这是他们非常想要的——帮助他们学会不去追逐可可，规范自己的行为。当谈话中关于如何对待可可的告诫生效时，我们会发现周围的氛围也越来越平静。

第四节　儿童的一百种语言

卡丽娜·里纳尔迪（1992）说，语言尤其是图形语言，在儿童的发展中起着重要的作用。马拉古奇（1991）知道这一点：

儿童生来就会"说话"——和人说话。事实上，一年来因词汇匮乏而没有说话并不能阻止他们按捺不住的、至关重要的、渴望的探索，以建立对话式的友谊。有强烈的沟通欲望是儿童的基本特质。(p. 14)

瑞吉欧学校最初因"儿童的一百种语言"的展览而为人所知。但是这没有具体的数字，可能有上百种或上千种语言。现存的语言远比我们使用的语言多。儿童拥有使用多种语言的潜力。任何语言使用的背后的问题都是：你思考得很好吗？

使思想可见

大脑中复杂的系统使儿童能够学会说话。母语"吸引……注意，标识……言语，而不是……其他杂音，区分陈述、疑问和祈使句，描绘……句子边界和突出新词"（Pinker，1994，p. 284）。其他语言（比如绘画）对交流同样重要，但在我们的文化中并不常用。当儿童画画时，他们不是复制物体，而是改造物体——经常变成他们所画的对象。3岁的儿童发出火车的声音和做出火车运行的动作，其潦草的印迹和真实的火车之间没有对应关系并不重要。画画的目的是与你的同龄人、父母或教师分享你的想法——用图画表达出来——阐明你自己的观点。确切地说，用图画呈现你的思考方式。从对自己的绘画作品毫无感觉到非常在意和珍惜自己的作品，并希望做上个人标记，儿童的关键认识在转变中产生了……它是儿童自我效能感诞生的迹象之一（Gardner，1980，p. 24）。艾略特·艾斯纳（Elliot Eisner，2002）说："通过某种材料将想法呈现出来，可以使想法或形象得以稳固，使想法或形象的对话成为可能……允许我们……注意关系和关注细节"（p. 6）。

团体的影响

当儿童组成团体一起画画以及教师有意地让自己参与到儿童的工作中时，画画就成了一个自己与他人互惠的过程。里纳尔迪（1992）认为互惠是瑞吉欧所有实践的基础，也是儿童学习使用一百种语言表达自己的主要原因。艾斯纳（2002）在观看儿童的艺术时说：

社会术语而不是个人术语……显示……他们所学到的……不仅仅是……处理一种材料；这也是向他人学习的一个作用……社会规范，行为模式，交谈和与他人分享工作的机会……环境……可以由教师精心准备。（p.93）

表达方式的多样性

瑞吉欧教育工作者使用的语言是一种复杂的术语。它包含了讲话、写作和运用文字的能力，以无数种方式表达无限的思想以及操纵整个系统环境。加德纳称之为智能，费厄斯坦称之为形式——数字、音乐音调、符号或身体动作（如手势和面部表情）。语言包含了人类出于实用和表达的目的而使用的各种各样的材料——显而易见的材料〔如纸张和标记材料（油漆、墨水、铅笔）、织物、拾得物和羽毛〕，以及不太明显的材料〔如早期被人类用作书写表面的材料（包括皮肤、骨头、石头和洞穴墙壁）〕。语言还包括无形的东西，如光、影、情感和关系。语言能力也意味着能够使用手工材料及相关的工具——剪刀、冲头、锤子、凿子、直尺、订书机、胶带、胶水。一百种语言也会涉及协商人际关系、管理社交场合、理性地表达情绪、表现出同情心。思考一系列可用的表达方式可以扩展个体的思维。

第五节 非凡工作／流利表达

马拉古奇经常被要求定义创造力：

第四章 一百种语言的概念

今天的时代似乎并不利于创造力的发展……（它）似乎只存在于高层，在那些专家的手中，他们对它进行抽象的研究。我相信，我们每个人都拥有创造力，它存在于每个工作日，而不仅仅是周日。（L. Malaguzzi，在戴安娜学校中的提问与回答，瑞吉欧·艾米利亚，1992年3月6日）

创造力的定义是难以捉摸的。这个想法会让一些人感到不舒服，它就像彼得·潘的影子一样，可能会出乎意料地飞走。比起像美或独创性这样的无形资产，可以被量化的东西会让这类人更满意。

归根结底，儿童是有创造力的。每个儿童实际上都可以为自己创造语言和动作。虽然儿童从婴儿期开始的发展轨迹一致，但每个儿童的成长道路都是独特的，就像每个儿童与材料的关系一样——有些人被强烈地吸引着，而有些人却没有。然而，每个儿童都与某种类型的材料和某种表达形式有一种浪漫的关系。材料越多样，浪漫就越强烈，体验也就越丰富。谢皮在 2.5 岁的时候得到了他的第一个乐高积木玩具——一艘包含几百个组件的海盗船。有时，他在和他的父亲一起组装它时会失去兴趣。在他 4.5 岁的时候，面对由几百个组件构成的交通工具，与他的祖父和我相比，他可以更容易、更准确地按照图解说明进行操作。6 岁时，他设计了 48 辆原创车，不再需要套件："我宁愿自己创作。"我们一起花了 4 小时对他的大量藏品进行分类。当我把零件递给他时，他说："这是一个轴，因为它有一个接头。""那是一个铰链，它有不同的功能。"他和许多专家一样知道这些区别——通过高度专注、长时间的工作和实验，并且一旦有了一个想法就马上实现它，他逐渐掌握了乐高语言。

魔豆中心的教师们正在学着解读和满足孩子们对不同材料的兴趣。因此，可可——这个在学校里不寻常的角色，在 1995—1996 学年被儿童用日益丰富的表达方式表达，涉及的媒介数量不断增多，如黏土雕塑、视频、钢笔和墨水绘画、照片、一本书、幻灯片、颜料画、音乐，当然还包括文字。尽管不是非常惊人的、有重大意义的、有创造性的工作，但至少每个作品都是可信的。

能够使用如此多的表达方式给了儿童一种力量感。那些在某一领域缺乏能力的人可以使用另一种表达方法；那些创作出令人欣赏的作品的人，在看到别人对他们的作品示以尊重时，会逐渐获得自信；那些学会合作的人在项目中会逐渐建立社会能力；那些克服恐惧和愤怒、表达同理心或安慰他人的人在情感上会变得更有力量。不同形式的儿童作品揭示了每个人是如何思考的，使成人看到每个人都学到了什么，并为对话提供了基础。

儿童的游戏是生活的彩排，无论他们是精确地模仿他们所看到的或即兴发挥，还是精心设计。在游戏中，他们利用环境中的任何东西给自己搭建脚手架。他们是用战队、空手道、激光战斗和电视人物来支持自己，还是用可以以多种方式使用的开放性材料，这些都取决于我们的选择。他们使用的东西能够影响到他们的意图，他们将如何表达意义，以及他们的行为是否具有同理心。我们使用原材料来准备环境，通过我们的合作，儿童能够从中获得目标，构建想法，并发展情感能力。

第五章

走向更好的学前教育实践

> 环境是一个充满未知的丰富的网络,在这种网络中,成年人设想的关系将有助于儿童的工作。
>
> ——洛里斯·马拉古奇(与戴安娜学校到访团的问答,1992年3月6日)

这一章将介绍魔豆早期学习中心是如何庆祝生日的。庆祝方式受到瑞吉欧生日庆祝活动的启发。生日庆祝活动扩展了儿童的兴趣。兴趣可以让儿童在许多天或很长时间内从事相同的活动。随着兴趣的转变,活动也随之发展。生日庆祝活动的基石是教师如何利用时间和空间,这是本章要重点讲的瑞吉欧教育的特点。儿童制作的礼物富有创意、复杂且新颖,证明了他们非凡的工作。其教学原则指向技术和课程两个方面,它们共同构成实践。在这一章中,我们看到了一种受内容驱动的课程和方法。在这种课程中,教师要积极地倾听儿童的意见,有时引导他们,有时跟随他们,与儿童形成真正的合作关系。

第一节 高度联结的实践

教学方法从自由放任到严格限制各不相同,可以基于行为主义、建构主义理论,也可以基于社会文化理论,每一种理论都意味着不同的教学方法。正如克莱因和尼泽(Klein & Knitzer, 2007)所解释的,这种被称为意向式教学(intentional teaching)的技术是具有指导性的,而没有使用练习/操控的策略。这对幼儿来说是有趣的，并且能够促进幼儿与同伴和教师进行积极的互动。当教师敏感、专注、合作，并要求儿童具备以越来越复杂的方式进行思考的经验时，教学就是有意的。因此，意向式教学既强调策略，又强调内容。

意向式教学

意向式教学不同于自由游戏或练习/操控。自由游戏一般是无指导的且教师干预很少。儿童互相模仿或模仿他们在家庭、学校、街道或电视中所看到的东西。儿童的年龄越小（2—3岁），游戏就越能协调儿童所关注到的物品并使之符合他们的想法。例如：扫帚变成了马，长方形的积木变成了汽车。从3岁开始，儿童一般按照自己的意愿使用物品。例如：家中的盘与碟是用来盛放食物的，而非建筑构件或帽子；拼图块不是武器，而是组成图像的材料。意向式教学是指教师通过成为游戏中的一员来支持儿童的思考，从而引入新的内容和概念，促进儿童社交/情感能力的发展。但是有研究发现：

很多与游戏有关的机会被错过了……（以及）儿童被剥夺了在小组和互动游戏活动中发展社交技能的机会。（这些游戏）从来没有被精心设计过，很遗憾地变成了打闹活动。（Shin & Spodek，1991，p.6）

在许多心理学家和教育家看来，游戏理应占据神圣的地位，而儿童在学校之外的时光似乎有充裕的时间来玩耍。可悲的是，长时间的日托、电视节目和匆匆忙忙的家庭日程安排，侵占了儿童曾经的玩耍时间。同时，关于社会性学习的研究揭示了学校游戏时间的新作用，证明了教师对游戏的干预促进了儿童关于内容、概念和更高层次思维的发展。但教师教育对教师应该如何干预却只字不提。这个不足剥夺了教师进一步认识游戏的机会，教师们不知道如何通过游戏来支持儿童复杂能力的发展，而这正是社会文化理论所倡导的。马拉古奇（Rinaldi，2006）说：

我们需要一位教师，他既能充当导演、布景设计师的角色，亦能充当幕布和背景，甚至有时只是提示者。这位教师既温柔又严厉，他（她）是电工，是颜料分发者，甚至是观众——这位观众观看着，时而鼓掌，时而保持沉默，时而心潮澎湃，时而持怀疑态度，时而热情称赞。（p.73）

与马拉古奇所描述的游戏和教学方式不同，练习/操控技术为教师的问题和儿童的回答做出了详细的说明，并且几乎每分钟都按照教师的指导进行。儿童要保持安静，一动不动。几乎所有的话都由教师来说，教师使用外部奖励，而不是通过儿童主动地进行内部控制的方式来使儿童服从。

这很难找到一个平衡点，因为教师可能不知道什么构成了有意义的内容或有效的策略。魔豆中心聘用的第一批教师不知道如何倾听儿童的声音、提出问题、进行对话或帮助儿童自律，这四项技能使我们能够在放任式教学和指导教学之间找到平衡，并将放任式教学（如第一章开头所提及的）转变为意向式教学。

意向式课程

生日庆祝活动是诸多学前教育活动的例子之一，它在内容和教学策略上都体现为意向式课程。上述特征和以下原则在魔豆中心的生日活动中都可以看到，扩展了意向式课程的定义。

（1）一项活动的发展源于教师、家长或儿童正在经历的问题。

（2）家长们与教师广泛合作，共同研制解决问题的方法。

（3）学校环境的时间和空间是为支持活动而构建的：空间中充满了能激发儿童兴趣的、组织有序的材料；时间是灵活的，因此活动时间可以是一项工作结束所需要的时间，有时是几分钟，但通常是数小时、几天或几周。

（4）由2~6个儿童而非整个班级组成的小组，与教师密切合作，界定并解决一个清晰明了的问题，并坚持到问题被解决。解决这些问题通常需要不同的、越来越复杂的技能。

（5）教师经常和儿童讨论目的，这样他们的心中就会有一个目标。但是具体的结果是由各种新的想法慢慢建构起来的，贯穿全程，直到活动结束。

（6）工作是高度社会化的，依赖儿童之间的关系，并且依赖儿童不断增长的社交能力和情感能力。儿童和教师一起制定目标，攻克难题，并以一种互助合作的精神和极大的乐趣完成项目。

（7）所有内容都符合非凡工作的界定——创造性、复杂性、独创性。

（8）认知发展的重点是思考，而不是掌握预先确定的内容：年幼的儿童学会集中注意力，寻找相关线索，辨别相同/不同，识别模式，扩大词汇量。随着时间的推移和基本认知的形成，他们需要学习更高层次的思维技能，如使用类比、隐喻和符号，长时间保持注意力，在不同的表达方式中转换思想，在特定的想法中寻求超越的意义，以及反思是如何思考的。

（9）在我们的文化中，读写能力和计算能力是成功的必要条件，它们被纳入各种活动中。目的不是练习读写算（虽然我们经常使用蒙台梭利语言和数学材料），而是提高这些能力。因为没有它们，几乎任何问题都无法被解决。

（10）教师的成长——他们的认知参与感、智力挑战感和乐趣感——以及他们彼此间的合作，与儿童的成长同样重要。

在开展持续 3 年的生日庆祝活动时，请注意这些原则。

第二节　生日的演变

在 1994—1995 学年的第一次会议上，教师们预测了儿童在那一年可能学到的东西。他们确定了八个方面的内容。

（1）儿童肯定会对学校环境有更多的了解。

（2）他们会提高使用不同的材料的技能。

（3）为了更好地了解彼此的兴趣，这一年将从讨论暑期活动开始。

（4）关系将在许多方面得到深化。

（5）很明显，儿童会对学校意外获得的乌龟做些什么。

（6）他们将继续与拉维利塔幼儿园的朋友们交流，他们的关系是由阿梅莉亚·甘贝提点燃的，是通过由拉维利塔的孩子们给魔豆中心的孩子们制作的、由阿梅莉亚从意大利带来的礼物和信件培养起来的。他们会用传真机交流，这是拉维利塔的孩子们对传真机如何工作的探索所引发的兴趣。

（7）当然，他们会继续追求对可可的兴趣。

（8）生日庆祝活动会在特定的日期举行。这些由教师决定，作为这一年的主题。

9月23日是布兰迪的5岁生日。在这一天里，魔豆中心举行了第一个生日活动。泰莎为布兰迪画了肖像画（见图5.1）。教师们录下了布兰迪的三个朋友（女孩）对布兰迪的描述。

图 5.1　泰莎为布兰迪画的肖像画

布兰迪喜欢和我、塞梅特里以及泰莎一起玩。她之前还不是我的朋友，但她现在和我成为朋友了。她喜欢玩所有有趣的东西，如乐高玩具。她还喜欢进入工作室玩黏土。她的哥哥喜欢和她玩。午饭时，她喜欢坐在我和安吉拉的旁边。她的头发是黑色的，她喜欢在头发上扎蝴蝶结。

这一年的第二个生日活动在9月26日举行，这一天是凯文的4岁生日。奥蒂斯为凯文画了肖像画，并与另外两个人一起扩展了对凯文的描述。

凯文每天给乌龟带松果。他以为松果是菠萝。他喜欢乌龟，乌龟是他的朋友。他喜欢在操场上玩那种颜色各异的游戏，在那里你需要不停地奔跑。他喜欢沙盘、音乐室、拼图和积木。他总是想去外面玩，还有骑自行车。

肖像画和描述千差万别，体现了友谊和注重细节的重要价值。艺术家和作家有着不同的风格。从大多数的肖像画中，你可以很容易地辨认出儿童。由于评论出现在讨论中，因此，评论是自发性的。描述涵盖了很多内容，包括最喜欢的活动、最好的朋友、身体特征、衣着、性格。这是一个美妙的生日年，但并非一直如此。

改变规程

生日庆祝活动有一段历史。1992—1993学年的生日庆祝活动的意义不大。在没有教师支持的情况下，家长们为孩子们举办的生日聚会大相径庭，有的过于精心，有的过于简单，使家庭之间充满攀比和竞争。那些根本不庆祝生日的孩子为此感到失落。庆祝生日的惯例不得不进行改变。1993年10月，阿梅莉亚展示了瑞吉欧幼儿园举办生日活动时富有启发性的幻灯片，由此拉开了制定生日活动新规程的序幕。

改革家长教师委员会。最初的改变是通过家长教师委员会进行的。它也有一段历史。在学校的最初几年（1989—1992年）中，计划几乎没有进展。1992—1993学年，计划无效：在分工不清晰的情况下，家长们争先恐后地竞争会长或副会长等头衔，结果什么事也没有做成。改变——比如剥夺某人的头衔——是有风险的。但不改变的风险更大。索尼娅教师和温迪教师的备忘录捕捉到了这种情绪："从领导者转变为合作小组的组员是一种挑战……这真是一个惊人的转变！一位家长在第二次家长教师委员会会议后告诉我们——'真的奏效了！'"新的家长教师委员会由五位家长和两位教师组成。其目的是："支持学校，保持高度的交流，然后与所有家长分享信息。"（W. Baldwin & S. Shoppaugh，1993）

制定新的规程。1993年10月13日。家长教师委员会的第一次会议持续了一小时，大部分时间都在探讨生日庆祝活动。委员会提议遵循下列程序。

- 每个孩子都要在学校里庆祝生日。如果生日当天不属于上学日，那么我们将在另一天补办庆祝活动。
- 家长教师委员会要求每一位家长提供蛋糕、宾治酒[1]和器皿。如果家长无法提供，那么我们可以根据需要提供必要的帮助。
- 学校的孩子们将为过生日的女孩/男孩制作一份礼物。
- 温迪教师和索尼娅教师会给家长们发送备忘录，通知他们学校要举办生日庆祝活动。
- 学校将保留一份生日日历，通过照片、符号和名字表明每个孩子的生日。
- 通过举办生日庆祝活动，（表明）我们重视每个孩子以及他们之间的友谊。

---

[1] 宾治酒是一种使用酒、果汁、汽水和香料等调配的鸡尾酒。——译者注

家长教师委员会征求了所有家长的意见，并在下次会议上汇报：每个人都喜欢新的规程。

教师们都很高兴，他们都松了一口气，因为再也不会发生某个孩子的生日被漏掉的情况。这表明为所涉及的额外工作所付出的努力是值得的。索尼娅教师和温迪教师告诉家长教师委员会，珍妮弗教师已经在制作生日日历并准备将其挂在餐厅里。一位家长建议过生日的孩子在日历上画画来纪念他们的生日，这个主意很受教师们欢迎。新的规程已经准备就绪。教师的想法主要体现在三个方面：①创建一种体系来支持新的规程；②思考复杂的庆祝活动；③通过这种经验循序渐进地培养孩子们为彼此制作礼物的能力，并巩固他们与好朋友之间的关系。

两次试验。 1993 年 10 月 8 日，新规程的第一次测试开始了。温迪教师询问加莱萨的四个最好的朋友决定给加莱萨送什么礼物。他们建议把一捆气球放在一张床单里，并将其悬吊在天花板上。孩子们有为 9 月份前两三周先后入园的孩子捆绑和悬挂惊喜的经验。加莱萨的朋友们知道她喜欢气球，认为飘在她周围的气球会让她高兴。

10 月 12 日，这四个小朋友和珍妮弗教师一起将写好的字条贴在气球上。他们秘密地工作，难以掩饰内心的兴奋，每个人都知道他们在做什么。当加莱萨意识到这个巨大的包裹是送给她的时候，她笑了，当被气球淹没时，她高兴地尖叫起来。那是她永远不会忘记的生日。

弗兰克的 6 岁生日是 10 月 24 日。在生日的前两天，加莱萨、洛里安和提阿拉为他制作了一本书作为礼物，书里是他的朋友们的照片，被他们专门为他画的纸精心地包着。这反映出他们知道弗兰克喜爱读书，还拥有很多朋友。弗兰克很开心，马上"读起了"这些照片，回忆起每一张照片的拍摄场景："这是我们在盛开的樱花树下玩耍的时候。""那是可可，它躲起来，这样唐纳就找不到它了。"他带着这本书到处走，骄傲地向每个人展示。

在很久以前，具备读懂他人的能力是生存的必要条件。在让最好的朋友为彼此设想礼物时,教师挖掘了加德纳(1983)所说的人际智能,即知道什么能激励别人,什么能促使别人行动起来。这项基本技能很少出现在课程中,但是每位教师都知道,学生对彼此情感的专注会彻底分散他们的注意力。

决定如何记录。在弗兰克的生日聚会后的员工会议上,教师们考虑如何记录生日活动。记录是每一次活动中不可或缺的部分,生日聚会也不例外。对记录做出计划需要远见与大量的讨论,因为记录的事件尚未发生,记录的过程每次都是新的。教师认为他们需要展示以下内容。

- 从1月到12月,逐月列出孩子们的生日。他们称之为"生日日历"(见图5.2)。

图5.2　发现生日日历

- 他们使用真正的日历，一个月占一页。他们会选择有漂亮照片的日历，并把它挂在生日日历的旁边，孩子们可以在那里找到自己的名字和生日月份，然后根据真实的日历来确定日期。
- 一个用来粘贴儿童制作礼物的照片和谈话记录的展板。
- 一个贴有生日聚会照片的展板。

最大的问题是如何对礼物进行记录。显然，过生日的孩子会把真正的礼物带回家！他们选定了一张 21.6 厘米长、27.9 厘米宽的活页纸，将标题定为"生日书"，上面放着大尺寸的照片，作为制作每件礼物的工作记录。这既可以证明孩子们彼此了解的程度，也可以反映出孩子们之间不断加深的友谊。

珍妮弗教师准备了记录生日活动所需要的东西——三块整块的木板作为展板，每个孩子的微型照片（规格是长和宽均为 4 厘米的正方形），不褪色的艺术纸，每个人生日的日期，以及真实的日历。其中的两块空白展板——一个用于制作礼物，另一个用于庆祝活动——提高了大家的期望。

做好的生日日历很漂亮，月份被列在左下方，采用 48 号的帕拉蒂诺字体，颜色很唯美：1 月是石灰绿，2 月是钢蓝色，3 月是淡紫色。同一颜色的矩形面板上粘贴了当月过生日的儿童的照片和标记符号。矩形面板的下面是日期。整个展板布局精确、醒目、互动性强。它的左边挂着真正的日历，上面有意大利著名建筑的内部照片，每个月都会展示一个新的建筑奇迹。孩子们一走进餐厅，就立刻发现了展板。一大群人聚集在展板周围，看到照片和标记符号后很兴奋，急切地想找到自己的照片。孩子们在 3 岁时就知道生日了。日历提供了对一年中这一重要日子的识别机会。

花心思准备

生日庆祝活动的成功之处还在于其他间接为孩子们做准备的活动：魔豆中心对友谊的重视激发了孩子们想要给朋友们惊喜的愿望，而对解决问题能力的重视则使孩子们能够实现他们送礼物的宏伟想法。教师有意地将这些主题交叉起来。

了解生日。10月份过生日的孩子是最多的——有六个！而11月份没有人过生日。生日成了许多活动的焦点，例如，在娃娃家里，过生日常常是孩子们进行角色游戏的一部分，孩子们会摆好生日聚会的桌子、做生日蛋糕或举行庆祝活动。生日还是一些小组讨论的话题，讨论的内容包括什么是生日。1月12日，一群孩子专程去了邮局。塞梅特里解释说："那天是阿梅莉亚的生日。我们给她邮寄了包裹。"3月24日，温迪教师在家长会上把生日活动作为九项议程之一。生日庆祝活动经常被模仿、讨论和定期举行。

生日和友谊。关于友谊的话题是教师有意提及的。在每天早上点名时，教师都会问孩子们有多少人在场，有多少人缺席。这帮助孩子们了解谁是谁。一旦他们认识了彼此，点名时刻就演变成预测有多少人在场，然后看看他们是否正确。在初秋的时候，孩子们聊了很多关于即将入园的新朋友的话题，策划了聚会，并为他们准备了礼物。

友谊和信息制作是紧密相连的。在整个秋天中，大量的信息制作发生了：通过向教师口述给朋友和家人写信，或者使用学前儿童特有的拼写方法。他们讨论了如何回应拉维利塔幼儿园的4岁孩子们，他们委托阿梅莉亚递交礼物和信件，以及传真。他们讨论了这些信息的含义，吵着让教师在晨会上为某个人、一小群人或所有人朗读邮箱中的信件。写信和接收来自朋友、家人或国外友人的信成了一项日常活动。在邮箱里发现信件是一件很有趣的事情。友谊在蓬勃发展。当冬季流感来袭时，每个人都在担心自己的朋友，考虑该做些什么，并决定邮寄明信片、信件。他们的情人节礼物尤为可爱。生日贺卡是专门的留言方式。由于对友谊的有意培养，孩子们热切地期待着收到私人信件。

通过画面来观察细节。与此同时，教师鼓励孩子们仔细观察。在11月初的一个项目中，新来的孩子们认识了可可。他们观察它，讨论它的特征，然后画它。在另一个项目中，几个小组研究身体的某些部位。有两个人为迎宾室画了教师们的肖像画。在冬天，他们开始了一个在校园内外寻找颜色和形状的项目，并进行描画、上色、剪裁和拼贴。

观察的结果被运用到了项目中：5岁的菲利普画出了精美的自画像，并将其从2D的铅笔画转化为3D泥塑。在5~6个小组中，二十个孩子研究了他们的身体形状，为给彼此画肖像做准备。有三个孩子参观并绘制了博物馆里的山羊——孔苏埃拉（Consuela）。蕾妮和夸特莎为自己和家人画了肖像画。有六个孩子画了弗兰克的父亲（泰勒先生）穿着邮递员的制服来参观时的肖像画。在操场上，有四个孩子观察他们攀爬和滑行的动作，描述他们做了什么以及是如何做的，然后画出自己攀爬和滑行的样子。有四个孩子注意到彼此有不同的身高，于是测量了自己的身高，然后画出了自己的肖像画。

小学中的每一项任务都需要注意细节，就像大多数活动（打电话、写支票、开车去某个特定的地方）一样。在低年级阶段，学习关注细节是读写算能力发展的关键。画真实的物体或有生命的东西可以帮助孩子们学会关注细节。瑞吉欧学校和魔豆中心对绘画的重视肯定了画画所要求的精确性。教师巧妙地调整了自己的指导，使孩子们能够像使用文字一样轻松地用图画来准确地绘制并表达想法。

开始绘制肖像画。1993年11月初，友谊的主题和注重细节的画画联结起来了。温迪教师和索尼娅教师分别和由八个孩子组成的不同小组讨论了关于友谊的话题。然后两个孩子一组，为对方画肖像画。十天后，作为他们研究身体各部分的摄影项目的一部分，弗兰克和提阿拉在镜子前仔细检查了自己的脸，讨论了他们所看到的，然后绘制出了观察结果。第二天，塞梅特里研究了一下自己的脸，然后画了一幅自画像。她拍了一些小伙伴的嘴巴的照片，并在第二天继续研究面孔。在1993—1994年，对友谊、细节、形状和色彩的观察，对生活的描绘和对肖像画的创作的重视结合起来，为两年后儿童为彼此画肖像画作为生日礼物做好了铺垫。

第三节　生日课程

生日活动的程序确定了，孩子们准备好了，生日活动进行得很顺利。随着时间的推移，它们不断演变，教师把它们作为一个主题来推行，就像爵士音乐家对旋律的重复演奏一样。

1993—1994 年：精心制作礼物

生日聚会正有条不紊地推进着：教师查阅了生日日历，并在显示每月重要活动的家长备忘录中突出了即将到来的生日。在晨会上热情地谈论即将到来的生日是很重要的，这样可以引起孩子们的兴奋，选择合适的礼物制作者来制作最好的礼物。正如珍妮弗教师所说："生日庆祝活动是今年的一个大项目。"

挑选礼物制作者。教师仔细考虑应该选择谁来制作礼物。选择从来不是随意的，而是与许多孩子协商后做出的，因为他们在一起生活了 3 年，彼此都很了解。教师还考虑了谁会和孩子们一起制作礼物，以及他们可能需要的其他支持——来自其他教师的帮助？珍妮弗教师的专长？特殊材料？特定的工作区域？负责制作礼物的教师会把过生日的孩子的好朋友召集在一起。如果孩子们认为其他人可能更合适，那么小组成员就可能随之改变了。但最后，一个小组会形成并举行一次很棒的秘密会议。在会议中，他们热烈地讨论这个过生日的朋友的喜好，在达成共识后讨论才结束。

制作礼物本身就具有挑战性。然后，包装好礼物并制作生日贺卡。同时，还要考虑庆祝活动的其他方面——什么时候举行，什么时候送礼物，由谁送，应该说什么。孩子们彼此很了解，对这些事情有很多话要说。根据具体的情境需求，孩子们的参与不断深入，家长们的参与也是如此。教师精心组织和管理学校，所以孩子们的参与推动了课程的发展。

制作礼物。过生日的孩子是主宾。礼物总是让小寿星感到惊喜万分、喜爱无比。阿隆佐因将一个3D雕塑转化为一幅实物大小的绘画而备受赞赏，他还收到了一本由他最喜欢的三个朋友的自画像组成的涂色本。四个女孩一起为塞梅特里做了日历，使用黑色墨水勾勒出每个月的日历配图的轮廓并涂了鲜艳的色彩。温迪教师和三个孩子一起为霍华德设计了礼物。他们之所以知道霍华德会在他们计划的一场表演中扮演乌龟的角色，是因为他对乌龟如何移动有着极大的兴趣。他们一致认为，送给霍华德的最佳礼物将会是一只用混凝纸制作的乌龟。格伦的礼物是查尔斯和霍华德画的拼图，他们先涂色再剪下来。威利和艾其尔为德马科斯制作了一个棋盘。拉特里西娅收到了一条漂亮的项链，而蕾妮收到了一部手机。洛里安的钱包是用一个盒子做成的，上面有混凝纸的纹理并涂有她最喜欢的深粉色，最后用一条宽丝带捆扎。

罗纳德收到了一个机器人，它的身体和头部是用盒子做成的，胳膊和腿是用硬纸板管做成的。它的体积很大且比例恰到好处，还有着精心制作的五官（见图5.3）。奥蒂斯收到的是两个由粗圆筒制成的鼓，鼓上装饰着几何图形，顶部是绷紧的橡胶，鼓在被击打时会发出响亮的声音。三个男孩一起用一个纸板箱和许多发现的材料为泽维尔做了一辆卡车——大而精美，有着吸引小男孩的特征。经常写信的塞奥拉收到的是印刷信纸。她的朋友们把工作室里的软木塞、橡皮擦、硬纸板管浸入蛋彩画颜料中，然后在每张纸的顶部印上花纹。纸干了以后，他们用丝带把纸扎起来并用纸巾将其包好。喜欢通信的安吉拉收到了一个木质的雪茄盒，里面装有各种各样的材料。每一份礼物对于收礼物的孩子来说都是合适的、独一无二且精心制作的。没有固定的礼物或聚会；主题都是原创的，礼物和卡片都是手工制作的。

图 5.3 为罗纳德制作机器人

效果评估。很多因素都被考虑到了，投入策划庆祝活动的精力也更多。是给一个孩子过生日，还是给一群孩子一起过生日？节日活动是否与生日庆祝活动一起举办？如果是的话，有很多家长参加的聚会可能会更激动人心。是否有很多孩子的生日是同一天？如果是的话，这些孩子会喜欢一起庆祝吗？或者某一个孩子需要把注意力单独集中在他自己的身上吗？在学年结束前，他们为在夏季过生日的五个孩子一起举办了一场盛大的庆祝活动。

教师给家长们发了十五个关于生日的问题。当被问及孩子们如何处理礼物时，阿隆佐的母亲说他的生日礼物被放在梳妆台上，阿隆佐会跟别人谈论收到的礼物，但不允许任何人触碰。泽维尔的母亲说他会把礼物放在客厅的架子上，让每个人都能看到。拉特里西娅的母亲说，拉特里西娅觉得自己能给别人做一份礼物，与她喜爱的同学们分享这样一个特别的日子是件很美妙的事情。

1994—1995 年：图片和文字中的肖像

在 10 月初的两次生日庆祝活动之后，教师特地开了一次会议来重新评估生日庆祝活动的程序。他们讨论了他们喜欢这种程序的哪些方面，如何让生日活动更具庆祝意义，应该改变什么以及为什么要改变。他们应该如何记录今年的生日庆祝活动？他们应该如何在保留去年的记录的同时为今年的记录腾出空间？前一年进展得很顺利，为改进工作提供了良好的基础。

变更程序。 按照惯例，每次的生日庆祝活动都要邀请所有的家庭参加，于是一个大问题出现了。去年的展板仍在挂着，新加入的家庭因找不到他们家的孩子的生日信息而生气！意识到一块本该展示重要信息的展板竟然仍展示着与当前家长无关的信息是对家长的不尊重，教师们尴尬无比。珍妮弗教师立即开始制作可更新的展板：他们将为 36 个孩子的照片和文字描述留出空白，并在庆祝活动期间将小尺寸的记录复制件放于展板上。到了学年末，每个孩子的相关信息都会按照生日日期的先后顺序出现在这块大展板上。由于教师不断更新庆祝活动的形式，所以生日庆祝活动从来不会让人感到无趣。

前两个生日在 9 月庆祝，下一个在 10 月 2 日庆祝，还有两个在 10 月 11 日庆祝。教师及时完成了他们对当年举办的六个生日庆祝活动的分析——斯特凡的 4 岁生日是 10 月 16 日。通过对庆祝活动的批判性研究，他们发现有几点需要改进。他们应该：

- 记得从孩子的角度出发；
- 摆放好桌椅，让家长离自己的孩子更近；
- 创造更多激动人心的瞬间，虽然他们还不清楚该如何创造；
- 通过传递小寿星的照片及文字介绍，使大家看到小寿星的样子，以引导大家把注意力集中在小寿星的身上；

- 唱完《生日快乐歌》后播放音乐。

还有两个孩子在10月份过生日。正如托马斯所说："在10月份有很多孩子过生日！"教师通过分析得出结论，他们实现了目标：对于喜爱图像与文字描述的孩子们来说，生日庆祝活动更充分地尊重了他们。

10月28日。去年10月份的生日庆祝活动和十月节在同一天。庆祝十月节是秋季的传统习俗，涉及家庭、南瓜、食物和嬉戏。庆祝活动从托马斯的生日派对开始，接着雕刻和装饰南瓜。家长们提供了所需的一切。在对活动进行评论时，教师注意到南瓜活动将家长和孩子们聚到了一起——既有单个家庭，也有家庭之间形成的小组。生日和节日的结合使生日庆祝活动更加喜庆。然而，他们在这次活动中没有做充分的计划且需要像在室内一样关注室外的细节。这一分析和之前的分析一样，孕育着未来的生日庆祝活动。到了11月，这一程序已经确立，教师们相信今年的庆祝活动会顺利进行。

绘制肖像画。小寿星的最好的几个朋友对其进行了分析。其中一人先画小寿星的肖像，其他人进行描述，接着教师把这些描述大声朗读给他们听，他们再进行编辑，直到满意为止。这幅肖像画和文字将成为生日展板的一部分，揭示每个孩子有不同的兴趣、身体特征和个性。展板上为下一次庆祝活动的留白让大家充满期待。

12月13日。E.C.过了4岁生日，以下是关于他的描述：

E.C.的皮肤呈浅褐色。他有一双黑溜溜的眼睛。他的脸圆圆的。他有一头乌黑发亮的头发，并且头发被修剪过。E.C.喜欢一直跑步，喜欢超能战士、玩游戏以及做午餐。他还喜欢计算机，爱玩计算机……他每天都在玩，他都不想离开了。

拉特里西娅的生日是1月24日，塞奥拉和塔米卡这样描述她：

拉特里西娅的眉毛是黑色的。她是黑人。她把头发梳成玉米辫。塞奥拉，宝拉，还有我（塔米卡）和拉特里西娅，我们都是朋友。我们都喜欢待在屋子里，待在积木区，待在乐高玩具区，我们总是在一起。我们还喜欢装扮自己。我们开展过角色扮演游戏。她穿着芭蕾舞服。我们打扮得像女孩，我们打扮得像妈妈。她穿上了高跟鞋，还穿上了外套。

图5.4　拉特里西娅收到了她的肖像画

最大的改变不是制作某件物品。一个原因是保持礼物制作的趣味性，另一个原因是将肖像画作为一种关注人际关系和自我认同的方式。新的程序增强了对友谊的重视，并强调了每个孩子的独特性，从而将魔豆中心里最重要的两个目标结合起来。最重要的是，它使教师不会变得毫无新意。

了解我们是谁。 11月17日。温迪教师召集了六个孩子来讨论什么是生日，这六个孩子在学校里待了两三年，比其他孩子大一点。教师想知道孩子们对生日的理解与期待，以及他们关于今年的生日庆祝活动的想法。下一个生日要等到 12 月 13 日，所以教师有时间整合孩子们的反馈。令教师惊讶的是，他们发现一些孩子竟然还不知道彼此的名字，更不用说生日庆祝活动的程序了。

教师仍在努力使孩子们熟悉和重新认识周边环境。为了让他们更好地相互了解，教师用照片和符号做游戏，这是两种让孩子们互相认识的不同方式。在魔豆中心里，每一个家庭在第一次访问时，都会从一大堆的收藏品中选出一个象征符号。有些是逼真的物品，如交通工具、动物、普通物品；有些是图案标志，如各种形状、雪花、十字架。孩子们把同一个符号保存了 3 年。在架子、浴室用品、小床、工作文件夹，以及像 1993—1994 年的生日日历等需要个人身份证明的地方，都会出现符号。对于还不会阅读的孩子来说，记住一个图像比记住一串抽象的字母更容易。孩子们喜欢符号，并且很快就学会了识别彼此的符号。"因为符号是理解书写意义的一个步骤，所以在识字的道路上，符号非常重要"（Lewin-Benham，2006，p. 107）。

课程设置。有八个孩子在 2 月份过生日，在咨询了家长教师委员会之后，教师决定在情人节举行一场盛大的庆祝活动。有十四个孩子一起为此做了准备：八个孩子画了肖像画，十三个孩子写了描述。还剩下十八个生日要庆祝。这时，教师已经完全掌握了庆祝生日的活动程序。吉尼特教师指导肖像画，然后记录下好友小组的评论。5 月份有一场盛大的生日聚会。七个家庭为此做了准备，其中有三个家庭用彩带、气球、惊喜和配套的桌布、餐巾和帽子改造了餐厅。其他（四个）家庭合买了一个蛋糕，上面写着七个孩子的名字和出生日期。孩子们为布置好的餐厅所震撼。夏季的生日在操场上庆祝。每个过生日的孩子都收到了自己的肖像画，背面还有对自己的描述，由朋友们小心地包裹着。在学年结束时，教师送给每个孩子一本书——《生日肖像集》。该书的前言中提到，孩子们了解到朋友既是个人也是群体，他们知道自己有最好的（一批）朋友，但也意识到有一个更大的集体，并认识到了所有同学之间的共同点。

魔豆中心的生日庆祝活动和对友谊的强调与我访问过的其他学校形成了鲜明的对比，这些学校的人口结构与魔豆中心完全相同。巨大的图表被命名为"无打架日"；它们显示了每个月每个年级的打架次数，包括托育中心——打架次数也很多。当友谊的价值没有在真实的活动中被频繁强调时，争吵便会成为孩子之间的关系的特征。

随后几年：歌与舞

大家都觉得生日庆祝活动进行得很顺利。但是，为了调动孩子们的兴趣，教师对制作生日礼物这一项活动进行了改动，在1995—1996年改为制作歌曲，而在1996—1997年则改为编制舞蹈。有些很有独创性，有些则来自孩子们学过的歌曲和舞蹈。为此大家进行了较为激烈的磋商：一些人想要押韵，另一些人则想插入他们在广播中听到的歌曲中的乐句，或者他们在电视上看到的一套舞蹈动作。创作一首歌曲需要花好几个小时的时间来试唱、交谈、辩论、哼唱、改写和进行更多的试唱，而选择音乐和组合舞步也需要同样多的时间。有些人用乐器为自己伴奏。无论孩子们创作什么，教师们都能为其作曲，孩子们不断地练习，然后进行表演。家长们会被邀请并参加生日庆祝活动。教师们把这首歌录制下来或把舞蹈拍摄下来作为每个孩子的礼物。

第四节 一种新的时间／空间范式

典型的学前教育课程以教案为基础。而瑞吉欧课堂上的活动以一种哲学为基础，其基石是如何利用时间和空间。时间和空间的交叉定义了课程。

时间结构化的学前教育

以下是一个典型的学前教育课程计划，以时间为基础，基于《全面学习》（*Total Learning*）的教材（Hendrick，1994，pp. 82–84）：

7:30—9:00　桌面活动，包括阅读有关婴儿的书籍；在天气允许的情况下，可以到户外玩一会儿。收集婴儿照片。

说明：本周的主题是婴儿，因为有一个家庭中诞生了一个新宝宝。

9:00—9:15　上厕所。

9:15—9:45　吃早餐。

9:45—10:15　故事——《好奇的乔治去医院》(Curious George Goes to the Hospital)；歌曲——《摇篮曲》(Rock A Bye Baby)；讨论一下当你还是个婴儿的时候是什么样子的；诗——《五只小猴子》(Five Little Monkeys)（过后，孩子们会在外面的床垫上蹦蹦跳跳）。

说明：必须得提到医院，因为有一个孩子即将做手术。

10:15—11:45　自由活动：医院和婴儿游戏（户外游戏，若天气允许），搭建积木，做沙拉，做面团，在户外玩耍。

11:45—12:00　上厕所。

12:00—12:30　吃午餐。

12:30—12:45　午休前准备。

13:00—14:30　午休。

14:30—15:00　起床后整理。

14:30—15:15　吃点心。

14:30—16:30　户外自由活动，包括玩水、玩童车和一般户外活动。

16:30—17:15　故事时间，安静游戏。一对非裔美国双胞胎的母亲向大家展示他们的婴儿书。

亨德里克（Hendrick，1994）将如厕、洗手和解散等日常活动列为过渡活动,并用唱歌或讨论来"推动过渡"(p. 83)。亨德里克建议说,"我们可以尝试一到两个星期的模式改变,如果改变不能解决问题,就回到以前的模式",并将困难界定为拥挤或在浴室里扭打,抑或是在集体时间里感到烦躁不安(p. 78)。要注意时间的划分、预定的讨论主题以及挑战性活动的缺乏。这样的时间表限制了选择且消除了自主性。教师选择主题、书籍、问题和访客。除了主题,没有什么东西能日复一日地延续下去。所传达的感觉是,教学是一项枯燥乏味的工作:"安排全日制教学中心必须考虑的主要问题是,由教师疲劳和倦怠而导致的课程单调和缺乏多样性"(p. 81)。

尽管大多数人都同意,以孩子的关注点和兴趣为基础的课程是激发学习的最佳途径。但事实是,大多数课程理念都是由教师选择的,因为他们已经有一盒可供使用的学习材料或……一本能够提供关于这个主题的很多想法的活动书。日常教学的现实迫使我不得不承认,有时可能必须要依赖这些一成不变的材料。(p. 64)

空间结构化的学前教育

与魔豆中心的一天相比较,这种模式的学前教育可能(或可能不是)看起来像索尼娅教师的笔记,由空间和持续的活动构成:

1993年12月9日,三十一名儿童出席。

大房间,晨会:

——琳达分享了她带来的节日用品。

——参加了会议,讨论了日期。

说明:考勤是两个项目中的一部分,一个是数字项目,另一个是关于友谊的包罗万象的项目(其中包括许多其他项目,如生日和留言),是学校的基石之一。

——回家给父母阅读备忘录。

说明： 这份给家长的备忘录是在晨会上宣读的，里面有前一天下午的家长教师委员会会议记录。所有的备忘录都会被读给孩子们听，被他们讨论，并经常被他们装饰，这是一种促进学校和家庭间联系的重要方式。

——期待泽维尔的生日。

说明： 期待泽维尔的生日是教师通过提高孩子们对彼此的认识和庆祝重要事件来发展友谊的一部分。

大房间：
——孩子们在街区、火车、房子以及化妆间中工作，并在桌子上画画。

说明： 街区、火车、房子、装扮和水坑都是孩子们自己选择的活动项目。除非孩子们想保存他们的建造物，否则这些活动很可能在当天早上开始并在当天早上结束。其他的活动则是从前几天开始并继续进行的项目。

实验室：
——泰瑞莎、罗纳德、保罗、泰莎和亚历克斯用材料和形状构建了他们关于环境的想法。

说明： 一个正在进行的关于形状的项目。

通讯中心：
——弗兰克、提阿拉、洛里安和蕾妮一起与温迪教师讨论了信息的意义，然后收集并阅读了他们的邮箱里的信息。

说明：信息是魔豆中心的核心，无论是从字面的角度，还是从象征性的角度来看（第六章）。

水坑：
——八人小组与吉尼特教师一起探索水。

说明：玩水的地方是需要监督的区域。

画室：
——孩子们制作生日贺卡。

说明：生日课程的一部分。

珍妮弗教师每天都坚持对上午的活动进行记录，其中记录着这样的信息：在幼儿进校前的例行晨会上，教师根据昨天的活动记录，讨论了每位教师将基于什么开始组织新的项目。

在这封 11 月 29 日致家长的信中，提到了"琳达带来的节日用品"，并请求家长帮助强化课堂活动：

我们想鼓励孩子们探究这个季节。您愿意帮助我们支持他们在家里找到能让他们想起这个节日的东西，并把这些东西带到学校来吗？例如：

装饰品	蝴蝶结	卡片	星星
贴纸	坚果壳	糖果棒	蜡烛
金箔	丝带	长袜	天使

请不要购买任何东西！我们只想要孩子们可以分享从家里带的小东西，而不会造成任何困难。通过带上节日物品，孩子们可以与周围发生的事情建立更多的联结，从而加深对现实的了解。

说明：教师试图让家长们了解学校里发生了什么以及为什么会这样，邀请他们参加各种活动，并尊重各个家庭的文化传统。

第一个时间表举例说明了一个典型的自由玩耍的幼儿园，这个幼儿园并没有令儿童兴奋并感到有挑战性的小组项目活动。相比之下，魔豆中心的活动不是预先计划好的，而是通过学校、社区或者文化中发生的事情生成的。当每一项活动与其他事物相联系时，时间就有了新的意义；它不是一件需要被填满或完成的事情。它是一种像胶水或纸张一样的资源，但更珍贵。空间也更珍贵：如果大多数儿童在主动独立地忙着某事，而其余的儿童则与教师一起参与项目，那么可以由他们自由选择的项目一定是非常吸引人的。

精心设计的空间

维娅·维基（Vea Vecchi，2002）说，典型的早期教育环境是"简化的、充满童真的以及模式化的"（p. 11）。来访者最容易理解的是瑞吉欧学校的拓展性、复杂性和独创性，以及孩子们在各种媒体上的丰富作品。这并不是偶然的，而是经过深思熟虑的有意决定的结果。在这些决定中，教师不断地优化空间，就像魔豆中心的教师改进生日程序一样。

在整个魔豆中心里，设计和选择是显而易见的，并且影响了魔豆中心空间的每个方面，包括材料存储、工作室布局、容器和活动材料的展示。每个空间都被设计得很细致，所以它吸引了孩子们，功能多样，并激发了不同的结果。计划和制作生日礼物增加了孩子们对学校的不同区域如何运作的了解，因为他们使用了整个学校的资源来制作礼物。每一件礼物都代表了在有高度意识的课程背景下产生的非凡工作。在这种课程中，其空间是精心策划的，时间是完全灵活的。"组织空间就是决定如何利用时间"（Lewin-Benham，2006，p. 18）。为聚会做准备能让孩子们敏锐地意识到时间——未来（日历所反映的）和现在（今天就要准备好礼物）。

第五节　意向式内容与意向式策略

研究证实了我们对魔豆中心的儿童成长的观察。他们的成长与基于维果茨基理论实践的研究结果一致。研究发现，儿童在认知、语言和社会发展方面有显著的进步。这项研究提供了：

有确凿的证据表明，一种背离了传统幼儿教育概念化的某些常规的课程模式，可能是改善儿童学习和发展的有效选择……弱势儿童在取得学业进步的同时强调游戏。(Barnett, Yarosz, Thomas, & Hornbeck, 2006, p. 26)

关于早期教育实践的传统观念是令人困惑的：它主张内容的深度，但规定了不相关的主题；它建议教师/儿童合作，但描述了教师承担主导者或旁观者的角色。在这一章中，我试图展示的是这本书中的主题是如何联结在一起的：瑞吉欧教学法的特征如何促进具有原创性、复杂性和创造性的非凡工作，以及技术——内容和教学——如何在高度关联的实践中呈现。我试图向读者展示内容是如何具有深度的，以及教学如何建立在合作的基础上。我试图向读者展示教师如何用他们的成人策略来鹰架儿童的兴趣，以及如何通过倾听儿童的声音、提出问题和精心安排对话来处理所有的事情，同时要求儿童做到自律。用玛格丽特·米德（Margaret Mead）的名言来说，能够同时运用这些策略的教师"可以提高对话的水平"。我的意思是，通过与儿童讨论和合作，以具体、真实的形式实现复杂的想法，从而强化儿童对大创意的热情。制作生日礼物的过程是一个有着无穷变化的内容领域。在这个领域里，教师利用儿童的大创意，并帮助他们将这些创意用复杂而熟练的结构表达出来。

第六章

信息制作——家长参与和读写的动力

儿童渴望交朋友。他们学习书写,以便发出信息。这些是重要的文件,它们被细心地书写着。

——洛里斯·马拉古奇(与戴安娜学校到访团的问答,1992年3月6日)

交流中心是一个非常小但尤为重要的区域,被安置在中心地带,在很多方面是魔豆中心的心脏。它的设计目的是产生与发送信息,它激励着儿童与生活中的每一个人进行交流。在1993—1996年,它逐渐发展为一个可以使用多种方式进行交流的地方,而信息传递仍然是其重要的功能。儿童向他们的朋友、家人、教师、可可、乌龟、我以及遍布这座城市和大洋彼岸的其他学校的儿童发送信息。本章中的瑞吉欧教育特色是家长参与,以及教学原则指向早期读写。

假如你正在阅读1994年初秋的文档记录,你就会知道儿童的交流——他们之间的友谊在不断加深。儿童通过友谊认识自己,并在思想与经验的分享中发现乐趣。你可以发现,友谊在对话、画作、相互制作和赠送的礼物中发芽和成长。你还可以发现,它们是进行大量的书写交流的媒介,有些则是为家人而准备的。

在这里,我将向大家呈现教师如何有意地通过信息来提高儿童的交流能力,并把家长吸引进来,以及信息的书写如何导向其他的交流项目。这些都来自交流中心的支持或在交流中心的背景下发生的。我描述了交流中心的设计如何支持其功能，以及信息的制作对于早期读写的重要性，这也是本章中的教学原则。

第一节 信息中心

信息在交流中心（见图6.1）的工作台上生成，有时也通过附近桌面上的打字机来生成。这些信息是为朋友制作的，儿童可以通过周围的显眼位置上的36个邮箱发送与接收信息。交流中心为读写提供了环境支持，并促进儿童早期读写能力的发展。

图6.1 交流中心

读写产生的背景

信息制作开始于1992—1993年，即在魔豆中心被重新设计并添加了交流中心之后。一开始，儿童就被交流中心吸引住了。它的设计使其功能显而易见。在职场上班的人可能会羡慕它：布满了一系列诱人的纸张和书写工具，所有能想到的涂改纸张的工具应有尽有，一切被布置得井然有序、唾手可得。剪刀、打孔机、压纹工具、多种多样的橡皮擦、卷笔刀被放置在一个区域里。量尺、模板、有特殊用途的尺子（如量角器）被悬挂在附近的钩子上。固定物件——角钉、彩色纸夹子、金色纸夹子、圆形夹子、小夹子、橡皮筋——被放在独立的箱子里。黏合剂在柜子上排列着——有各种各样的胶水、胶带以及双面可贴的标签。在距离地面60厘米高的墙上挂着记号笔——黑色铅笔、细签字笔、彩色细记号笔以及一批彩色铅笔。材料有多少种，其摆法就有多少种：有些容器被悬挂在工作台上方的格子里，有些容器则被单独放在工作台上；有些封闭的容器斜开着，有些有盖子，有些则有翻盖。所有的家具都使用了透明的有机玻璃，因此一切都是如此易见的，而里面的东西也很容易被接触到。收过信件的人都可以推测出交流中心的设计意图——那就是要跟你在乎的人，使用非言语的方式分享你的思想与感受（见图6.2）。

图 6.2 寻找信息

我们打算通过发送与接收信息来激发儿童在读写方面的兴趣。读写是脱离语境的技能，儿童常常意识不到自己的目的。远在儿童掌握读写技能之前，在交流中心里发送信息就为儿童提供了读写的目的。

信息制作的发展

交流中心的工作已经有 3 年多的发展了——从简单的礼物到各式各样的成熟的信息。其他活动也被有选择地引入交流中心，并逐渐扩大交流中心的功能。

学习发送与接收。最初的信息是纸上的简单标记，或者是一张折起来或揉成团的漂亮纸条。往别人的邮箱里塞某些东西或在自己的邮箱里发现某些东西，是一个激动人心的时刻。这也成为主要的吸引点。邮箱是不透明的，有容易打开的门。由于无法直接看到邮箱里是否有东西，儿童充满了期待。如塞奥拉所说："或许里面有给我妈妈的惊喜。"当发现礼物（如珠宝、精心绘制的画或引人注目的纸条）时，儿童会感到格外兴奋。

在最初的时候，教师会把儿童的口述信息写下来，帮助他们发现自己可以说出一些具体的事情。

泰瑞莎："我写下提阿拉的名字，并为她画了一幅画。"他们知道了信息可以被传送给某个特定的人。

亚历克斯："我给阿隆佐寄了一封信。我喜欢阿隆佐。"

学习传递思想。各小组在一位教师的带领下在学校里巡回参观，大家对每个区域进行逐一讨论，学习如何使用区域。在交流中心里，儿童并不只是把某些东西放入邮箱，而是会讨论这些中心是如何运作的。例如，有一个地方只有四把椅子，这意味着每次只能允许四个儿童在那里工作。在晨会上，教师会反复强调每个区域的功能和规定。下面我们来看看温迪教师在 5 月份邀请安吉拉介绍她在早上做了什么的例子。

> 安吉拉展示了一个封好的信封："这是我给布兰迪做的。"
> 温迪教师："你能否告诉我们你做了什么？"
> 安吉拉："是一张开心的脸。"
> 温迪教师："你为何不把它放到布兰迪的邮箱里？"

通过这样一日又一日的聚焦，儿童对交流中心的功能的印象逐渐变得深刻。随着时间的推移，聚焦点由发送的行为转向内容。与存、搜、找等单个的行为相比，决定发送什么是一项更加复杂的事情。这项事情对于成人来说是理所当然的，而对于儿童来说是新鲜的。在聚焦发送内容之前，对区域的功能与规定的熟悉会让发送与接收——交流发生的过程——更有意义并能更好地被执行。课程有时是超前的，而儿童的理解可能会滞后很多。在魔豆中心里有大量的重复，它会帮助儿童理解，并且不会让儿童感到乏味，因为它包含了持续不断的丰富多彩的活动。

对交流内容的扩展。 随着儿童的期待远远不止于读写信息，交流中心也形成了自己的风格。那些曾经在魔豆中心里待了3年的5岁儿童会察觉到信息在他们的友谊中的重要性。他们发现不同的信息表明了朋友的特别之处。同一批儿童与同一批教师共度3年时光有一个好处，那就是在某项活动中，理解可以达到某种杰出的程度，使友谊得以维持。例如，塞梅特里可以确切地知道她的朋友泰莎需要什么样的信息。一旦有陌生人睡她的床时，泰莎就没床睡；泰莎在极大的痛苦下报告了这样的情况。她的家人从未透露过这样的生活信息，因为尚在学前期的泰莎无法弄清楚或无法说出原因。塞梅特里理解泰莎的苦恼："我正在往邮箱里给泰莎放图画。我为泰莎画了一张床。她正一个人睡在这张床上。"这条来自充满洞察力又充满关爱的朋友的信息，表达了对泰莎的关心。

信息的制作对于成人来说是简单的，但对于儿童来说却不简单。首先，必须有激发交流的渴望的东西。接着，这种渴望必须被引导并转化为一种行动。行动是复杂的——理解你所要说的，选择说话的媒介，使用可见的形式来表达你的思想，把它传递给接收者。现代交流基于发送者与接收者的关系的复杂模型，此模型由研究信息交流的教授——科隆·彻里（Colon Cherry）建立。他在信息理论领域打下了特别扎实的基础。他发现，洞察力是交流的关键元素，其表现形式不是一个消极被动的过程，而是一组多样化的行为组合。通过这些行为组合，洞察者使自己的心灵与外部世界发生联系，这也是理解外部世界的过程中的一部分（1957）。通过使用多种媒介手段，学前儿童在交流的世界里进行了第一次尝试。虽然他们没有使用以下术语——洞察力、信息互换或心理定向，但事实上，他们一直都在忙于这些事情。

给家人发送信息

截至1994年12月初，邮箱已经爆满。为了给新的信息（信件或纸条）提供空间，也为了激发家长的兴趣，在某个星期五，三位教师给孩子们发了袋子，让他们把这些信息带回家与家长分享。教师与孩子们一起写了备忘录，要求家长与他们的孩子一起写一条信息，并由孩子将信息带回学校。在星期一，孩子们热火朝天地寻找邮箱来放入这些信息。一些儿童只给一个朋友写了信，一些儿童则给很多朋友写了信。在星期二的晨会上，当教师朗读所有的信息时，长时间的谈话发生了。塞梅特里说："如果你给我写信，我就给你回信。"她表达了许多孩子即将理解到的内容——书面上的信息会引起某些事情的发生。一项蒙台梭利活动就是这样的——你递给一个孩子一张折起来的小纸条，上面写着：喂鱼或给我一个吻。这会引起他们的惊喜时刻（"啊哈"时刻），因为他们发现原来无声的抽象符号可以引发大的行动。意义在于这让儿童知道了书写的功能，也就是说，他们的书写可以让某人做某事或感觉更好。

记录信息制作过程

一块展板展示了信息制作的流程,把复杂的任务拆分成多个小步骤:创造信息(有时会制作一份礼物),使用合适的信封来装信息,寻找接收者的邮箱,然后偷偷地或公开地看接收者有何反应。奥蒂斯如此描述:"我在这里写了安东尼的名字,我把名字贴在信封上,现在我把它放入他的邮箱,这样他可以找到它。"

另一块展板展示了信息是如何流动的。照片显示,一位接收者正在要求发送者读信息。在解读信息的技能方面,儿童的速度与方式具有明显的差异性。有些发送者可以很准确地记得他们想说的,有几个孩子可以真的读出书写的语句。有时会存在这样的情况,接收者与发送者都看不懂信件而不得不求助教师。有时,一个儿童会在晨会时间将信息分享给全班同学。部分儿童对此参与最多,信息传递成了某个小组的固定项目。通过这些展板,你可以看到交流中心的确成了忙碌的人际交往中心(见图6.3)。

图 6.3 被信息覆盖的墙角

当孩子们注意到情人节是一个发送信息的节日时，每个人都在这一天为自己的朋友制作了卡片。信息的交流之路不断延伸（就如网络一样），最后形成了一系列丰富多彩的项目。

探索传真

在 1994 年 12 月中旬，拉维利塔的孩子们发送的传真到了。在电子邮件时代之前，传真曾经是最先进的即时通信工具。来自意大利的信件可能需要花费数周时间才能到华盛顿，这样长的时间往往会导致滞后的结果。由于两所学校里都有传真机，在阿梅莉亚到达的当天，她要求意大利的孩子们给华盛顿的孩子们发送传真，并且介绍了这种交流工具。传真里满是绘画、故事，回应了魔豆中心的孩子们的问题，同时向我们提出了新的问题。这为大家提供了一个学习新媒介的机会。当读到意大利的孩子们所描述的活动与我们的活动相似时，我们都非常激动。传真向我们传递了每天他们如何清点与记录到校的孩子的信息，他们还描述了熟悉的游戏，并且两所学校都在制作节日日历。我们也发现了不同之处。意大利的孩子们所提到的午餐常规引起了魔豆中心的孩子们的兴趣，由于不了解学校里的厨房，孩子们问："厨师是什么？"

拉维利塔的孩子们探索了传真，自己总结了传真机的工作原理，并把这些原理详尽地画了出来。魔豆中心的孩子们也依样画葫芦。五个孩子总结了传真机的工作原理。五种不同的原理出现了，这引出了很多的问题。孩子们决定向阿梅莉亚寻求帮助，并且制作了一份问题清单。阿梅莉亚建议孩子们自己问拉维利塔的孩子们。孩子们很喜欢这个建议，他们对于在预定的时间在传真机前等待回复感到激动无比。

在节日之后，由于孩子们对传真机依然感兴趣，珍妮弗教师和索尼娅教师向孩子们读了他们自己提出的原理，并和他们讨论如何将其画下来。这是一个挑战——这是魔豆中心的孩子们第一次尝试将原理以图画的形式呈现出来。孩子们认真地倾听彼此的想法，并做出评论，当有人被困住时提供建议。

巨大的挑战使孩子们产生了浓厚的兴趣。他们知道有意义的活动与用来打发时间的活动之间的区别。他们理解其他人在自身的文化中所重视的是什么并对此给予尊重。当他们开始画的时候，激烈的讨论还在继续，有人提问，有人回答，孩子们根据他人的回应进行建构。这样的结果就是，他们所画的内容比以前更加详尽了，体现为令人惊喜的电缆、纽扣、面板等。教师把两块之前关于信息的展板撤下来，换上了有关传真的记录。

社会性建构知识

画作可以成为"讨论的平台……它可以帮助儿童建立一种共同的参照物，这会帮助他们重新审视自己的错误想法"（Forman，1992，pp. 186–187）。瑞吉欧学校的教师会组织孩子们就他们的画作进行经常性的、持续性的对话。通过这些讨论，孩子们和教师可以检查词与画之间不一致的地方。教师会让孩子们重新解释三维模式的画作，这是一种让孩子们发现差异的方式。举个例子，阿隆佐在将一个巨大的 3D 恐龙雕塑转化为同样比例的画时，他多次遇到了绘制尾巴的大小和形状等细节问题。在珍妮弗教师的帮助下，他审查自己的尝试并不断修改画作，直到正确为止。这充分体现了"一个非常小的孩子愿意不断地迎接复杂项目中的挑战……这在教师看来是一个很重要的学习过程"（Lewin-Benham，2006，p. 126）。

有时孩子们的错误想法由自己纠正，有时由小组里的其他人纠正；有时不一致的问题仍然存在，孩子们需要继续体验或讨论。小组里的对话是这类关键思考的推动因素。像孩子们关于传真机工作原理的总结等经验，可以帮助魔豆中心的教师学习社会性建构知识的相关技巧。

第二节　交流在扩大

在 1994—1995 年，孩子们通过在交流中心里创作书籍、写明信片，练习了信息的制作，加深了他们的关系。他们对邮局进行了调查，以了解信件被如何处理。交流中心的工作开始扩大了。

开始新的关系

在 1994 年 12 月，发生了一件令人惊喜的事情：来自乔治城走读学校的三年级学生，实现了他们的社区服务承诺，为魔豆中心编写并绘制了 58 本书，其中的一本书是为每一个孩子量身定做的，其他的则被放在教室的图书角。孩子们立马想知道关于作者们的更多信息，因为这些作者似乎认识他们。一段新的关系建立起来了。在他们的感谢信中，孩子们问到书籍是如何制作的。当三年级学生的 60 小时的社区服务圆满完成后，珍妮弗教师重新制作了一个关于书籍体验的展板。

孩子们渴望早点与乔治城走读学校的学生会面，这些学生就在附近，不像拉维利塔的朋友们那么遥远。他们想出了很多给这些三年级学生惊喜的主意。这样的交流激发了魔豆中心的孩子们为乔治城走读学校的三年级学生们制作书籍的兴趣。这样做的意义在于，孩子们正在扩大他们对书写的使用。一些孩子让教师或他们的朋友帮忙代写，一些孩子则自己写——根据发音写出不规则的图形类字母，就像学前儿童刚开始书写时一样随意地放置字母。这次的书写活动引发了一系列的子活动——研究形状、在家里收集字母表上的字母、给像字母的物品拍照、使用蒙台梭利砂纸字母板上的字母与可移动字母——值得注意的是，这些活动都是信息制作的自然延伸活动。在这样的环境中，当孩子们看到书写的过程并理解其重要性的时候，他们就会自发地开始书写。在魔豆中心里，孩子们不仅看了书写过程，也亲身参与了书写活动。

写明信片

阿梅莉亚·甘贝提、佐瓦尼·皮亚泽和拉维利塔的教师从意大利寄来明信片，我在旅游的时候会寄去明信片，教师们在度假的时候会寄来明信片。在交流中心里，为了营造一种氛围与环境，教师会把所有的明信片放在一个透明的信封里，然后挂起来，让它们容易被看到或拿到。当教师像往常一样倾倒这些明信片的时候，孩子们获得了另一种书写交流的经验。他们特别想知道：这些明信片是如何到达学校的？

在交流中心里，教师通过增加明信片写作活动来回应孩子们的好奇。现在，孩子们可以在学校里给家长寄明信片，这是一种让家庭参与的新方式。因为孩子们一直以来都是明信片的接收者，教师觉得他们也应该成为寄送者。此外，空白的明信片会以包裹的形式寄到各家，使孩子们可以在假期相互寄送明信片。备忘录中说明了这些明信片将会使孩子们继续他们喜爱的活动，同时通过另一种方式发展友谊——接收与寄送邮件。假期结束后不久，孩子们把他们收到的所有明信片带到晨会上朗读。孩子们的反应是热烈的。每一个孩子都在回忆着写明信片与收明信片的激动时刻。寄明信片成了大家喜爱的活动并开始流行。教师为孩子们准备了更多的空白明信片，以供他们在另一面进行画画。消息一传开，孩子们就开始忙于给自己的家人、朋友寄明信片了。

但是最主要的影响确实是令人始料不及的：这样的体验激起了孩子们的巨大好奇——全园性的——关于明信片是如何从这间屋子到达另一间屋子的。在一次讨论之中，四个孩子很想知道，当信件被放入邮箱之后会发生什么（我们其实也不知道！）。孩子们在墙角制作了运送信件的交通工具。这引发了一个大的项目——信件是如何被传递的——接着就是关于文明社会的复杂支持系统的体验。

获悉地址

2月初，在和交流活动没有联系的背景下，温迪教师正在组织游戏来帮助孩子们学习关于地址的知识。有一天，亚历克斯突然发现他们正在学习的关于地址的内容与他们接收到的明信片有关系。正是这样的灵光乍现，让大脑将之前互不关联的东西突然联结了起来。他捕捉到了寄明信片与在明信片上写地址之间的关系。他的激动也引起了活动中的一阵"忙乱"——孩子们立即为温迪教师准备明信片来写地址并寄出去。教师们对此相当重视，温迪教师与八名年龄最大的孩子一起开始写明信片、画明信片并写上地址寄到朋友们的家里。这个活动持续了一整个月。

同样在2月份，孩子们需要一个地址来实现另一个目的——他们要为学校里的录音机与照相机的捐赠者写一封感谢信。他们进行了一次长对话。

温迪教师指着一个地址："这个告诉我们什么？"
阿隆佐："邮递员看了它就知道要把它拿去哪儿了。"
夸特莎："我觉得只是给别人看的文字而已。"
温迪教师："在第一行中，你们可以发现什么？"
夸特莎："或许是魔豆中心或蕾妮的名字。"
德马科斯："这很容易，好像是美国华盛顿特区东北第二大街904号。"
阿隆佐："不，德马科斯，华盛顿特区在底部，因为那是我们住的地方。"
温迪教师："这些数字告诉我们什么？"
阿隆佐："这些数字和房子上的数字是一样的，这样邮递员可以把信件送给你和邻居们。"
温迪教师："什么是地址？"
提阿拉："当你打电话给别人时所需要的。"
夸特莎："不！地址是写在信上的，当我写信给蕾妮时就是这样的。"

这些对话显示了孩子们所知道的事情并不相同。对话告诉教师有关孩子们所知道的大量信息。对话一结束，他们就立即写明信片或写信给他们的妈妈。夸特莎说出了许多孩子的心声："我喜欢给妈妈写明信片，因为她在收到这张卡片时会很惊喜。"他们学习地址的知识是因为他们需要用到地址，而不是因为预设课程中的"专横的"单元内容。

更长的对话不断发生——具体包括：地址应该写在哪里？什么是回寄地址？什么是邮递区号？什么时候使用"美国"？邮票是干什么的？邮票的费

用是多少？提阿拉认为邮票的费用是 5 万或 50 万美元。阿隆佐认为是 500 美元，德马科斯觉得是 30 美元。大家都正确地推断出寄信比寄明信片更贵，因为信件更大一些。关于量的概念与项目的费用在幼儿园里很少被展开谈论。至于街道、城市、州、国家的等级划分也是常常令 4—5 岁孩子困惑的。

书写的发生情景在不断地扩大。与此同时，温迪教师正在玩一个发音游戏，游戏中使用砂纸字母板，听写简单的单词，让孩子们用可移动字母拼读出来——这是蒙台梭利方法中的一种，用来教孩子们将字母与发音联系起来，这是特别关键的阅读技能。这些与情景紧密相连的技能发展体验为孩子们的读写能力发展提供了强大的支持。

访问邮局

1 月 5 日。十二个孩子与索尼娅教师、吉尼特教师以及一位实习生一起步行到邮局。最直接的目的是给阿梅莉亚寄一个包裹，最关键的目的是搞清楚邮局是如何运转的。步行本身也是特别令孩子们激动的事情：经过了中央车站，横穿了北国会大厦街。这些道路交通繁忙，其中的一些街道还经常堵车，可以看到邮车在此往来。位于美国国会大厦附近的邮局是一幢了不起的历史建筑，有壮观的正立面、大理石地板、精致的黄铜邮箱、装饰华丽的带黄铜闩窗户，长长的排队队伍的后面有一位工作人员在为大家服务。

孩子们观察到了这一切，并就这些邮箱与学校邮箱的不同之处进行了讨论。他们使用了测重计，这是一个体积巨大的黄铜物品。一位邮局的工作人员看到了孩子们的激动之情，邀请他们到其工作的楼层参观。这是邮件收集、分类、派送的地方，工作人员竟然还让孩子们分类邮件！孩子们将寄给阿梅莉亚的包裹放到那个即将开启意大利之旅的箱子里。在离开时，孩子们带着无比激动的心情争先恐后地来到归类桌前收集各种表格——挂号信通知、认证信标签、邮寄收据——这些是政府确保信件被完好处理的措施。

到周五的时候，教师已经知道了哪六个孩子对信件收发系统最有兴趣。索尼娅教师召集这些孩子一起讨论如何使用他们收集回来的表格。她给予孩子们极大的关注，引导孩子们的想法，并对每一个表格的用处进行了详尽的解说。如果幼儿的体验被移去，这些表格还有什么意义呢？索尼娅教师关于表格的严肃讨论是意向式教学的一个标志，然而在其他的教学实践中，这可能会被轻易丢弃。

在周一，在这十二名访问过邮局的孩子中，有七人画了这次的外出之行。宝拉画的是孩子们手挽手步行的场景。泰莎画了去往邮局的地图。奥蒂斯画了自己、伙伴亚历克斯以及邮局的外观。亚历克斯从一辆公交车开始画，虽然后来重新开始，但给街道增加了树和雪。安吉拉画了两幅图：邮局与贴了邮票的信。塞梅特里画了邮箱以及给阿梅莉亚的包裹。泰莎画了大的和小的邮箱，并附有评论："这样，他们就可以收到邮件了。"安东尼画了他们寄邮件的情景以及一位邮差小姐。五个孩子画了完整的过程——写、寄、分类、打包、运输。由于对体验充满好奇之情，他们一边画，一边不断地谈话，描述他们对邮局运作、邮件运输的理论解释。教师与孩子们组成小组，讨论两种表达模式（口头表达与图解表达）的相似点。其中有几个孩子想再访问一次邮局。他们的问题与观察更加具有针对性，他们在周五晨会上的表述更加详细了。

孩子们开始发现其他的学校体验是交流的不同方面。例如：一张来自珍妮弗教师的明信片在1月底到达，孩子们小心翼翼地把它放置在交流中心里的透明罩下以确保其安全。成人对待明信片则比较随意或干脆直接丢弃。对于魔豆中心的孩子们（现在是热心的明信片写作者）来说，明信片意义非凡：由某人写的，就好像明信片是他们自己写的一样；由一位他们所关心的人寄送，而这个人同样关心着收件人；在一所特别的建筑中寄出；经过一段充满复杂过程的旅途并正在被打开。

孩子们通过各种活动，积累了许多联结学校、家庭、社区以及国外的信息。每一条信息都涉及制作、使用、解读书面信息的不同方式。

第三节 想法越来越多

交流中心里还有其他的工作。孩子们一整年都一直在收集字母表上的字母。这些会在他们所制作的信息中呈现出来。对邮局持续的兴趣也促成了一次访问，这个访问来自弗兰克的父亲，他是一名邮递员。

使用字母表上的字母

五个孩子参加了字母项目，他们剪下杂志图片并用合适的字母制作标签，这是当年对字母给予重大关注的一项活动。孩子们在家里把报纸、杂志、信件上的字母剪下来，然后带到学校并以不同的方式使用。教师在交流中心里增加了装满字母的广口瓶。在讨论如何使用这些字母的过程中，孩子们决定使用它们来为朋友制作信息，这是一项在交流中心里开展了3周的新活动。在12月，一组孩子在与吉尼特教师一起工作时，突然想到了一个新的主意——他们可以用这些字母制作单词！他们决定制作出以26个字母开头的不同的单词。这引发了儿童对朗读单词、寻找字母、图解单词的巨大热情。教师将结果拼装成一本图画词典。如在第四章中提到的，魔豆中心的孩子在开始的时候缺少基本的语言技能。他们自发地以用字母制作单词的行动表明了其早期读写技能的出现。

访谈一位信件搬运者

3月4日。在一次关于邮局之行的对话中，温迪教师得知弗兰克的父亲泰勒先生是一名信件搬运者。当她问到是否希望泰勒先生来魔豆中心的时候，孩子们都相当激动。夸特莎建议通过写信来邀请泰勒先生，他们在那天也确实付诸了行动。

3月18日。弗兰克的父亲来了。他穿着制服，带着邮递麻袋。七个孩子相当正式地引领他到饭厅，又引导他在饭厅前的椅子上落座。他们在他的面前围成一个半圆形并开始采访。他们采访的问题包括他们想到的有关邮寄过程的各种问题,也包括温迪教师为本次采访所准备的问题。温迪教师的手里有这些问题,但孩子们并不需要提示。孩子们热切地提问,泰勒先生也像孩子们一样热切地回答。孩子们了解到,泰勒先生每天会访问 350 栋房子,这需要花费 4 小时 35 分钟。他吃午饭需要 30 分钟并休息 10 分钟。德马科斯问他是如何知道每个人住在哪里的,以及他是否使用飞机。夸特莎问他是否会递送小狗狗。泰勒先生解释道,他本人不递送小狗狗,但是邮局可以递送动物。他在送件的过程中给一所高中递送过青蛙、蟋蟀、小昆虫。夸特莎继续追问道:"那猫呢?"泰勒先生回答:"猫可以通过特殊的卡车递送到你家。"而在回答德马科斯的一个问题时,他认为邮局并不递送马匹。在夸特莎问到他是否会背痛、肩膀酸时,他回答道:"是的,我的踝关节扭伤过,背也会痛,你所说的症状我都有。"

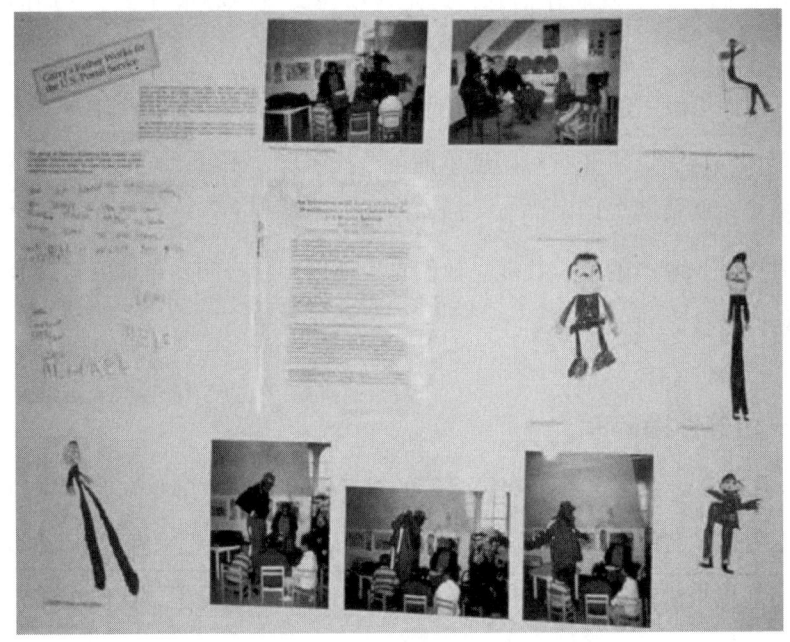

图 6.4 记录一次深刻体验

当德马科斯问到他是否有口罩时,他回答道"有",并为没有将其带来而道歉。德马科斯问他是否在冰块上滑倒过，夸特莎问他是否曾经戴着头上的那顶帽子撞过头。德马科斯问他是否给自己家递送过邮件。他们都想知道是否他必须一直与邮件在一起。回答是肯定的。他们热切地想知道一切事情。所有的孩子都试戴了泰勒先生的帽子，并尝试搬起他的邮递麻袋。弗兰克很开心！十天之后，春假过后，六个孩子为泰勒先生画了肖像画并以此作为对泰勒先生到访的感谢与记录。

第四节 信息随处可见（1995—1996年）

在开学的头一天，教师在每个返校生的邮箱里放了一条信息。这些返校的孩子也决定为即将到来的新生制作信息，以给他们带来惊喜。说干就干，制作信息的活动立即开始了。基于过去的经验，交流中心被赋予了生命。

信息制作的逐步发展

9月29日，在第一次家长会上，孩子们为他们的家长制作了信息，并以此作为惊喜。二十七位家长出席了家长会。对此，教师归结出几个因素：有消息传出，这一年学校的学位不够且有了一份排队名单。过去一学年中引导家长参与的巨大努力在继续。家长现在知道魔豆中心不仅仅是托儿所，更是一所学校。

和以前一样，教师通常这样开始新的一年：和不同小组的孩子一起参观学校，讨论具有特殊限制性的区域（比如乐高、积木、火车区、娃娃家和角色扮演区，实验室与幻灯片台）。今年，年龄较大的孩子们带领大家讨论区域的安排。蕾妮（5岁）问教师："当我们第一次来这里的时候，您是否也得教我们一切？他们什么也不知道。"他们花费了差不多30分钟的时间来介绍交流中心。返校的孩子告诉新生，每次那里只能去四个人，并且对材料做出了解释。当看到新生找到自己的邮箱并取回自己的信息时，他们很激动。打字机引起了一场孩子们就其功能以及谁是操作者的长对话。年龄较大的孩子们介绍了展板上关于他们与意大利的朋友们交流的活动记录，这种交流现在已经成为一种惯例。

10月28日。魔豆中心为低年级的孩子们举办了一次派对。目的在于保持友谊，支持其顺利地从家庭向公立学校过渡。孩子们准备了惊喜：一面写有信息，另一面贴有纸花的卡片。教师仍然带领小组参观环境，使新生加深对每个区域的理解，以及了解里面的资源。

11月4日这周。教师再次聚焦于交流中心，讨论其内容，如何使用它们，以及为什么使用它们。他们也悬挂了关于打字机的展板。

被交流环绕

孩子们在交流中心里的工作兴趣从未减弱。最具社交活力的孩子们知道交流中心的使用会促进他们与朋友的交流。其他孩子则使用交流中心来支持种类繁多的项目。他们利用交流中心的资源制作生日贺卡或其他贺卡、画画、制作礼物，从而拓展了交流中心的功能。当他们在工作室里创作织品时，他们使用交流中心的胶水来将织品粘贴到卡片上，使用书写材料制作信息，寻找信封来装所有的东西。交流中心的作品规模与其空间和材料相匹配——小而复杂，通常不超过52平方厘米，这与他们在工作室或其他面积更大的区域里所做的大规模作品形成鲜明的对比。

在这一年里，孩子们会自发地在每天的晨会上带来他们所制作或收到的信息。关于友谊——信息制作的重要促进因素——的对话变得越来越复杂：如何知道某人是你的朋友？你能为朋友做的事情是什么？友谊是如何发展的？为什么友谊会如此发展？他们发现和从未谋面的人（如意大利的孩子）也可以成为朋友。加莱萨说："我喜欢塞梅特里，因为她让我经常大笑。"她捕捉到了友谊的精神。孩子们就友谊进行画画，并相互分享画中的故事，解释他们的概念与意见。随着交流中心的作用的扩大，孩子们的口头表达技能也得到了提高。

4月末。很多孩子给正在医院中接受手术的蒂莫西制作慰问信息。在

5月，孩子们决定在最近制作的巨大的布谷鸟雕塑（见第八章）上悬挂信息，一项规模巨大的信息制作项目开始了。这个雕塑表达了他们对下个秋季即将到来的新朋友的热烈欢迎。悬挂在上面的信息表达了他们的友好。

6月9日。一份来自拉维利塔的朋友们的告别传真到了，传真中描述了他们的夏天计划以及他们下一年将在哪里上学。加莱萨问他们是否和我们一样有一年级。她与年龄稍大的孩子们推断，他们的意大利朋友将会与他们相会，因为他们都要上一年级了。在这一年的最后一次晨会上，他们写了一封信，表达了对意大利朋友的祝福，希望他们的冒险之旅顺利，并表达了对他们的想念之情。

许多从魔豆中心毕业的孩子们在一起度过了3年的时光，因此，他们有许多的回忆——他们是如何改变的，他们对开学第一天的记忆，他们当时与现在的感受有何不一样。这些回忆会成为这一年的最后的信息——作为学校送给他们的毕业礼物。

第五节 精致的空间

交流中心占据的空间相当小。它只包括三个不同的区域：工作台、摆有打字机的桌子、邮箱墙。这些空间都是挤出来的——左找右凑、敲敲打打而成。当我说"小"的时候，指的是工作台柜子只有60厘米深，长度只够摆放四把椅子。物品的布置因地制宜，如果邮箱再深一点，它们就会延伸到进入大房间的门口了。我们缩小了门套线，把护墙板移去，从而让空间最大化。与其说是远见，不如说是幸运，交流中心确实位于学校中最繁忙的区域。我选择了这个空间，并没有考虑到交流中心的功能，只是因为这些功能可以紧密地结合。

一切事物都具有美学意义。这些柜子与格子是白色的，存放的材料色彩多样、色调优美。在格子的下方以及桌子的后面排列着小容器，里面装有供粘贴的有趣的物品。交流中心起初的功能重点在于交流，不在于制作物品。

为了支持孩子们日益复杂的工作，交流中心的功能也在不断地扩展，闪光小圆片、羽毛、珠子等物品被添加进来。

最初储存的物品包括孩子们标记的照片缩印本、黑白照片和名字。在察觉到交流中心具有提高孩子们的读写技能的潜在功能后，教师增加了30多个小广口瓶，里面装有从杂志上剪下来的字母与数字，还有孩子们反复问到的、不同尺寸的、具有漂亮字体的单词。每天教师会查看交流中心是否保持条理性，并经常补充材料，纸张和其他易消耗的材料的多样化使孩子们的兴趣高涨。在设计之前，我已经充分考虑了各种可能性，但事实上——不论是孩子，还是教师——都远远地超出了我的想象。

第六节　情境学习

交流中心所在的学校的交流渠道特别通畅。备忘录、信件或通知都会被定期寄给家庭（有时隔天，有时更频繁，通常每周三四次）。备忘录涉及孩子们的实质工作，而不是行政事务——这些信息包括班上发生的事情、寻求的帮助或材料、特定孩子的项目。孩子们在备忘录上的装饰也大大地吸引了家长的关注。

记录展板反映了交流的情况。有些展板包含了不同类型的信息的例子。有些展板则呈现了孩子们写给彼此的信息、制作信息时的照片或对孩子们寄送与收到信息时的反应的描绘。每一个人——家长与孩子们——会研究这些展板上的内容（见图6.5）。原因可能是孩子对他人的信息有些好奇，而家长在看到自己孩子的作品被公开展示时都会感到高兴。马拉古奇觉察到：

儿童要求我们注意他们的个人生活史以及其家人的生活方式。这也是我们一直尝试让家庭参与的原因。比较家庭参与和不参与，教育成就截然不同。（L. Malaguzzi，与戴安娜学校到访团的问答，瑞吉欧·艾米利亚，1992年3月6日）

第六章　信息制作——家长参与和读写的动力　　143

图 6.5　家长们正在研究交流中心里的信息

教师学习对每个项目中吸引家长参与的可能性进行思考。他们向儿童询问其家长想了解的内容或如何可以帮助到其家长，并在与儿童一起写的信件中使用其提供的建议。在交流中心里，孩子们通过画画、使用装饰品来装饰他们的信件。瑞吉欧教育工作者认为，家长需要知道一切的事情，包括我们为何需要他们、我们怎样需要他们以及他们是非常重要的。用阿梅莉亚的话来说，就是"一个没有家长的学校就如一个没有手臂的躯体"（A. Gambetti，MELC Day presentation，1993）。"当家长对孩子们的情绪感到敏感并及时回应的时候，孩子们的社交能力会更强并展示出更好的交流技能"（Weiss，Caspe，& Lopez，2006，p. 2）。每一条给家长的信息在被寄送之前都会被读给孩子们听。因此孩子们知道信息是什么并可以帮助制作信息，他们会坚持："读这个位置上的信息！""看！阿隆佐画的！"家长无法提供帮助，但是他们可以读这些信息。除此之外，孩子们别无他法！

第七节　非凡工作

马拉古奇对学校与家庭之间的交流（不论是由教师发起的，还是由儿童发起的），所建立起来的儿童、教师与家长之间的关系，有着较透彻的理解。

教师……对于儿童在学校中不断发展的经验，必须寻找交流与记录的方式。他们必须准备扎实且有质量的、针对家长的、持续稳定的记录，这些记录也会受到儿童以及教师的赞赏……我们认为，这些会给家长一个高品质的认识，这个认识会确切地改变他们的期待。他们会重新审视自己对家长角色的假设以及关于儿童所进行的体验的看法，并对整个学校的体验有一个全新的、更加好奇的关注。

对儿童来说……记录……让他们更加好奇、感兴趣与自信……他们知道他们的家长在学校中感到舒适，当与教师在一起时感到舒坦且知之甚多……

最后……家长与孩子一定会发现教师们做了多少工作……他们是多么善良地把自己的烦恼隐藏起来，加入孩子的游戏，并承担起责任……他们看到了这样的世界——在这个世界里，人们相互帮助。（Edwards et al., 1993, pp. 63-64）

在过去的很多年里，我一直在孟菲斯的市区学校教一、二年级的学生。很多学生强烈地想表达自己。他们缺乏用语言表达思想的经验，也缺乏可用来表达思想的语言。当他们通过重复的方式掌握了写作的方法时，却无法轻松地清晰表达，而在被要求写出任何最基本的想法时，有些人会感到很困难。他们的社区几乎与魔豆中心的孩子们所处的社区一样——贫困、犯罪率高，有许多单亲家庭，有些家庭中有四个6岁以下的孩子。

魔豆中心儿童的信息制作见证了他们的信件如何有力地让家庭参与到学

校之中。信息制作充分体现了对友谊的有意关注、浸入式口语表达、读写能力情境化等教学实践所产生的结果。假如与那些自由放任或按部就班的教室里的儿童进行比较，魔豆中心的儿童的成就会相当耀眼——我在我的邮件中寻找的是猫，而不是马。

第七章

孩子们和乌龟的友谊：
一个记录实例

> 记录……作为一种可视化的倾听……作为对痕迹的建构……不仅见证了儿童的学习路径和过程，它也让儿童的学习路径和过程真正成了一种可能，因为它们是切实可见的。
>
> ——卡丽娜·里纳尔迪（2006，p.68）

乌龟的故事发生于1994—1995学年。有人在9月时送给我们一只乌龟，它在接下来的几年里一直陪伴着孩子们的生活。这是一个关于永恒的友谊的故事。在本章中，我展示了这份友谊是如何发展的，在这个故事中瑞吉欧的记录是如何体现的，以及学校的环境如何支持具有创造性、复杂性和原创性的非凡工作。记录与评价的关系是本章要阐述的教学原则。对6岁以下（甚至超过6岁）的儿童进行标准化测验的评估方式是不恰当的。真实性评估的方法会更好（涉及教师笔记、录音、照片或录像、完成工作的样本）。本章解释了如何使用记录来创建对儿童发展的真实性评估。

第一节 故事

没有人考虑过养乌龟。它竟然就出现了。还好学校很包容，所以当教师们看到乌龟令孩子们很兴奋时，很快就接纳了它。

乌龟来了

一个来自选项学校（Options School）的学生把一只乌龟带到了中心，选项学校是位于魔豆中心大楼里的一所初级中学。乌龟并不庞大，但比宠物店里出售的普通红腹彩龟大得多，令人印象深刻。它被送来的时候正好是晨会时间，教师们把乌龟放在孩子们围成的圆圈中间。孩子们笑得很开心，但也有人因害怕而哭了。乌龟对这些噪声感到困惑而转过身来。教师们拍下了这一刻（见图 7.1），因为他们的手里有一架照相机，他们几乎总是带着照相机。如果没有这样做，教师们会错过学校生活中许多需要记录的重要时刻。

图 7.1　当天晨会上的乌龟

教师与孩子们进行了短暂对话并做出一个决定——给乌龟提供一个又大又结实的盒子。就这样，放在盒子里的乌龟被送到了工作室，这也就成了乌龟的家。从那以后，每天早上会有不同小组的孩子们去看它。接下来是持续了几天的观察，一位教师加入了他们的谈话。看着乌龟缩进壳里，孩子们开始讨论它的感受。在课后会议上，教师们回顾了对话的笔记，认定孩子们最关心的是乌龟会吃什么。

  斯特凡:"它要吃它的食物。"
  利兹:"它想吃汉堡包!"
  凯文:"它还吃苹果!"
  玛丽:"它在伸舌头吃东西。"
  威利:"我们尽量喂它草。"

  孩子们知道乌龟必须吃东西才能活下去,于是他们开始带食物——一根胡萝卜、一片芹菜叶,后来还有孩子带来一个苹果、橘子或一点汉堡包。凯文带了松果给乌龟玩,其他人带来了草和树枝以让它躲在下面。有时他们不脱外套就直接跑到工作室,有时他们坚持让父母来。乌龟和孩子们之间建立起了深厚的友谊。

  教师们问一组对乌龟特别感兴趣的孩子是否想进一步了解更多关于乌龟的知识以及在哪里可以了解到。他们立刻说:"图书区!"教室里有一个图书区,它有着颇大的空间、舒适的座位和大量的书籍——小说或小说体裁以外的书籍。每当孩子们有新的兴趣时,教师们会借公共图书馆的书来补充他们的藏书。几天来,温迪教师和孩子们翻着书,读任何引起他们兴趣的书,孩子们甚至要看图书区里的所有书目。由于仍然想了解更多,他们去了几次公共图书馆,了解到很多关于乌龟的东西。

  教师们在一个大的记录展板上展示了这些"第一次"的经历:九张照片展示着乌龟的到来和孩子们看它待在盒子里的瞬间;一张照片展示着植物园的地图,植物园是一个深受欢迎的户外旅行地点;五张照片展示着孩子们在植物园里观看野生动植物;三张照片展示着孩子们正在通过幻灯片回顾这些经历;两张照片展示着乌龟正在吃东西。展板上还有威利画的精彩的乌龟画,以及凯文画的具有尝试性的铅笔画(下方的文字注明着"第一个图形表达")。展板上还有一个透明的信封,里面有孩子们关于乌龟的对话记录,它们由教师们记录并逐字打印出来。儿童的社会发展以及语言和绘画能力可以在记录中看到。

重点：友谊

在魔豆中心中和在生活中一样，事情的开始和结束很少是清楚的。以前的想法后来才出现。所以，其他的活动（比如蝴蝶和友谊）就和乌龟的活动整合在一起了。9月份，一群孩子制作了蝴蝶并把它们悬挂在风铃上，将它们包装好送给新朋友作为惊喜，这些新朋友就是陆续入学的孩子们。在每一个项目中，他们工作所需的信息都是通过大量搜索关于真实蝴蝶的书籍来获得的。

9月20日，星期一。蕾妮用水彩颜料画了蝴蝶，泰瑞莎和布兰迪在周二加入了她的行列。上周五，他们用评价性眼光看了看他们做的东西，决定制作更多的蝴蝶。那天全班同学都在考虑如何让即将到来的朋友感到受欢迎，这是他们经常讨论的话题。当孩子们和珍妮弗教师一起在学校里探寻如何挂上蝴蝶时，他们发现了两把日本纸伞。当新朋友到来时，所有的计划变成了向新朋友介绍材料、探索材料，最后以发现惊喜告终。最大的亮点是拆开悬挂的饰物，物品太大，以至于需要很多条薄纱和两位教师的帮忙才能挂起来。孩子们的激动是显而易见的。蝴蝶，从字面上来看，是在空中的[1]。因此，这成为乌龟项目的组成部分也就不足为奇了。

一场表演：乌龟、蝴蝶和月亮

五个孩子在木偶剧院上演了一场演出。木偶剧院是一个有着自己的背景的空间：它由抛光的金黄色木材制成，各式各样的手偶和指偶摆放在大房间里显眼的位置。教师们用这个剧院宽阔的正面来展示正在进行的项目的照片或图纸。目前，它展示着工作室的乌龟和杂志上其他乌龟的照片。和所有展

---

[1] "butterfly"的英文单词中有"fly"，"fly"的中文意思是"飞"。——译者注

示的东西一样,孩子们广泛地讨论这些图像。

11月3日。温迪教师和珍妮弗教师合作制作了一个新的展板"关于我们的木偶剧院的故事",将其挂在剧院旁边的墙上。里面有一张相当大且包括乌龟的剧院正面的照片,还有两张大照片:一张是温迪教师操纵木偶的照片,另一张是她写下孩子们的谈话内容时的照片。照片之间的空隙里张贴了孩子们的画和这段文字:

孩子们注意到木偶剧院中的新画。当我们听孩子们讲乌龟的故事时,我们使用乌龟木偶来表演这个故事。之后我们邀请孩子们通过看图片来讲一个有顺序的故事。

假如孩子们的注意力似乎与众不同,请记住,对话每天都在进行。在上一年里,教师们已学会了如何组织对话:在孩子们说话的时候记笔记,分析笔记以发现孩子们的真正兴趣,忽略偏离主题的内容,使孩子聚焦主题。

在项目的每一个环节的前后,教师会使用孩子们的语言和照片来提醒他们:他们问了什么、学到了什么、他们的反应如何。这种回忆促使了项目的进行,这要花上几个月的时间在对话中聚焦主题。但教师们一直坚持,不断鼓励孩子们进行对比、提问和关注细节。(Lewin-Benham,2006,pp.56–57)

剧院右边的展板上是孩子们用大大的字母和1—10的数字来描绘的表演——乌龟、蝴蝶和月亮。

1. 从前有一只小乌龟和它的朋友——蝴蝶。
2. 小乌龟想游泳。
3. 它朝水走去,然后跳进水里。
4. 它正在水里游泳。

5. 它在找它的朋友蝴蝶。它找不到它的朋友。
6. 现在它正和蚱蜢在高高的草丛里玩耍。
7. 乌龟最好小心点。月亮要出来了。
8. 水之所以发光，是因为月亮。
9. 它的外壳正在变色，因为反射了月亮的光。有时候壳掉下来，它会得到一个新的壳。
10. 乌龟现在不见了，也许是去找它的朋友蝴蝶了，或者是回家洗澡睡觉了。

这部作品反映了幻想和现实。关于月亮的部分是富有想象力的，期待孩子们讲一个月亮在龟壳上画条纹的故事。乌龟与蝴蝶、蚱蜢的关系反映了孩子们关于友谊的讨论。关于乌龟洗澡和睡觉的结局反映了孩子们的日常活动，动物或玩具会像孩子们一样行动。许多事实反映了他们阅读的书籍和对野生动物的频繁观察。这个表演还反映了蝴蝶项目以及之前的木偶剧院作品，展示了孩子们如何通过相互倾听来进行表演。对每个人的想法进行排序来让故事讲得通，这是一项基本的文学技巧，所有人都可以在记录中进行评估。

乌龟和猫的相遇

乌龟到达后不久，就出现一个惊喜。可可——可能是因为被汉堡包的味道或乌龟、草和树枝的气味吸引，或者仅仅是出于好奇——跳进了乌龟的盒子里。乌龟沿着树枝爬了上去，把身子完全缩在壳下。孩子们非常不安，大喊着跑去找珍妮弗教师："可可准备吃乌龟了！"但是随着时间的推移，孩子们和乌龟并没有看到可可想伤害乌龟。有时候可可会戳乌龟的壳，好像在玩。它总是喝盒子里的水，但从不吃东西。渐渐地，乌龟和猫成了朋友。可可似乎想靠近乌龟：它会靠近一点，跳进盒子里，喝下盘子里的水，躺在那里睡觉。有时乌龟冒着危险从树枝下出来，有时则不然。但当可可来的时候，它已经不再躲在壳下了。几年后，温迪教师评论道："连教师们也从来没有看到龟和猫之间的这样的友谊。这对我们来说是一次学习经历。"

教师们在照片中捕捉到了可可的侵袭，孩子们则通过塞梅特里和安吉拉绘制的一系列栩栩如生的6幅画来表示：（1）慢慢靠近，（2）（3）（4）跳进，（5）在里面，（6）靠近乌龟。教师们把孩子们的话写进了一本书——《可可和乌龟：友谊的插曲》。上面写着：

第3页：可可在盒子前试图抓住乌龟，因为它想和乌龟玩。

第5页：可可正看着盒子里的乌龟。它的耳朵竖起来了，它在工作室里。

第7页：可可在盒子里找乌龟。它的头和身体都在盒子里，它看到了乌龟。

第9页：可可跳到乌龟的盒子里，看到了乌龟。我们看到了可可的背部、耳朵、腿和尾巴。我们看不到它的头和另一只耳朵。

第11页：可可发现了乌龟，它正看着乌龟。它在盒子里。盒子里还有石头、乌龟和装着水的盘子。

第13页：可可已经在盒子里了，它在敲击乌龟。它在砖块和盘子之间。它想和乌龟玩。

教师们用三种媒介——照片、文字和图画——在题为"一只乌龟和一只猫"的展板上记录了这段插曲。展板的底部是照片系列。照片的上方是塞梅特里和安吉拉的图画的缩影复制件，还有其他孩子的话，这些话讲述了故事的每一个片段，旁边还有一本13页的书。记录显示了他们在讲故事和合作方面日益提高的能力，也显示了他们对许多动词形式的错误使用，这样的记录可以与后来的变化进行比较。

随着乌龟、猫和孩子之间友谊的增长，孩子们对乌龟的兴趣也在增加。当去植物园旅行时，他们看到乌龟在池塘里游泳，爬上堤岸，在岩石上晒太阳，在树枝下爬行，听到响声就跳进水里，同鸭子和鱼玩耍。为了了解更多，他们还参观了国家地理探险家礼堂（National Geographic Explorer's Hall），并继续在图书区借书。孩子们在乌龟项目和其他项目中的经历的广泛记录，使家长、来访者和教师能够评估学校项目的基本内容并判断其适宜性。

音乐诠释

那年冬天，一次不同寻常的经历开始了。安妮·勒巴隆（国际知名作曲家）开始为期3年的在魔豆中心的驻留期。在"遇见作曲家"活动的支持下，她每周都来。教师们和孩子们讨论了安妮是谁以及她为什么在这里。1月12日，6个孩子开始和安妮一起在音乐室里工作。安妮除了观察孩子们，还研究了全校的展板，以了解孩子们的兴趣，并评估他们的社交和认知技能。孩子们和安妮一起进行了4个月的声音探索。他们一次又一次地描述可可如何跳进乌龟的盒子里，乌龟最初多么害怕，但友谊是如何发展的。在安妮的指导下，他们用音乐着重表明自己的话，使故事的展开与音乐的展开相匹配（见图7.2）。关于猫和乌龟的片段成了原创的音乐作品和表演的基础。这需要多次排练。这场演出是一部富有戏剧性的多媒体作品：故事的幻灯片和孩子们的音乐一起播放，深受家长们的欢迎。

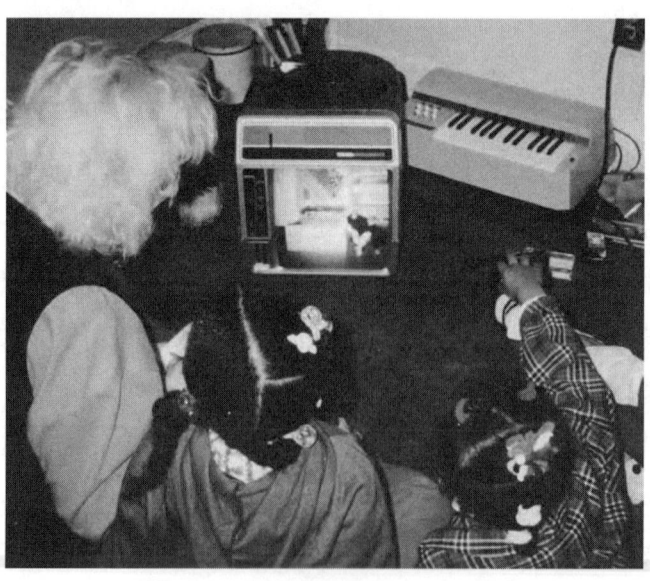

图 7.2　作曲家安妮·勒巴隆和孩子们一起进行音乐作曲

作曲家和孩子们的合作被描绘在一个名为"音乐诠释：可可、乌龟、盒子和其他插曲"的展板上，副标题是"可可和乌龟之间的对话"。展板的顶部有三张大照片，标题分别是"表演者""观众"和"整体情况"，展示了在5月15日为家长们进行的表演。解释性文字是："这些照片显示了同时发生的行为。"同时性概念——同时发生的事情——也成了这个项目的主题。另一张照片和说明显示了孩子们围在安妮的身边，兴致勃勃地聊着天，安妮的手里拿着一个电子音效处理器："孩子们正在寻找合适的音来表示可可和乌龟。他们正在使用一台声音模拟计算机。"展板上还展示着一个儿童神话故事，标题是："乌龟是如何得到条纹的——孩子们注意到乌龟壳上的黄色条纹，并为此编了一个故事来讲述乌龟是如何拥有条纹的。"故事的旁边挂着一个乐谱，标题是："乌龟探戈——安妮使用儿童对话创作歌曲。故事和歌曲将用于演出。"除了一盘他们在音乐创作时所用到的录音带，还有四张照片展示了安妮和孩子们在音乐室里探索声音。

这些记录能让你评估每个孩子在词汇、句子结构和讲故事方面的成长情况，并显示出活动的日益复杂性。

表演是一种评估学前儿童发展状况的有效但未被充分利用的方法。它要求社交技巧和高度的自律。当儿童自己创作作品时，需要丰富的词汇以及在逻辑上相互衔接的句子（有时是戏剧或舞蹈，在本例中是音乐）中充分发展的想法。通过记录，你可以评估儿童是如何整合这些行为的。几年后，安妮回忆说：

将孩子们的快乐及其与猫和乌龟的共情方式转化为音乐和视觉表演，有助于增强、验证和巩固他们的体验。我一直很好奇他们与动物互动的各种记录如何影响他们当时和现在的生活。（A. LeBaron，2007）

说"再见"

一切都在变化。季节流逝。乌龟变得不安。有一天，孩子们发现乌龟盒子一角的纸板上出现了爪子抓的痕迹。他们怀疑是可可干的，但观察后惊讶地发现乌龟正在抓出一个洞（见图7.3）。他们画了一幅巨大的画：乌龟把后腿放在盒子的角落里，前腿伸直，用爪子抓纸板（见图7.4）。这幅画长和宽均为90多厘米，被挂在一面显眼的墙上，并附有相关的记录：制作这幅画的多步骤过程的照片，孩子们关于这段经历的对话以及更多的证据——可以用来评估他们的注意力持续时间、对细节的关注以及在复杂的合作中努力取得的成功。

图7.3　乌龟在盒子里抓出了一个洞

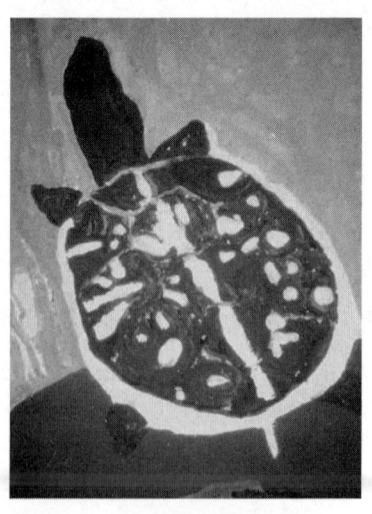

图7.4　乌龟尝试逃跑的画作

孩子们天生就有同情心，他们明白如果乌龟在抓洞，那么它一定是真的想出去，于是他们断定它不高兴。关于该做什么的话题接踵而至。教师们一致认为乌龟该走了。假期就要到了，可可和索尼娅教师一起度假，但没人照顾乌龟。在教师发起的对话中，孩子们接受了现实。他们已经注意到，对乌龟来说游泳和在水中爬进爬出有多么重要，而现在他们的乌龟却无法做到。在植物园中，他们看到了成群结队的乌龟，并评论说乌龟有家人，就像他们自己一样，有妈妈、爸爸、姐妹和兄弟。他们意识到每一个生物都有自己的同类，就如他们一样。温迪教师说，"如果有时间，孩子们总是能注意到一切事物"（W. Baldwin，2007）。在另一次谈话中，教师们建议在植物园中放生乌龟，孩子们表达了他们的关心——乌龟离开太长时间了，也许是时候让它和家人在一起了。他们明白了。

向他们的朋友道别的日子到了。他们把乌龟放进车上的盒子里，然后坐在它的旁边。一个小孩哭了，但其余的孩子都很高兴，期待着乌龟与其他的乌龟在水里相聚。塔米卡径直地跑向池塘："它的妈妈在这儿！""不，"加莱萨说，"它的妈妈在那儿。"到处都是摄像头，保安们开着景区专用车在巡逻。一位保安允许孩子们放生乌龟："这是个好地方，因为你们的乌龟应该在这样的池塘里，这里有其他的乌龟、鱼和鸭子。你们的教师说如果你们经常来，就可以看到它。"当他们放乌龟走的时候，乌龟径直地向水冲去，冲进水里，游到水下。温迪教师没有看见它上来，但孩子们看见了。他们还看到了它的爸爸和兄弟姐妹。他们确信无论什么时候来植物园，他们都可以找到自己的朋友。

看望乌龟

孩子们经常要求去看乌龟。他们大约每个月去一次植物园，总是直奔池塘。在第一次看望乌龟时，孩子们带了黏土礼物——餐具、苹果、橘子和一个火腿汉堡，他们把它们排列在地上，然后小心地扔到水里。有规定不准留下任何东西，保安把温迪教师拉到一边并告诉她：在他们走后，他会把所有的东西都收起来。

在下次看望乌龟时，他们带来了写给乌龟的装饰精美的纸条。孩子们无论何时去，都确信看见了他们的乌龟。他们兴奋地跳上跳下，尽可能地靠近水，并感到高兴。有一次，三个孩子站在水边讨论哪一个是他们的乌龟："不！那是它的妈妈！""那是它的爸爸！""我们的乌龟比那个大得多！"有一次，他们踮着脚尖走到水里，数到了14只乌龟！有一次，他们留下苹果和爆米花。还有一次，他们留下了一封信：

亲爱的乌龟，我们正在给你做礼物。我们想念你，希望你有一个美好的夏天。我们希望能经常来植物园看你。你还记得上次为你准备的派对吗？你吃苹果了吗？我们爱你。你和你的爸妈怎么样？水现在是冷的还是热的？我们很高兴你在这里生活。我们为你高兴。（来自魔豆中心的孩子们）

这一整年的记录显示了他们的词汇是如何丰富起来的，语法是如何变得规范的，他们学到了多少新内容和新概念。

记录看望乌龟之行

学年年终展板的标题是："我们看到了乌龟！"上面有凯文画的六条橙鲤鱼和一只鸭子，并附有评论："我们看到乌龟和鱼在一起游泳。"这会是友谊的开始吗？他的栩栩如生的画作既漂亮又细致，他在评论里提出了一个猜想。另一条评论是："我们认为乌龟不会孤单，它跟鱼和鸭成了好朋友。"同理心——衡量幼儿社会性发展的一个重要指标——在记录中体现得很明显。

第二年秋天，教师们用去年6月的野餐照片做了一个展板——"庆祝学年结束"。另一张名为"1995年9月——新学年开始"的照片显示，孩子们站在水边，指着池塘。这个展板提供了上一学年与新学年的联结，同时，由于这个记录是开放的，所有人都能看到孩子们的发展。

总的来说，记录包括九个展板和一个格外巨大的总结性展板，其中包括可可突袭乌龟的盒子的相关内容。总结性展板的对面是可可经常坐的那把黑椅子。看着猫盯着展板（见图7.5），孩子们知道："可可在看自己和它的老朋友。"第二年，他们挂了一个标语，日期是1995年6月2日。标语的正标题为"学年结束之际"，副标题是："向我们的朋友乌龟问好和说'再见'，去植物园的一次实地旅行"。它架起了通往1995—1996学年的桥梁，孩子们与乌龟的友谊现在成为学校历史上的一个焦点。

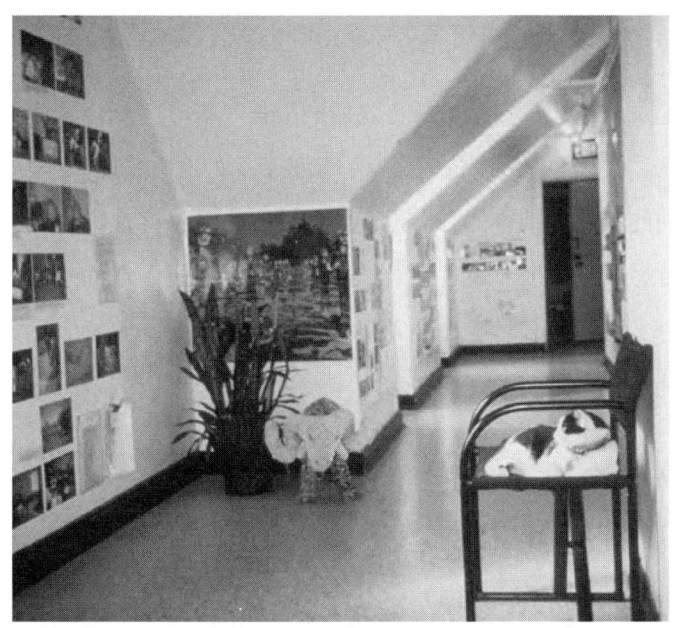

图7.5　孩子们知道：可可在看自己和它的老朋友

一个不会结束的故事

故事讲了两年，但实际上已进入第三年：孩子们非常喜欢可可和乌龟的故事，鉴于总结性展板与此有关，教师们让它一直挂着。上面是乌龟第一天到来时的照片。下面是一本缩小了的关于可可和乌龟的书。再下面是孩子们在池塘边放生乌龟时的照片。下一组是后来去植物园的照片，标题是"一个巨大的惊喜和激动人心的体验在等着我们"：一张照片显示温迪教师和指着他们的乌龟的孩子们。另一组照片则是："为乌龟、乌龟的家人和我们举办的聚会"，配以野餐和鱼、鸭子及乌龟游泳的照片。最后一个标题是："我们对植物园和池塘越来越熟悉了。我们去那里寻找乌龟和它的朋友们。"下面是乌龟到达后第三学年中的一段文字，标题是"1995年9月——新学年开始"：

返校的孩子们带领新入学的孩子们游览学校……和新生分享他们在前几年做的事情。一些新来的孩子被乌龟和猫的项目深深地吸引住了……奥利维亚说："我想去看乌龟……带我去看看。我想和乌龟在一起照张相。"

通过记录，在这只乌龟被放生之后的很长一段时间里，尽管故事的主角们去了其他学校，这个故事依旧可以引起孩子们的巨大兴趣。

孩子们的情感推动着课程。他们的同理心来自许多观察结果——他们的乌龟饥饿、恐惧、被困。通过记录，你可以看到孩子们理解池塘、自由和关心朋友的意义。在众多乌龟中辨别出一只乌龟和给朋友讲故事需要更高水平的认知技能。记录捕捉到了这一切。它展示了孩子们多么热爱他们所做的，他们如何扩展记忆、思考未来以及超越单一的经验。

第二节 支持性环境

由于其宽敞的空间和细致的设计，环境在乌龟项目中占有重要地位。

宽敞的空间，微小的细节

一个房间／一个教室是正常的。魔豆中心有一个巨大的房间——一个大房间，两个相对大的房间——工作室和餐厅，另一个小房间——实验室。此外，还有一个音乐室、一个入口、一个接待室、包含很多小房间的礼堂、家长室、午睡室、储藏室和两个宽敞的洗手间。在几个长长的大厅里也有相当大的墙壁空间。教师和孩子们无须搬运储物箱或清理空间，就可以随时使用幻灯台、幻灯机、投影仪和木偶剧院（见图7.6）。

第七章 孩子们和乌龟的友谊：一个记录实例 161

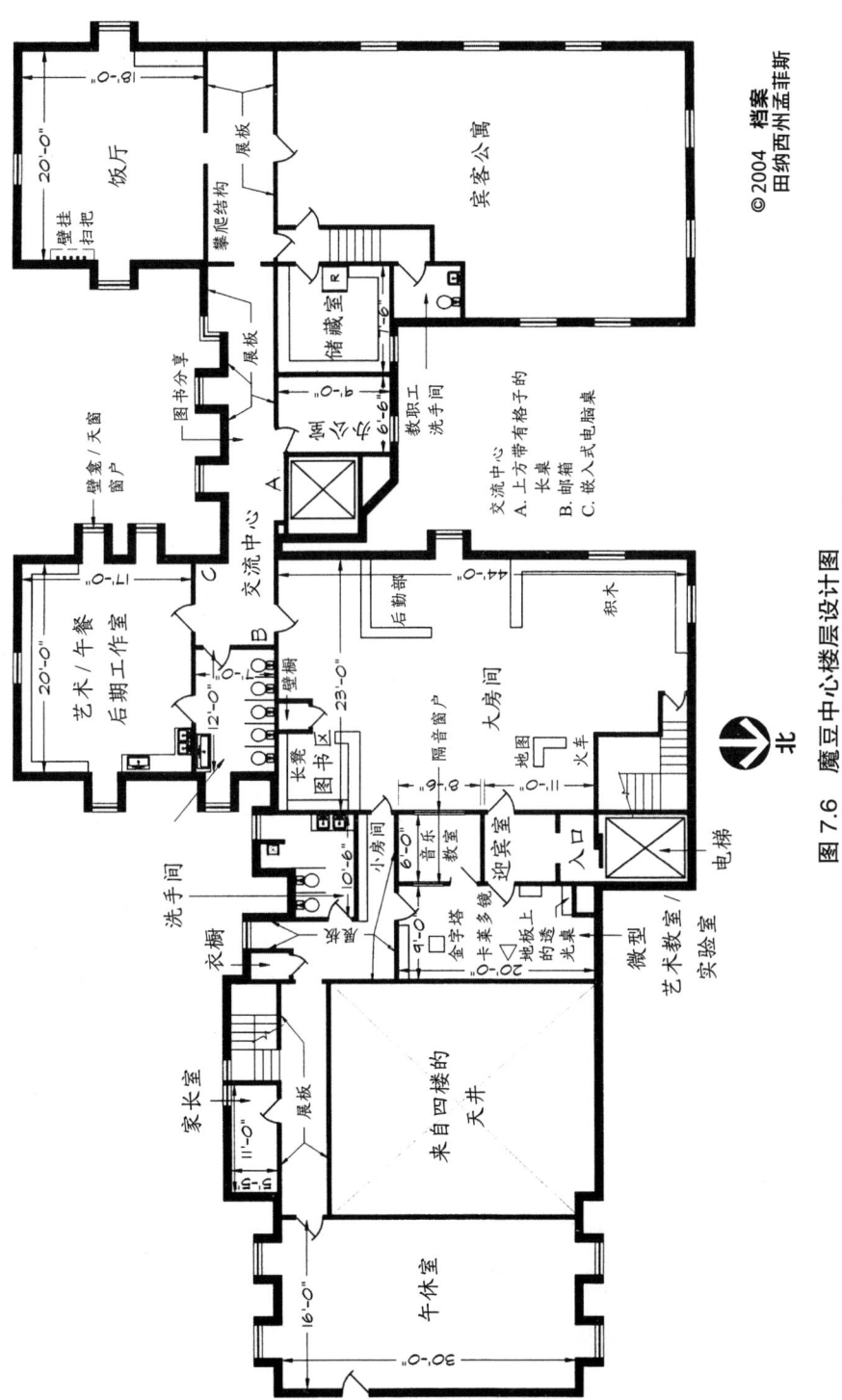

图 7.6 魔豆中心楼层设计图

如果丰富的想法自发产生，那么教师就会去追求它们。充足的空间和良好的供应环境消除了障碍。教师知道，用木偶表演故事可以提高儿童的语言能力。但是如果木偶剧院被藏在一个拥挤的壁橱里，而木偶盒子没有被贴上标签并被放置于很多盒子的后面，那么教师不太可能在上课时间特意去找它们。此外，储藏区很少设置登记检查系统，所以教师们费力地找寻，却从不确定是否能够找到他们所需要的物品。如果后来他们记得恢复舞台和木偶的原样，或许就不可能重现早前那些让他们兴奋的事件了。虽然幼儿的兴趣可以延长很长一段时间，但维持任何特定时刻的心流取决于许多因素，其中之一是准备充分的环境。狭小的空间需要有原则：有限制性设计和巧妙的存储系统，绝对不能杂乱无章。

　　大房间和实验室之间的那间小音乐室，一眼就可以被看到。因为我们在对面的墙上开了大窗户。音乐室装上了隔音系统，所以可以看到音乐室中的活动，但听不到。房间里充满了仪器，它们被挂在钉板上，摆在架子上，放在地板上，随时可以被轻松地拿到。当安妮·勒巴隆想要探索声音时，随时都有一个精心设计的空间和充足的储藏材料供其使用。

　　魔豆中心认为，这样做的目的之一是为儿童项目提供更大的空间。偶尔你会看到一所学校有着20世纪20年代或30年代的宽敞的老式幼儿园教室，这使得一个项目得以"呼吸"。决策者和建筑设计师注意到：167~186平方米的面积对于幼儿园教室来说是不错的。瑞吉欧教室较小，但每个瑞吉欧学校都有一个较大的工作室、宽敞的广场和午餐室，相当于为学校增加了三间教室。

宽敞的墙壁

　　魔豆中心没有使用商业制作的学前海报或其他的墙上物品。它也没有展示所有的儿童作品，部分原因是作品的数量太多了，但主要是因为记录不是用来展览的，而是为了反映儿童。也就是说，它的目的是用语言和图片来回顾经历，因此，教师选择了最能清楚地描述经历的图片做展示。如果墙壁上覆盖着商业材料或所有人的作品，那就没有记录儿童的空间，尤其是像这种产生了9大块展板的乌龟项目。

第三节　记录

记录是保存经验的艺术，因此你可以将其作为一种延续活动的方法。卡丽娜·里纳尔迪（2006）称之为"概念和概念图的创建和巩固"（p. 67）。也就是说，如果你看到乌龟在抓盒子，并在记录里读到它，那么这可能会引发一场关于动物的权利和感受的对话，或者一场关于抓盒子的行为意味着什么的讨论。一个展板可能以一张照片开始，照片上记录着一个关键的时刻——孩子们聚集在乌龟的盒子周围并开始表述。例如，威利的表述："我们试着给它喂草。"第二天，教师和小组一起看图片，读文本，然后讨论。教师记下孩子们的评论和问题，通常会和同事讨论笔记，以确定项目的下一步可能是什么。记录不是可有可无的附件，而是项目中不可或缺的组成部分。它包括观察、倾听和记录，然后分析和综合——从你所记录的内容中选择要展示的信息，这样你就可以重温这段经历并再次倾听。这像新闻摄影一样，通过图像和文字来反映关键事件中的关键时刻。它为教师和孩子们不断反思他们所做的事情提供了手段。它帮助他们集中注意力，帮助他们记忆，这样他们就可以深思熟虑下一步该做什么。从字面上讲，它为成年人提供了一幅儿童发展的连续图。

自我反思的过程

记录是具有自我反思性的：你和你的照片之间有关系。当你在做某件事的时候，你会看到或听到自己在做这件事。这是一种吸引儿童的有力方式，也是一种成人所知道的、可以改变活动的意向式教学技巧。关于乌龟的第一个展板最初只显示了一张照片，下面有这些注释：

泰莎:"我们在谈论乌龟。"

丽贝卡:"然后你把乌龟抱了起来。每个人都在摸它。"

威利:"乌龟很害怕,因为你就在附近。"

体验结束后,教师们马上把照片悬挂起来。教师们仔细阅读了孩子们的对话笔记,挑选了一些既包含重要信息,又最有可能引起孩子兴趣的简洁片段。他们立刻带着孩子们再次参观正在制作的展板。

教师们一边读着孩子们关于近期经历的话语,一边和他们讨论这张照片。孩子们有足够的消化时间而不会忘记。他们的注意力被吸引了,因为"重游"使他们回到了过去的时刻,激发了下一步该做什么的新想法:"让我们看看乌龟是否喜欢这种食物。""或许我们可以在图书区找到答案。"还有一位教师说:"你们想去植物园看乌龟吗?"孩子们觉得自己很重要,因为每个人都能看到他们的照片,读到他们的话。"记录对儿童自身特别有价值……(作为一种看待事情的角度)教师从他们的工作中获得意义。"(Rinaldi,2006,p. 72)

当教师把孩子们带到展板前,问他们看到了什么,读他说的话时,我们听到了泰莎在总结并给场景起了标题,丽贝卡在阐述,威利在解释乌龟的感受,这些都是重要的心理活动。当孩子们观察自己,倾听他人所说的并发表评论时,教师们看到了让孩子们兴奋的东西,听到了激励他们继续学习的想法。回顾你所做的事情,可以使你集中注意力,建立记忆并提供组织和叙述故事的经验,这些都是必不可少的技能。

当孩子们将乌龟用爪子抓盒子作为它不开心的证据时,在墙上的描述乌龟放生的展板上,有这样一句话:"我们做了一个决定——乌龟有权获得自由。"这一说法并不奇怪:孩子们谈论了动物的感受以及如何对待它们,并一致认为它们拥有权利。孩子们天生具有同情心,如果通过讨论鼓励他们,那么他们会对如何对待生物做出公正的决定。记录是此类讨论的催化剂。它之所以强大,是因为任何年龄段的人都会注意自己行动的回放,并且当他们对回放的评论被认真对待时,他们就会受到激励。

反思的过程

记录也是具有反思性的，这是一个深思熟虑的过程，它提供关于儿童进步的持续、长期记录。"记录……确保小组和每个儿童在学习时有可能从外部观察自己（包括过程中和之后）。"（Rinaldi，2006，p. 68）例如，儿童书写和绘画能力的提高反映在早期和后期的展板比较中。波浪形的、半成形的、难以辨认的字母变成可辨认的单词，模糊的图画变成清晰的图像。大量的引语反映了儿童语言能力的提高：随着时间的推移，缺少动词、部分句子和其他语法不规则的情况会随着儿童修改他们的语言模式而改变——通常儿童会自己修改，有时会由成人进行公开的改正——来更接近他们所听到的语言。"3 岁的儿童是个语法天才。经验的相互连接和作用赋予 3 岁的孩子一种特定的语言和语法。"（Pinker，1994，pp. 280–281）在一个痴迷于考试成绩的时代，学校完全可以把记录作为一种评估手段，来反映儿童在使用口语和书面语方面逐渐提高的能力。

怎样制作展板

1993 年，当阿梅莉亚来到这里并开始其驻留期时，她提出了每个教师都要记日记的想法。珍妮弗教师从那天开始写她的日记。日记中提到了 1993—1994 学年创作的 72 种不同的展板，有 112 处提到如何制作展板，7 处提到关于重新制作已经做好的展板的事情，以及 98 处提到制作展板的其他工作。其他工作包括如下。

- 物理构造，比如建立一个悬挂系统或者移除可能干扰新展板的东西。
- 教师们就展板计划（目的）进行讨论——在展板上放置什么、由谁制作以及如何实际制作。在他们的讨论中，教师了解谁与儿童一起参与任何与展板有关的事情。这使他们能够决定，如果项目持续进行，谁将负责该项目。
- 组织任何与展板内容相关的东西——儿童创作的图像、物品、文字、绘画或其他东西。在组织过程中，教师齐心协力，提供储存的相关物品，考虑要归档什么、如何索引以及在哪里存储所有的东西。

- 选择最能说明故事的图片——对冲洗出来的照片进行分类，并回顾幻灯片和底片，以找到有意义的图像。因为每天拍摄的照片太多了，所以有很多图片需要整理，而且需要经常去照相馆冲洗（在数字技术出现之前）。图像的选择是制作有效展板的关键因素之一。
- 通过讨论来创建文本，讨论儿童所说的一切有关展板的内容。如果故事需要澄清，那么教师会让儿童在事后做进一步的对话。换言之，当你重新访问一个展板时，儿童可能会注意到你忘了说一些重要的东西；如果是这样的话，你会和儿童讨论他们所认为的遗漏的内容，并重新制作展板，然后和他们一起重读。它是协作编辑的一种形式。
- 对展板上的任何文本进行排版，如标题、副标题、引文。珍妮弗教师的日记里有37条与文本有关的条目。
- 确定悬挂展板的最佳墙面空间。有些展板可以在任何地方悬挂，有些展板需要悬挂在特定的区域。"木偶剧院的故事"的展板需要挂在剧院旁边，关于学校（理念、位置）的展板需要挂在入口处，展示事实和功能（员工、家长参与）的展板需要挂在接待室。午餐设置系统的展板需要挂在餐厅里。有时挂一块展板涉及拆除或重新放置其他展板，或将几块展板压缩成一块。

浓缩记录

教师们对1993—1994学年底的乌龟项目的相关经历进行总结，总结的方式是制作一个巨大的展板，用缩小的照片和更短的陈述把之前的故事都呈现在一起。珍妮弗教师记得这个展板是"一个巨大的学习经验"（J. Azzariti, 2007）。因为故事的主角——乌龟——不见了，他们完全依赖几个月前收集到的信息（尤其是孩子们的图像和文字）："我们三个人——我、索尼娅教师、温迪教师——和阿梅莉亚一起试图弄清楚在事后的很长一段时间内如何

把所有的信息放在一起；组织——实际的布局——是一个巨大的问题。"（J. Azzariti，2007）

珍妮弗教师记得她想画一幅关于乌龟在池塘里发现东西的壁画。孩子们告诉她那里有什么："石头""泥""鱼"。但她有一个精心设计的、先入为主的图像，因此建议孩子们想象戴着护目镜，在水下潜水。然后，他们想出了深海潜水的画面。当谈到这件事时，阿梅莉亚喊道："可是珍[1]，这是一个池塘！岩石和泥土在底部！"（J. Azzariti，2007）珍妮弗教师很尴尬，她设想了一个忽略现实的宏大计划！这是一个巨大的教训并告诉我们，教师多么容易把他们的想法强加给孩子们。

第四节 非凡工作 / 评估发展

记录只是我们评估儿童进步的几种方法之一。每个儿童的大件作品都被归档在大约 8.9 厘米长、7.6 厘米宽的文件夹中，小作品被放在特定大小的文件夹中，并用 27.9 厘米长、21.6 厘米宽的盒子进行归档。计算机文档包含对话的记录。珍妮弗教师的"魔法清单"简洁而准确地展示了每个儿童的经历。这份清单确保没有一个儿童从缝隙中溜走：一眼就能看出某人是否参与其中。教师定期查阅清单来决定哪些儿童参加哪些活动。这份清单提供了具体信息，可以用来指导教师分组：仔细考虑谁加入某小组，从而确保孩子们与某方面能力强的儿童在一起并向其学习。索尼娅教师和珍妮弗教师的日记记录了不寻常的成就，比如儿童的第一幅画或儿童在使用材料时的进步。在她们的日记里，你可以看到一个儿童可以欣然接受午睡——自我调节能力提高的证据，你可以看到儿童友谊的发展——社交能力提高的证据，你也可以看到儿童敏锐的陈述——认知能力增长的证据。

这些做法的基础是教师对每个儿童有深入了解。当你同时教一整个班的

---

[1] 珍妮弗的英文名字"Jennifer"的简称是"Jen"。——译者注

孩子时，你很难知道谁"理解"了教学内容；当你教一组孩子时，你可以很容易地听到讲话，看到技能水平，并观察到发展的其他方面。在魔豆中心里工作需要不断提高运用高超技术以及参与需要复杂思维的项目的能力。其目的不是用一个武断的标准来衡量儿童或将他们相互比较，而是显示每个人的进步。这项工作既有内涵又有概念，因此儿童的认知能力能够得到发展。他们表达意见并合作完成语言、艺术、数学、科学、音乐、运动等跨学科的特定目标。项目需要广泛的技能——识字、算术、熟练使用工具和仪器。

几年后，温迪教师回忆起乌龟项目：

这不可能发生在我来魔豆中心之前所工作的学校里。在那里，课程早已安排好了，一切事情都有一个流程表。没有时间让流程表以外的其他事情发生。在课程之外，儿童也没有其他兴趣。在魔豆中心里，我们在教室里有一个图书区，孩子们可以在他们需要的时候自由使用。在我以前的学校里，只有很少的书。在魔豆中心里，我们有很多的书，有你想要的关于任何主题的书。在我们的所有项目中，我们都使用了图书区和公共图书馆。去图书区是我们做的第一件事，孩子们带着兴趣来浏览各种书籍。（W. Baldwin, 2007）

温迪教师相信瑞吉欧教学法在倾听儿童的意见和与感兴趣的核心小组合作方面起到了至关重要的作用。在乌龟项目和其他项目中也是如此：

我们在事后做笔记，在晚上组成一个小组并展开讨论：怎么能让孩子们问更多的问题？兴趣已经存在，我们会进一步支持兴趣；项目不是我们所推动的。如果我们需要去图书馆或公园，那么我们会去；如果我们需要乌龟的照片，那么我们会在书或杂志上找到它们，然后让孩子们画画。乌龟与珍妮弗住在工作室里，珍妮弗教师注意到了孩子们的兴趣。我们都在聊这件事——作为一个小组，我们讨论正在进行的事情——决定我们需要紧跟孩子们对乌龟的兴趣。（W. Baldwin, 2007）

温迪教师觉得孩子们的谈话很精彩。他们对乌龟一无所知,仅看到了一只乌龟,就知道它需要吃东西。有些人从未见过乌龟,却在想给它吃什么。他们未经教导就懂得食物是生物的基本需要。孩子们以许多有意义的方式把这些知识带到他们与乌龟的友谊中,这些被教师捕捉并描述在记录中,这些记录引起了所有人的深深共鸣。

第八章

从四个项目看教师的角色

> 相比"方法"一词,瑞吉欧教育工作者更喜欢"研究"这个词;"研究"强调教师是倾听者,而不是说话者。
>
> ——卡丽娜·里纳尔迪(1992)

一个装有复活节鸽子的大包裹到了,这只鸽子是拉维利塔学校的孩子们制作的。佐瓦尼·皮亚泽是拉维利塔学校的艺术教师,带来了这个标注着"易碎"字体的托运行李。这是一份礼物,象征着拉维利塔学校的孩子们与魔豆中心的孩子们之间的友谊。佐瓦尼拿出很多礼物,孩子们逐一打开——有长长细细的马克笔,可以用来画牙齿或者茎干等精细部分;特殊颜色的水彩笔;鞋盒状的拉维利塔的立体模型——有孩子制作的花、鸟、汽车、乌龟和树;以及一张表达友谊的卡片。孩子们还在包裹中放了一张唱片(里面录制的是他们所唱的最喜欢的歌曲),以及一张附有全体幼儿签名的瑞吉欧·艾米利亚的明信片。这些礼物都很受欢迎。但是当佐瓦尼取出一个最大的有手绘外包装的包裹时,孩子们几乎控制不住自己。复活节鸽子出现了。

在本章中,我会讲述四个项目,分别是布谷鸟、云、家和鸟巢。随着孩子们对复活节鸽子的喜爱与日俱增,这些项目也在蓬勃发展。我用这些项目来解释教师的角色,这与那些一般的幼儿园截然不同。随着瑞吉欧教学法的发展,教师的角色是多方面的:教师是研究者,她们倾听、观察、记录和假设;教师是设计者,创设一种能够建立人与人之间、人与物之间关系的环境;教师是组织者,促进时间、地点、材料和人之间的联系;教师是合作者,是儿童实现计划过程中的帮手和协助者；教师是记录者，她们记笔记、拍照，搜集一切反映儿童想法的材料；教师是中介者，她们借助于意向、精力和情感进行干预。首先，我将对这几个方面逐一解释。然后我会描述四个项目，以展示教师在特定时刻所扮演角色的思维倾向的主要特征，随后我会对每一种角色进行深度分析。（提示：实际上，和瑞吉欧教学法本身一样，角色是不能被分解的。我这么做只是为了解释这种教学的多面性。）最后，我会分析魔豆中心教师最初遇到的问题，以揭示学习这么复杂的角色多么困难。

第一节 多元的教学角色

"正在开发新方法来衡量教师与儿童的互动"的研究者（Klein & Knitzer, 2007, p. 3）认为，教师怎么教很重要。在幼儿教育工作者中，教师角色是一个很重要的话题。瑞吉欧教师的多元角色对实现非凡工作很有必要。下面将对各个方面进行描述。

研究者

作为研究者，教师倾听儿童的问题和想法，观察他们的行为，并把一些看似重要的事件记录下来。然后，她们在课后会议上对所记录的内容进行回顾，并假设可以对哪些问题和行为进行拓展和延伸。教师互相读笔记，热烈讨论儿童传递的信息。一旦她们在一个或多个主题上达成一致，她们就开始进行头脑风暴，做思维导图或者图解主题。如果主题看起来丰富且可以转化为行动，那么教师就和儿童一起回顾他们的语言。当教师和儿童一起讨论教师从笔记中筛选出的内容时，教师会密切观察儿童的反应。这里没有教师指南中脚本对话似的预先确定的回答，只有教师和儿童之间进行的思想交流、辩论和协商。如果对话和教师之前的头脑风暴基本吻合，那么一个项目很有可能就会出现。但是，正如任何研究一样，结果并不确定。谁能预料到乌龟和猫之间会有友谊呢（第七章）？或者是对邮递员进行采访（第六章）？又或者是制作富有想象力的生日礼物（第五章）？研究者们可能需要花费很多天才能明确这些项目如何开始实施，因为当研究者们被她们真正感兴趣的想法吸引时，她们会不停地思考。像乌龟、可可和信息制作这些项目就是在教师和儿童以及教师和教师之间的多次对话之后慢慢发展的。布谷鸟项目很快就形成了。

设计者

设计者搭建舞台，提供环境来支持人与人之间以及人与物之间的关系。例如，设计者使信息制作工作台和邮箱之间的联结更具便利性（第六章），并在全校范围内发现孩子们的照片、符号和姓名的多种用处（第五章）。她提供塑形或建造"一切物品"时所用的工具，把材料放在储藏室、工作室和其他随时可取的地方。她还通过家长搜集各种可能需要的材料来扩充资源。她提供了很多的好书，这些书可以从公共图书馆中借阅。精心设计的空间可以支持小组工作。环境被称为第三位教师，是一位无声的伙伴，既能激发儿童的灵感，又能对他们所产生的新想法做出回应。当教师专注于某个小组项目时，环境可以支持没有参与项目的儿童，吸引大部分人的注意力。除了搭建舞台之外，教师还会运用设计者的技能来与儿童合作，把她们关于塑造和制造的知识运用到解决实际问题上：如何制作一个特定的物品？如何固定两种材料？如何展示成品？作为设计者的教师会考虑所有的审美因素，在设计记录时也是如此。

组织者

当教师召集儿童开始做事情或发起特定的活动（如画出你们的想法，把你们的画变成黏土模型）时，教师就是组织者。组织者会问一些引导性问题：你们想知道什么？我们如何知道？一个项目的组织者会从讨论大家为什么聚集在一起开始，正如我们所看到的，聚焦于项目目标："你说你想做一个机器人。你觉得我们该如何开始？"教师通常要求儿童通过画图来阐明各自的想法，然后彼此就图画进行讨论，最后让儿童把他们最好的想法凝聚为一幅多人合画的画。

教师／组织者推动项目进展。在团队组建时，教师会有目的地进行选择、协调。团队中的儿童各有特点：有的想法丰富，有的具备绘画技能，有的语言丰富，还有的善于发挥中介作用；有的害羞，有的富有教养，有的是天生的领导者。教师／组织者会挑选有能力促进其他组员发展的儿童。组织者认为合作会使每个人更强大，团队更有可能成功，而不会把儿童之间的相互仿效看成舞弊。

合作者

合作是一门艺术，也是一门技术。当与儿童一起工作时，教师作为一名观察力强、经验丰富的参与者，需要对每个儿童的特殊优势之间的细微差别感到敏感。教师／合作者是正在进行某一项目的团队中的一员，但还应具有一些额外的品质与能力。如果一个项目需要技能，合作者需要展示，他可以巧妙地推进项目，而不是扼杀儿童的主动性。如果项目需要进一步探索，合作者就可以扮演设计者的角色，调整环境，提供更多的书籍，寻找材料来验证假设。瑞吉欧教育工作者把这称为"合作"。

记录者

教师／记录者身处某个情境，同时在观察。记录者可以识别关键时刻——核心的问题、敏锐的反应、有针对性的观察、熟练的动作——这些推动着项目的进展。她通过文字和拍照捕捉这些时刻，并把它们贴在展板上，这样就可以和儿童一起回想他们在做什么。反思是思考的关键：看活动中的照片，听活动中的对话，可以保持儿童的注意力，帮助他们记忆，并刺激进一步的思考。专注、回忆和思考是大脑的基本功能，使非凡工作成为可能。回想一下，正是因为这些记录，在乌龟的故事（第七章）中关于友谊和生物权利的主题才能够在学校中持续多年。

中介者

在瑞文·费厄斯坦的中介理论中，教师/中介者是中心支柱。中介者引导儿童参与；教师利用刺激物传递意义，在刺激物和儿童之间进行有目的、有意义和具有超越性的干预，引导儿童把这种经历与先前以及未来的经历联系起来（Feuerstein et al., 2006）。中介者的态度可以起到中介作用，其态度可以传达他们的意图：这很重要！参加！认真点！意义与关注刺激物的特定方面有关：这根铁丝很硬，你打算如何剪？这张纸是半透明的，效果如何？超越是指越过直接刺激，并将其与其他的相关事件联系起来：你还记得当……假如……可能会发生什么？这类似于……因为……中介作用还包括许多其他方面（超出了本书的范围），但没有目的、意义和超越的介入不是中介。瑞吉欧学校的教师都接受过中介技能的训练。

任何一个角色都是有挑战性的。教师同时是研究者、设计者、组织者、合作者、记录者和中介者，这就是瑞吉欧学校。下面我们将从故事中理解教师在每个活动中的角色。

第二节　故事片段

从复活节鸽子的到来，到鸟巢的建造，各个项目都衔接得非常流畅。这些项目开始于 1995 年 4 月，一直持续到 1996 年 2 月。

复活节鸽子的到来

4 月 6 日。当打开复活节鸽子的包装时，佐瓦尼解释了拉维利塔的孩子们制作它的原因。因为听说了魔豆中心的孩子们的故事——可可、美国国会大厦自由雕像以及如何把污染的水源重新变回干净的水源，拉维利塔的孩子们想要认识魔豆中心的孩子们，便写信给他们。魔豆中心的孩子们回信了，于是双方之间的友谊建立起来了。当拉维利塔的孩子们得知佐瓦尼要拜访魔豆中心时，他们决定制作些礼物来表达对魔豆中心的孩子们的友情。于是，一只巨大的复活节鸽子产生了。它长约120厘米，高约90厘米，其整体结构由一块长长的铝片制成，外用纸条和铜片装饰，并贴满留言。每张留言都附有精心创作的图画，它们被小心地折叠并挂在框架上，让人印象深刻。孩子们立刻想听到这些留言，很明显留言的主题是友谊。孩子们觉得必须找一个完美的地方把它挂起来。经过多次讨论，他们决定把鸽子挂在大房间中角色扮演区上方的天花板上。魔豆中心的孩子们每天都要听这些留言，并按小组轮流参观复活节鸽子，互相讲述这些留言（见图8.1）。

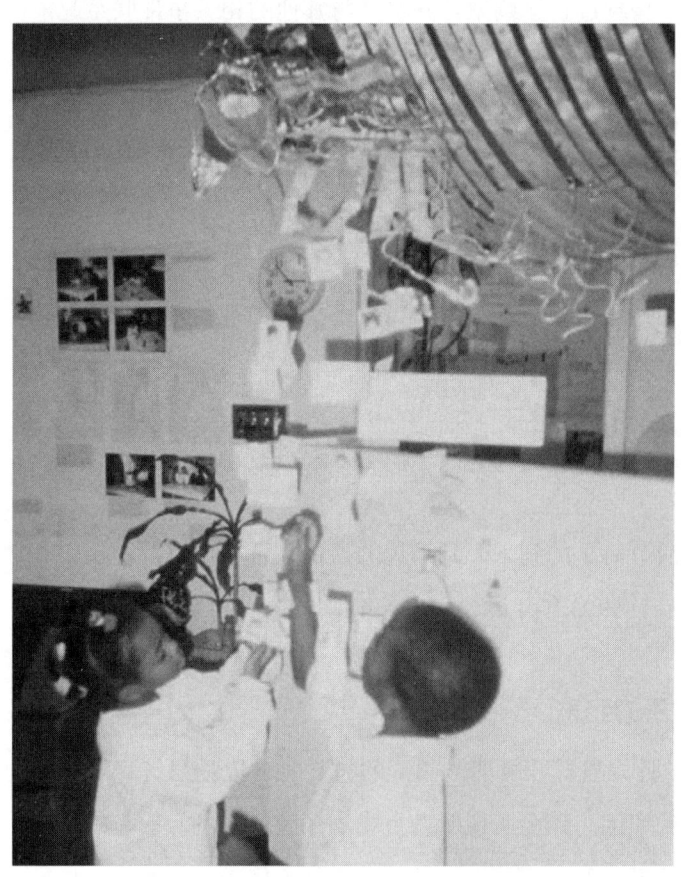

图8.1 阅读复活节鸽子上的留言

孩子们对拉维利塔的朋友们的感情转移到了复活节鸽子上。也许是因为它到来的方式——单独使用一个大包裹；也许是因为它的出现方式——双重包装引起了大家的期待；也许是因为留言中表达的爱。也许正如这个年龄段的孩子们所相信的那样，复活节鸽子变成了一只真正的小鸟。

制作布谷鸟

在研究者/组织者的启发下，孩子们进行了许多讨论：可以做些什么让复活节鸽子高兴？如何让复活节鸽子爱上他们？离创造它的拉维利塔的孩子们那么远，又在一个没有家的陌生地方，复活节鸽子在思念什么？鸽子挂在那里，孩子们经常聚在下面议论它。它离开妈妈有什么感觉？没有房子的它一定很难过，一定很孤独，它没有孩子！复活节鸽子的困境唤起了孩子们的内心深处的同情。他们得出结论，必须让鸽子有个孩子，于是一个项目诞生了。

在整个项目中，教师的多种角色是显而易见的。泰莎、托马斯和肯德拉相信，有个鸟宝宝可以让复活节鸽子不再感到孤独。珍妮弗教师是孩子们的合作者，他们一起在书中寻找完美的鸟宝宝；但每个人都有不同的想法，所以选择一只鸟宝宝并不容易。最后他们选了一只非洲鹤，并将其取名为"布谷鸟"。像研究人员一样，教师们在内部讨论了许多的假设性方案。他们看到了"深刻"体验的可能性：一个完全由孩子们产生的想法以及一次艰巨的挑战。这个时候是4月底，差不多是学年结束的时候；想到下一学期，教师们有了一个主意。温迪教师作为项目的组织者，提出了这样的建议：孩子们是否愿意为9月份即将到来的开启新学期的孩子们制作布谷鸟留言，就像拉维利塔的孩子们寄来的留言一样？哦，是的！

孩子们决定布谷鸟必须看起来像它的母亲——复活节鸽子。有什么比模仿更能表达爱呢？随后，孩子们与作为设计者的珍妮弗教师合作，进行了大量的测量，尽量按照复活节鸽子的尺寸来制作。从之前的项目经验中，孩子们知道了哪些材料更适合特定的用途。他们决定使用铝线、铁丝网和白纸条等材料，并把他们能找到的最漂亮的东西——像珠宝一样的塑料片——粘在纸条上。他们知道如何编织——他们之前用纸条、羽毛、织物、树叶和金属丝制作过编织物。他们还利用松散的编织物来尝试制造出光线穿透的效果。现在他们把镶满珠宝的纸条穿过铁丝网进行编织。但是在制作鸟喙时出现了一个问题：经过一次又一次的尝试，他们仍然无法把它做成复活节鸽子的样子。最后，问题是这样解决的——教师作为设计者／中介者，剪了一个纸三角形作为鸟喙的模型。

4月25日。留言的写作活动开始了。索尼娅教师精心安排了致意大利朋友的感谢信和给新朋友的留言中的信息——关于他们自己、教师们、可可、学校，当然还有复活节鸽子和布谷鸟。作为设计者／合作者的珍妮弗教师将留言附上，然后小心地将布谷鸟保存起来。学校开始放暑假。

1995—1996学年开学的第二天。作为设计者的珍妮弗教师，把布谷鸟包裹起来并挂在餐厅里。这是一个诱人的包裹。

9月20日。新生来了。当他们打开布谷鸟的包装时，兴奋之情溢于言表。它终于在那儿了，那么巨大，羽毛由金雀花制成，直直地伸向天花板。它看起来的确像它的母亲（复活节鸽子）。孩子们请求教师立刻把留言读给他们听。伯尼斯说出了大家的感受："看！布谷鸟在飞！"

制作云朵

从包装被打开的那一刻起，布谷鸟就变成了一只真鸟，天花板变成了天空。孩子们在每顿饭期间都要谈论布谷鸟。有一天，本抬头看，发现没有云朵。其他的孩子们也认为：布谷鸟需要云朵。

10月2日。作为组织者的珍妮弗教师，召集孩子们讨论云朵，另一个项目诞生了。他们首先讨论了云朵。在随后的多次外出旅行中，教师和孩子们（所有的研究者），都凝视着天空，研究云朵，并埋头于书籍来扩展通过观察所得的一手资料，直到熟悉云朵的形状和颜色。作为设计者，他们通过感受周围的一切材质来探索云的质地。终于到了制作云朵的时候了。但是用什么做呢？珍妮弗教师引导孩子们进行了更深入的探讨。孩子们提出了很多想法：用棉花、透明材料和编织网。不同材质的云朵出现了（如图8.2），第一朵云是用透明胶黏合透明的小塑料盒而成的。

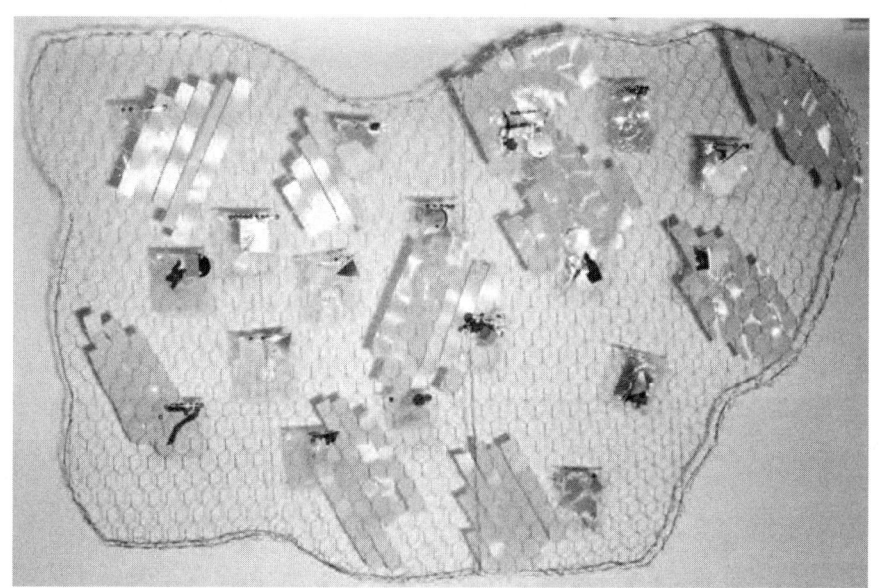

图 8.2　系有光亮材料的铁丝网做成的云朵

10 月 12 日。孩子们通过切割并折弯铝质材料制作了更多的云朵，教师／设计者用长线把它们与销钉连起来。温迪教师帮珍妮弗教师悬挂了移动式云朵组合（一共 9 个，每个大约 20 厘米宽）。制作云朵成为孩子们最喜欢的活动。到了 11 月初，布谷鸟就在各种云层中穿行了。

建造一个家

在制作云朵的时候，孩子们常常忧虑布谷鸟没有家。当教师／组织者问起家是什么样子时，孩子们描述了一个喂鸟器。随后，许多对话产生了。

10 月 19 日。温迪教师和四个孩子进行了研究——到自然公司（Nature Company）实地考察鸟舍。他们给珍妮弗教师带来了小册子，并勾勒出了喂鸟器的样子。因为教师们在这个项目上还是新手，只能从字面上理解喂鸟器。

孩子们画了好几天，然后小心翼翼地拿着他们的画，和索尼娅教师一起去见马克·泰弗诺（Mark Thevenot），他是一位博物馆展览品制作者。见面后，索尼娅教师让马克和孩子们进行了长时间的讨论。马克询问孩子们的想法，孩子们借用他们的画进行解释和回答（见图8.3）。随后，马克把孩子们的想法融合在一起，选择用木块来制作喂鸟器，并完成了大部分的制作工作。托马斯和霍华德在马克的耐心帮助下尝试钉了一些钉子。最终，大家制作了一个精致的喂鸟器。孩子们将小瓷砖和闪亮的金属贴在喂鸟器的外面以对它进行装饰。到10月底的时候，喂鸟器被制作好并被挂在了饭厅里。对孩子们来说，它有三个功能——"为布谷鸟提供食物、水，以及是布谷鸟在云中飞累的时候可以休息的地方"。

图8.3　孩子们向马克解释他们的画作

筑巢

但是复活节鸽子还没有巢！这降低了孩子们的满足感。宝拉、玛丽和托马斯向教师请求，他们想做一个巢。在整个11月份后，三人几乎一直在谈论这件事情。12月11日，三个小朋友和这个项目的组织者温迪教师一起去公共图书馆寻找鸟巢的照片。在操场和植物园里，他们在光秃秃的树枝上寻找灵感。研究一直持续到12月底。

单独绘图。珍妮弗教师是组织者。每个孩子先用黑色记号笔在纸上设计鸟巢，然后进行讲述。关于鸟巢的外观有三种可能性，珍妮弗教师组织了一场关于最终方案的讨论。讨论产生了以下清单：

"空间要足够大，这样复活节鸽子可以坐下来吃它的食物。"
"要柔软，这样鸟宝宝可以睡觉，鸟妈妈可以在里面下蛋。"
"要做成环形，这样鸟蛋就不会掉出来了。"
"要搭在高高的树上，这样就不会有人偷鸟宝宝了。"
"要漂亮，这样它的妈妈就会愿意看。"
"侧栏要足够高，这样它才不会掉下去。"
"要有一个底托，这样它才不会受伤。"

孩子们列出的鸟巢的质量标准体现出他们的研究和对鸟的关心。

合作绘图。在推进整个流程时，珍妮弗教师建议孩子们合作，发挥每幅图画最显著的优势来整合成一个完整的方案。首先，珍妮弗教师给大家读了他们对想要的鸟巢的质量标准的评论。然后，孩子们集思广益，确定所绘制的图画中的哪些部分符合他们的标准。

玛丽："我画的鸟巢是最大的。"
托马斯："我画了高高的侧栏。"
宝拉："我在鸟巢的底部铺满了枝条，这样复活节鸽子就不会掉下来。"

他们一起绘制了最终的设计方案,以作为每一个人的黏土模型的参照图。珍妮弗教师说,这是她最喜欢的项目之一,至此,她对项目的理解豁然开朗(J. Azzariti,2007)。

黏土模型。1月22日。珍妮弗教师仍在协调,她要求每个孩子做一个黏土模型。宝拉通过堆线圈来塑造模型。托马斯把线圈排成一排。玛丽挖空了一大块黏土。然后珍妮弗教师让他们画出模型。珍妮弗教师观察到,孩子们按照建造模型的方式来绘画——使用直线、线圈、土墩。珍妮弗教师把他们的建造过程画下来作为记录。因为不能同时观察三个人,所以她选择对其中的两个充满兴趣、努力完成任务的孩子进行记录。这些资料成为建造鸟巢的指南。

鸟巢。最初的问题是用什么筑巢。泰瑞尔、玛丽和宝拉是孩子们中年龄最大的,他们已经在魔豆中心里待了3年。用珍妮弗教师的话来说,"他们的口袋里有很多东西"(J. Azzariti,2007)。他们会选择所需要的纸条、棍子、瓦楞纸、纸卷、草、花、羽毛和织物。当设计者/合作者珍妮弗教师问"我们可以用什么做巢?"时,他们回答说"铁丝",并找来容易弯曲、塑形的五金布。但他们又感到担心,因为五金布很硬!经过多次讨论,他们决定收集许多软的东西来包住五金布。但另一个问题出现了:五金布的孔太小,编织物很难穿过。经过广泛的讨论,他们的解决方案是把碎纸、棕色皱纹纸、松针、棉花等材料捆绑在一起,这样就可以很容易地把它们缠在铁丝上(见图8.4)。为了给孩子们一个惊喜,在孩子们到达前的一个早上,像设计者一样思考的教师,把巨大的空树枝挂在天花板上。他们的本意是想通过这个刺激物来增加孩子们的激动体验,结果,它变成了一个支撑已经做好的鸟巢的结构。

图 8.4　孩子们用铁丝捆绑材料并将其固定到鸟巢上

孩子们在筑巢中进行的讨论，体现了他们之间的协作、专注和对事物的因果关系的理解。

宝拉："我剪断了铁丝。"
玛丽："所以复活节鸽子有一个空间。"
托马斯："因为我们需要让它强大起来。"
宝拉："首先我们需要把铁丝折叠起来。"
玛丽："这样什么东西都不会漏出来。"
宝拉："这样复活节鸽子就不会掉下来了。"
玛丽："还有鸟蛋。"
托马斯："这很难，因为我们不能把它推回去。"
玛丽："我们先让它穿过去，然后再把它组装起来。"

宝拉:"我们试着把它做成蝴蝶结。再拿一束花放在里面。"

玛丽:"我们把花放在那里,然后我们可以把它扭一下,再绕几圈。"

托马斯:"你可以把它戳到洞里。"

这个鸟巢让人叹为观止——巨大的、立体的、独创的,足以挂在美术馆里。几年后,看到幻灯片展示的观众们惊呼道:"真的是孩子们做的吗?"大家没想到这么小的孩子会制作出这么复杂的鸟巢。鸟仍然在那儿,复活节鸽子的旁边是它的鸟巢和布谷鸟宝宝。它在云层里飞翔,它的屋子也在附近——也就是魔豆中心里剩下的所有空间。

第三节 教师在行动中的角色

项目不是偶然发生的,是经过精心策划的。教师的各种角色都在发挥作用。在这里,我对教师在研究、设计、合作、组织、记录和介入过程中所扮演的复杂角色进行了描述。

研究

研究本身涉及许多独立的活动——拥有一份好奇心去进行科学调查、提出假设等,其中最重要的是具有这样的倾向——认真地倾听、仔细地观察,并根据你所听到的、看到的调整你的假设。

好奇的头脑。瑞吉欧教学法的科学基础是人类发展的相关理论。瑞吉欧教师的工作中弥漫着先驱者或处于最前沿的研究者的思想或发现,这些人了解人类发展的各个方面。瑞吉欧教师是热心读者,他们消化和讨论哲学和心理学方面的著作,深谙约翰·杜威(John Dewey)、让·皮亚杰、卡尔·波普尔(Karl Popper)、纳尔逊·古德曼(Nelson Goodman)、保罗·弗莱雷(Paolo Freire)、杰罗姆·布鲁纳(Jerome Bruner)、西摩尔·派普特

（Seymour Papert）、霍华德·加德纳、大卫·霍金斯（David Hawkins）、列夫·维果茨基和许多其他人的思想，包括布鲁诺·穆纳里（Bruno Munari）等意大利的认识论者的思想（这些人的贡献范围从设计到人类发展）。值得教师学习的人还有吉安尼·罗达里（Gianni Rodari），他既是一位儿童作家，也是一位哲学家。瑞吉欧教师同样了解希腊人和启蒙哲学家，如洛克、休谟、康德和卢梭。他们全面钻研这些人和许多其他人的著作，并通过自我反思，把理论转化为实践。奇怪的是，美国的教师教育在很大程度上缺乏欧洲同行所具备的哲学上的质疑精神的培养。在我们的培训中，这种知识体系的缺乏会使一些向瑞吉欧学习的学校缺乏瑞吉欧教育的深度：他们仅仅复制形式，而不知道实质。

假设。研究人员会提出一些假设来验证他们的观察结果。例如，瑞吉欧教师假设男性和女性之间存在先天差异。他们在一个房间里放置了飞马棒（horse-on-a-stick）、小床和娃娃、食物模型以及其他道具，然后观察2岁的孩子（先是四个女孩，然后是四个男孩）玩耍。他们记录了学步儿之间、学步儿和材料之间的互动。结果性别差异显著。男孩们跳到床上，在房间里跑来跑去，拿起每个道具进行探索：它能骑吗？它会击中吗？它可以吃吗？女孩们则会给娃娃喂食，把娃娃放到床上并进行照顾和抚育。

假设是每个项目的基础。如果2岁的孩子在广场中央发现一个巨大的空心的柱形纸板，那么他们会以不同的方式进行探索。让我们看看会发生什么！如果我们给2岁的孩子同时提供充足的纸和水，那么他们会自发地把它们混合起来。我们试试吧！如果5岁的孩子抱着一只活鸽子，那么他们画的鸟会更逼真。看看是不是真的！在哲学家和科学家的持续研究的启发下，在自己的好奇心的驱使下，瑞吉欧教师的问题无穷无尽：如果……我们预测什么会发生？一旦产生一个假设，他们就会通过设置情境来检验它，或者像复活节鸽子项目一样，利用经验，然后倾听、观察和记录所发生的事情。

倾听。这是教师／研究者的核心素养。弗朗西斯·霍金斯（Frances Hawkins）是一名物理学家、哲学家、教育家，也是大卫·霍金斯的妻子，长期从事幼儿园教师的工作。她讲述了自己当洛斯·阿拉莫斯（Los Alamos）幼儿园负责人的经历。一位教师观察到只有弗朗西斯所在的桌上的孩子在用餐。另一位教师问道："弗朗西斯，你们组的小朋友为什么会在你说话的时候听你说话？"弗朗西斯说她也不知道。于是这里的教师（每次一位）展开了观察。经过长时间的讨论，弗朗西斯做出了答复。

我希望他们（孩子们）倾听，我先提出适当的问题，然后让一两个孩子注意倾听我的问题。这不是魔术，而是要求……保持礼貌，了解幼儿的年龄水平，以及对幼儿的内驱力有一种真正的好奇……孩子们的耳朵和大脑会变得协调，因为成年人没有敷衍他们。（F. Hawkins，1985）

教师／研究者全神贯注地听，眼睛保持警觉，始终注视着说话人，全身心地投入，随时准备做出深思熟虑的回应，以及应对他自己的"固有的求知欲"（F. Hawkins，1985）。这就是积极的倾听，是研究的基础。福伊尔斯坦称之为有目的的中介。

设计

设计有几个方面——准备环境，选择特定的材料，知道如何准备环境及哪些材料可用，这些会决定孩子们如何度过他们的时间。

准备环境。环境创设会影响各种关系。塔利辛（Taliesin）是弗兰克·劳埃德·赖特（Frank Lloyd Wright）的家、工作场所和学校，处于绝佳的位置，可以捕捉到沙漠景观。房屋的颜色根据四季的变换和周围环境的变化而变化，设计严谨细致。但是赖特没有提供窗帘，完全忽略了建筑物和居住者之间的关系！相反，瑞吉欧教育工作者设计的空间可以促进人际交往。她们安置窗户、门和镜子，以刺激互动。从一个房间到另一个房间的每处景致都是经过精心策划的，用卡丽娜的话说，就像"在细看一个水族馆"（C. Rinaldi，向到访团的演讲，瑞吉欧·艾米利亚，1992 年 3 月 2 日）。婴儿通过观察比自己大的幼儿来开阔视野。广场位于学校的中心，体现出广场作为意大利城镇生活中心的重要性。这里建有市场，是居民闲逛、聚会、闲聊的地方，是政治活动中心，是儿童玩耍的地方。家具、房间隔离物和角落会刺激孩子们进行互动，例如，儿童可以在布条遮挡的舒适角落玩躲猫猫游戏。受这种环境设计的影响而产生的生命最初阶段的游戏，成为大一点的孩子们创造越来越复杂的游戏的先导。由三个孩子组成的空间被设计成"教室 – 实验室 – 图书馆 – 工作室"（Hawkins，1983，p. 79）。

时间的利用。这有更深层的含义：瑞吉欧教育工作者认为，教室的设计决定了孩子们如何利用时间。例如，如果移动低矮的长凳非常方便，那么孩子们可以将它们尾接尾地排列成船、火车、蛇或其他符号形式，或者将长凳的边角相连便于他们交谈，或者将它们摆成矩形将空间包围起来。孩子们如何布置空间决定了他们将要开展什么活动。在这里，当教师研究孩子们如何做出选择时，研究和设计就相互结合了。这让我想起了爱斯基摩人的雕刻，朝着不同的方向雕刻，就会出现不同的动物或同一动物的不同姿势。人类学家埃德蒙·卡彭特（Edmund Carpenter，1973，p. 145）称之为"同时感知同一形式的多重意义"。重点是：瑞吉欧学校的一切环境都是为激发幼儿的多重潜能而设计的。这种设计既提供了无限的可能性，又强化了空间、时间和关系的交互作用。本书中的例子体现了这样的设计效果。

合作

作为合作者，瑞吉欧教师能认识到，团队中的每个成员都会提出自己的观点，合作的努力会激发出每个团队成员的特殊技能。差异性可以让合作成果更丰硕。每个人从婴儿期开始就是独一无二的。把不同性格、能力和经验的儿童聚集在一起，可以为他们提供丰富的方法进行相互模仿、彼此接受或拒绝。这样做可以通过参照别人的长处来磨炼自己的能力。

英国人类学家彼得·雷诺兹（Peter Reynolds）猜测，随着人类的进化，合作推动了工具制造和语言的发展。他的理论建立在对澳大利亚土著居民进行的多年研究的基础之上。他们不是：

"使用简陋的石器工具的杂而不精的人"……而是依赖"任务专业化、象征性协调、社会合作、角色互补、集体目标、操作的逻辑顺序以及单独制造的部件的装配"。（Wilson，1998，p. 171）

"雷诺兹认为，群体互动的特征是人类语言和智力出现的关键刺激因素"（p. 170）。他和其他科学家正在将小组合作与涉及手部技能、做手势、使用工具和语言等的认知过程之间的神经关联起来。这与我们在瑞吉欧教室和魔豆中心里观察到的现象相契合：教师利用合作过程来帮助儿童发展手部技能和思维能力。

组织

组织者/教师对环境与儿童所进行的"演奏"与管弦乐队指挥各种乐器演奏以及音乐家的动态诠释是一样的。例如，在瑞吉欧项目——"做狮子的肖像"中，阿梅莉亚教师精心安排了孩子们与狮子石雕发生的故事。经验联通经验——学狮子爬行，画狮子的轮廓，看这段体验的幻灯片，用颜料画狮子，对狮子的影子进行投屏，与真实大小的狮子木偶互动，绘画，制作壁画，雕刻。再比如，教师通过语言、墨水、马克笔、黏土和视频，协调了孩子们对可可的迷恋之情。教师不写剧本，就像乐队指挥不创作音乐一样，但她们都诠释了行为。

记录

对于教师来说，记录者是一个新的、独特的角色。卡丽娜·里纳尔迪（2006）说，"记录是教学法中的一个新概念。与传统的教育学学科相比，它更类似于传播学"（p. 69）。记录使倾听过程可视化。记录本上没有漂亮的儿童照片，但是定格了项目发展过程中的开创性时刻。记录使一个项目的发展过程有迹可循，使教师和儿童能够回顾自己的思考，有时冥思苦想，有时豁然开朗。在上文和第六章中也讨论了这个角色，我在这里只提一下。

介入

根据费厄斯坦的观点，中介者会有意识地引导儿童关注某个经验，并将其与先前的经验联系起来。他说，中介者必须富有激情和感染力（Feuerstein et al.，2006），这是在瑞吉欧教师的身上可以看到的特质。他们在很多课程开始时都会提出要求："孩子们！注意！"他们说话的语气坚定，会用行为激励孩子们"我希望你能全力以赴"，会用姿态提醒孩子们"激动人心的事情就要发生了"，会用情感回应孩子们"我尊重你的想法，在意你要说的话"。教师引导孩子们专心、投入和期待，费厄斯坦说，意义和超越是干预被视为介入的另外两个必要条件。在这本书中，我们看到教师们在讨论意义：回想第二章中温迪教师教单词的意义，珍妮弗教师反复讲解特定材料的性质，索尼娅教师经常组织孩子们讨论友谊的意义。我们看到教师将图画转化为模型、进行类比、向新的方向扩展项目，这样做都是为了让孩子们超越经验。

教师/中介者相信每个儿童的学习能力。费厄斯坦认为，通过有效的中介作用，任何人都能够学习（无论是否健康，起始年龄和病情的严重程度如何）。加德纳（1983）说："最近的研究表明，几乎不可否认的是，无论最初的差异如何，早期干预和持续的训练在个人的最终表现水平方面起着决定性作用。"（p. 316）瑞吉欧教育工作者是天生的中介者，魔豆中心的教师正在向他们学习。

复活节鸽子的每一个项目都是从教师和孩子们的讨论及倾听开始的，讨论涉及他们对鸽子的感受、对材料的想法以及鸟巢的概念。孩子们的反应和成年人的合作开启了下一步行动。鸟巢制作活动因孩子们的强烈提议而引起：布谷鸟有巢，所以复活节鸽子也应该有巢！研究者知道先向儿童介绍鸟巢的重要性，设计者增添了更多的书籍，组织者还促成了实地考察。设计者／组织者引导幼儿思考鸟巢的特征和使用何种材料建构。组织者让孩子们开始绘画／塑形／建构，同时合作者／中介者参与活动或提供鹰架，记录者做好记录。

第四节　学习新角色

魔豆中心的教师对项目过程进行分析。用他们的话来说：

- 发现儿童感兴趣的问题；
- 解读儿童的作品——文字、图画、物品——表面意思或者隐含意思；
- 考虑项目在下一步可能出现的问题；
- 假设会再次出现什么问题或想法；
- 寻找自己和儿童感兴趣的事情；
- 做出选择。

让我们看看教师是如何解决这些问题的。

发现问题

在复活节鸽子项目中，孩子们的问题很容易确定，因为孩子们直接表达了他们的想法，而教师作为研究者／倾听者，听到孩子们说："复活节鸽子很孤独，需要一个孩子。""布谷鸟需要云朵。""布谷鸟需要一个地方来获得食物和水。""如果布谷鸟有巢，那么复活节鸽子也应该有巢。"教师／研究者抓住孩子们清晰的陈述和问题并加以利用，不是为了提供答案，而是为了培养孩子们的理解能力。戴维·珀金斯（1995）认为智力就是：

在不同情况下了解自己的方式（经验智慧）……还有……有关决策、解决问题、理解学习和其他重要的思维方式……策略、习惯、概念、信念、价值观等。（p. 236）

基于儿童问题的活动与直接教学形成鲜明对比，直接教学强调预先安排的课程，教师在预定时间内通过提供一些信息来达到特定目标，如用 5 分钟来学习"拥抱"（hug）中的"u"音，用 10 分钟来数塑料熊。而基于儿童问题的活动旨在探索非凡的想法：什么是友谊？我们为什么要交流？我们如何表达爱？随着儿童阅历的发展，儿童对这些问题的理解也会逐渐不同。他们通过使用一些可见的或能具体代表其想法的方式来捕捉问题（如通过画作或模型），因为这些可以被分析、讨论、重塑。然而，仅仅用儿童的问题来实现非凡想法是不够的，因为儿童的问题并不能明晰项目的内容或者如何开始、继续和结束项目。课程计划有明确的界限，但教师不能预先决定项目的演变。如第二章中的例子所示，项目内容并不总是清晰的，有些项目（如上文所述）需要几个月才能出成果或延伸出新的内容。

解读作品

决定生产什么、如何引导生产和解读的过程，尤其是理解隐含的深层次意图，并不像看到孩子们想要制作救护车或寻找污染水源的渴望那样容易，这两件事让魔豆中心的孩子们非常感兴趣，并产生了一些项目：孩子们对《911》电视剧的兴趣实际转化为制作一辆 3D 救护车，对污染问题的明显反应是进行实验。但怎样回应孩子们对季节、颜色和可可的兴趣，则需要认真考虑。珍妮弗教师的一个突破是，孩子们通过制作一个锯齿形的雕塑来表达他们对树叶如何掉落的理解，隐喻性地代表了落叶的路径。这段经历告诉她，"当一件事代表另一件事时，它不必是文字上的代表"（Lewin-Benham，2006，p. 114）。

当复活节鸽子项目开始的时候，教师还没有进行深层次的思考，所以就对孩子们关于喂鸟器的想法进行了字面上的解读。云朵比喂鸟器更抽象，但不比鸟巢更具象。我们在鸟巢项目中看到了教师的成长，这是一种更原始但清晰可辨的表现。显而易见的或者隐喻的作品在不同阶段都是合适的。学习这些需要经验。

实践想法

从字面上看，让一个喂食器看起来像一个喂食器，就意味着把儿童的绘画变成实物。虽然这个项目不是很有想象力，但它为孩子们提供了做木工的机会，并让孩子们结识了木匠。在做鸟巢的过程中，教师让孩子们了解更多鸟巢的形状，并进行了长时间的讨论，结果孩子们有了一些更具想象力的收获。

3.5岁的谢皮让我做一架直升机。我用橡皮擦、图钉和纸做了一个看起来并不像直升机的东西，但谢皮很喜欢，马上拿着它飞来飞去。孩子们并不在意他们制作的东西和他们想要制作的东西是否一样。他们把所想事物的所有特征集中在所制作的实物上，不论想法和现实是否吻合。教师要学会接受这种脱节。8岁的儿童尝试接近现实，年幼的孩子只是简单地探索。越是有更多的问题让他们探索，他们学到的就越多。他们所学的东西包括制作技能和手部的精细动作。更重要的是，他们获得了一种享受挑战的倾向。

假设

瑞吉欧教师通过集思广益来预测项目中可能会出现什么。复活节鸽子就引发了这样的头脑风暴：

- 可推断与鸟有关的想法——鸟巢、鸟蛋或羽毛、稻草等材料；
- 不相关的想法——虫子、泥土和供鸟戏水的水盆；
- 参考照片——书和杂志上的照片；
- 供参考的鸟类——知更鸟、麻雀或金丝雀；

- 听觉联想——啁啾和咯咯声；
- 奇思妙想——会说话或运送人的鸟；
- 空间参考——公园、森林或后院；
- 文学参考——爱斯基摩涂鸦故事、伊索的《乌鸦和水罐》、安徒生的《丑小鸭》。

经过头脑风暴，教师将自己的想法和儿童的谈话进行匹配，寻找连接点。匹配得越多，期待的项目就越好。

魔豆中心中对假设不熟悉的教师更专注于：在今天的工作基础上，明天会发生什么？在用铁丝制作了云朵之后，孩子们还会使用其他材料吗？孩子们会制作他们经常提到的鸟宝宝吗？鉴于教师所学的角色的复杂性，狭隘的思维在教师坚守的事实面前显得黯然失色。随着对教师角色理解的深入，她们对下一步可能发生的事情的预测也随之扩大；可以回顾四季项目（第三章）、可可猫项目（第四章）、生日庆祝活动（第五章）和复活节鸽子等项目的发展历程。

实现教师兴趣

在瑞吉欧教育的实践中，教师的持续成长和孩子们的成长一样重要。魔豆中心的教师要面对发展受阻的孩子所带来的挑战：他们不绘画、自卑、受家庭问题困扰。发现这些孩子的兴趣是教师要接受的挑战。例如，阿隆佐从不绘画，但是他能把3D雕塑按比例缩化为纸工作品。这样的孩子就要求珍妮弗教师在与其合作时不要太过指手画脚。生日活动让索尼娅教师同时锻炼了以下多项能力——分组、制作各种礼物、与家长协调、与其他教师合作的能力。城市资源项目要求温迪教师利用市图书馆、植物园、医院、兽医诊所或国会大厦来拓宽孩子们的眼界。正如 W. 鲍德温（W. Baldwin）所说，"我们看着她们成长"（W. Baldwin, 2007）。组织孩子们谈话对吉尼特教师来说是挑战。刚开始，她不知道该怎么做，可一旦跨过这个障碍，她会觉得每次组织孩子们讨论是一个令人享受的过程。教师和孩子一样需要挑战。

做出选择

　　做选择是教学的本质。然而，如何选择却很困难。你如何选择最有创意的想法？如何选择具有启发性的问题或短语？如何选取儿童组成最佳的互补小组？如何选择最合适的材料？复活节鸽子项目整合以往的经验，深化了教师的理解，包括如何使不同的儿童参与或退出长期项目、推进项目的进展、等待新想法的产生。这样的选择对于以提高考试成绩为目标的教学来说是陌生的，但却是围绕哲人与圣人的思想、进步教育和最佳实践的理念而建设的学校的一部分。

　　教育儿童是一场没有彩排的表演。儿童的发展如此迅速，关系如此紧张，每一天都是不同的。瑞吉欧教师的角色如此复杂，要求教师做到即时回应，这意味着教师要经常迅速地在多种角色间进行切换——引导，跟随；干预，反对；演示，观察；讲述，询问。这些具有戏剧性的选择要求教师时刻保持清醒。任何尝试瑞吉欧工作模式的人都会有自己的选择，而不是照搬别人的教案。

第五节　被遗忘的空间

　　天花板是复活节鸽子项目中最为突出的元素。天花板经常被遗忘，主要是因为不在孩子们的视线范围中，一般不会被使用。但是临时悬挂的精致的鸟和云朵为房间增添了不可估量的视觉趣味，将孩子们的注意力吸引到了上面。大家一般不会想到学校的天花板上悬挂着雕塑，更别说是小孩子做的相当大的作品。

　　为婴幼儿或学前班儿童创设空间……需要……教育学、心理学、建筑学、社会学和人类学……产生了一种研究，这种研究欢迎来自这些领域的贡献……音乐、舞蹈、设计、表演和时尚。这保证了空间……它本身将是一个研究项目，因此能够日复一日地评估自己的成果，评估语言的有效性，评估与形成过程进行对话的能力，而与形成过程进行对话是真教育的基础。（Rinaldi，2002，p.8）

魔豆中心的教师和孩子们正在经历不同的发展过程——成为一个能够创设启发性环境的教师，成为有表达力的孩子。很多关系对象会促进他们的成长：大洋彼岸的孩子、意大利教师、博物馆木匠、鸟一样的雕塑、城市里的资源、学校里的材料，当然还有同伴、生活中的成人和环境。

大型的复活节鸽子项目提升了教师利用环境并将其作为催化剂的能力，帮助孩子们关注细节并学会欣赏美。孩子们意识到雕塑的戏剧性并注意到参观者的反应——震惊、敬畏、钦佩。雕塑明显改变了空间，影响了整个环境，真正地且象征性地开启了新图景。

第六节 复杂的、原创的、创造性的工作

霍华德·加德纳（1993）曾说，艺术家（画家、舞蹈家、诗人、设计师）的作品离开了观众与评论家就不完整。在魔豆中心里，教育工作者、心理学家、博物馆专业人士、资助者和其他参观者充当了观众和评论家的角色。大多数人都不敢相信这些孩子在刚入学时几乎无法被管控，并且出身贫寒。当参观者看到孩子们的自信、伶牙俐齿和复杂的作品时，他们还以为这些孩子来自经济条件优越的家庭，或认为他们的家长积极地为其创设了教育环境，或认为这些孩子是提前选出来的高智商的孩子。其实我们遵循先到先收的原则，只要华盛顿公立学校系统证明他们符合国家的贫困标准，我们就会接收他们。魔豆中心的孩子的家庭经济状况最差，最缺乏安全感，面临着城市内部的危险。来访者注意到孩子们的能力来自他们的先天禀赋，来自致力于扮演新角色的教师的培养，也来自教师相信他们可以从事非凡工作的信念。

第九章

搭建一座桥梁

> 我们不是天生就是教师。教学"是通过工作创造的"。
> ——洛里斯·马拉古奇（与戴安娜学校到访团的问答，瑞吉欧·艾米利亚，1992年3月6日）

本章中描绘了两个学前儿童遇到的挑战，他们用黏土搭建了一座大桥梁。它显示了马拉古奇如何利用挑战来激发卓越，以及阿梅莉亚如何在为美国儿童提供挑战时面对文化冲突。它表达了我作为园长在公众聚光灯下接受挑战的担忧（涉及媒体、大学/研究界、国际访客和其他重要人物）。它描绘了一位年轻的教师正在面临挑战，两个儿童正在努力应对挑战。这一主题——对教师的专业支持——是瑞吉欧教育基石的一部分且在幼儿教育中很重要。一些细节在未发布的项目视频中有所展示，其他则与阿梅莉亚·甘贝提和魔豆中心的员工在中心里实施的为到访团而举办的项目相关。

第一节 主角

1995年4月。第一天——确保孩子熟悉桥梁并使用过黏土。第二天——搭建桥梁。主角：珍妮弗教师、蕾妮，还有德马科斯。发起人：洛里斯·马拉古奇、阿梅莉亚·甘贝提和佐瓦尼·皮亚泽。支持者：安·卢因。首先我会对他们的思想进行介绍。

马拉古奇

马拉古奇敦促阿梅莉亚给魔豆中心的教师和儿童带来巨大挑战。他使用的意大利语单词是"provocazione"。该词在字面上的翻译是激起,美国人会听到贬义的含义:激怒、触怒、使烦恼或引起争斗。对于意大利人而言,这种感觉是具有启发意义的——唤起、刺激、唤醒或引起强烈的欲望。它传达出一种期望、探索、好奇和参与的氛围。通过"激起",马拉古奇挑战了两个瑞吉欧幼儿园和魔豆中心——用黏土建造一座大桥梁——让每个与幼儿一起工作的人思考支持教师意味着什么。

马拉古奇与美国有很深的渊源。他研究了美国的教育哲学家——杜威、布鲁纳、霍金斯、派普特和加德纳。他很了解他们的著作,经常引用他们的话语,并且在他们到访瑞吉欧时陶醉于思想的交流。在青年时期,西方电影人物影响了马拉古奇——查理·卓别林(Charlie Chaplin)、约翰·吉尔伯特(John Gilbert)、玛丽·璧克馥(Mary Pickford)、具有永恒魅力的牛仔("我喜欢遥远西部的草原。那里永远没有边界、警长、等级制度和法规")(L. Malaguzzi,1992)。

马拉古奇是一位大师级的管理者:具有前瞻性的设计者、指导精心制作的组织者、从儿童的微小行为中看到人类发展的戏剧性事件的合作者。他相信人类对胜任感的追求是幼儿精力充沛的源泉——挑战的刺激、新奇的感受、发现的喜悦、"啊哈"时刻的狂喜。他不仅能辨认,而且精于唤起"啊哈"时刻。1993年12月,马拉古奇向阿梅莉亚提出了一个面向魔豆中心的挑战项目:用黏土建造一座大桥梁。

阿梅莉亚

遵循强制性政策,阿梅莉亚在瑞吉欧学校中任教20年后退休。出于对继续工作的热情,她选择了美国的学前教育工作并以此作为她的下一个舞台。

我想分享我的经验。我害怕,在我的文化之外,对美国代表团提出的大量问题感到好奇。我已经退休，但仍然想接受挑战。（A. Gambetti，在魔豆中心日与来访教师交谈，1994年6月20日）

因此，1993—1994学年，阿梅莉亚在华盛顿特区担任魔豆中心的高级咨询教师。我说服她帮助我们适应瑞吉欧教育实践。12月，阿梅莉亚返回意大利过节。渴望了解她的经历的马拉古奇多次与她会面，研究她的描述，并试图寻找吸引阿梅莉亚到美国学校的原因，期望将瑞吉欧教学法移植到美国。他不断地向她提问。

阿梅莉亚回忆了他们的会面："我感到自己好像经历了三次博士答辩。他想了解一切。"在专心倾听之后，马拉古奇向阿梅莉亚提出了挑战："你已经在华盛顿特区与想要繁荣的人类一起创造了一个环境。让我们看看这是否与我们的经历有相似之处。"他建议她做一个项目并以此作为对魔豆中心的学生的挑战。

马拉古奇建议阿梅莉亚尝试一个喷泉项目。回忆起拉维利塔学校的"鸟类公园"项目，阿梅莉亚感到非常震惊："那太难了！"该项目历时两年。孩子们的想法在较早的项目中就有先例，因此他们对公园所在的领域有深入的了解。拉维利塔的墙上挂着过往经历的记录。

回忆比比皆是。其中一个讲述的是儿童、教师和家长在冬季的暴风雨后共同努力恢复场地的故事。另一幅是巨大的壁画，覆盖了广场上的一堵墙，孩子们从蚂蚁的角度描绘了田野。公园项目一开始，孩子们就进行了广泛的研究、多次讨论、数月的雏形设计、预测试、测量以及发现物理问题。孩子、家长和教师的共同呼吁使该市的水务部门安装了用于建筑的水管。最终，孩子、教师、家长和邻居合作建立了一个富有想象力的鸟类公园。这是阿梅莉亚回忆的情景。当时她回答说，魔豆中心不可能做喷泉项目。

"那么，您的孩子们不知道喷泉吗？"马拉古奇打断了阿梅莉亚的想法。

"知道，但是……"

"华盛顿没有喷泉？"

"当然有，但是……"

"您的孩子们从未见过这些喷泉吗？鸟呢？当然，您的孩子们对鸟类有所了解！"

再一次，阿梅莉亚想到了拉维利塔的孩子们。他们很了解公园中的动物以及所有的关系——猫与鸟，鸟与松鼠，以及他们自身与所有动物的关系。他们赋予动物与他们同样的想法，因此知道该怎么做才能使鸟类更舒服。在这个长长的发展过程中，他们在公园里设置了两个鸟类观测站。孩子们在那里用双筒望远镜看鸟并用装备来呼叫它们，提供食物来供养鸟类，使用装饰品来吸引它们。阿梅莉亚想到了这些深厚的关系。她知道孩子们的下一个项目正在进行中，这时他们正在构建一个巨大的鸟类翅膀模型。

"不，太多，太长了！"

"没有鸟？那就彩虹吧！"马拉古奇坚持。

阿梅莉亚想到了"彩虹"，这是戴安娜学校的艺术教师维娅·维基领导的一个项目。戴安娜学校是一所瑞吉欧幼儿园，马拉古奇和维娅在其中提出了工作室教师的角色并进行了长期的广泛对话。三个五六岁的男孩进行了一系列漫长的实验，发现如何使用镜子、水桶、手电筒制作彩虹以及最重要的太阳光线。

分析着阿梅莉亚的想法，马拉古奇打断道："你应该感到内疚！你拒绝类比，拒绝挑战。华盛顿有桥梁吗？儿童一定对桥梁有印象。美国的桥梁如此之大！"

一直在听的维娅："让我们的两所学校和魔豆中心进行相同的项目。不要拒绝，阿梅莉亚！"

马拉古奇："你不尊重孩子！观察他们。看看两个孩子是否可以一起用黏土搭建一座桥梁，使它成为一座大桥梁。请在开始之前确保他们了解桥梁。"

不到一周的时间，即在 1994 年 1 月 31 日，马拉古奇致命的心脏病发作。

1994年2月，阿梅莉亚回到了魔豆中心。也许因为这是马拉古奇的最后一次激励，而她仍对他的去世感到震惊。也许是因为两所瑞吉欧学校的学生已经在搭建桥梁，也许是因为这很有意义，阿梅莉亚接受了挑战。她会找儿童使用黏土来建大桥梁，观察积木区以了解儿童是否知道桥梁，观察工作室以了解儿童是否知道黏土。有些儿童确实具有这方面的经验。马拉古奇的最后一次激励将会生效。魔豆中心的儿童将面临共同解决问题和制定策略的挑战。她知道这需要儿童、教师和学校付出巨大的努力。

通过分析教师所需要的支持，我们看到了一位充满活力的领导者马拉古奇，以及两名出色的教师坦率地表达了自己的想法、疑问和争议。马拉古奇体现了领导者作为激励者、发起者、挑战者的角色并做到了鼓舞、劝导和坚持不懈。领导力对于支持教师至关重要。

佐瓦尼

佐瓦尼和阿梅莉亚在20年间合作了许多项目。他们的团队合作是无可挑剔的，他们的风格是相辅相成的——佐瓦尼深思熟虑，阿梅莉亚具有说服力。他们都善于利用项目的结构来帮助儿童表达他们的想法并扩展能力。佐瓦尼将录制桥梁项目。视频可以有效地帮助教师反思他们的表现。

安

桥梁项目中有很多风险。到1994年4月，有消息称魔豆中心正在采用瑞吉欧教学法。在魔豆中心里，越来越多的教师、行政人员和新闻媒体人员蜂拥而至，瑞吉欧教育工作者谈到位于华盛顿的学校（魔豆早期学习中心）——该学校验证了瑞吉欧教学法，证明了这一实践在其他地方也可以应用。我们知道桥梁项目中所发生的一切将得到广泛报道。但是我们不知道我们的孩子会如何应对，他们是否会接受挑战。

我们充满了担忧：德马科斯和蕾妮可以将他们用积木建造的知识转换为用黏土建造（从一种介质转换为另一种介质）吗？男孩和女孩会合作还是

使用冲突的策略？他们会坚持吗？他们会解决问题吗？珍妮弗教师会如何回应？录像会产生什么影响？魔豆中心项目和瑞吉欧幼儿园项目将如何并列？瑞吉欧幼儿园的孩子有能力完成如此复杂的工作。我们会不会比不上他们呢？

珍妮弗

两位专业人士在观看。珍妮弗很害怕。

我们的大多数孩子都没有使用胶水、颜料、黏土、编织物、绘画材料、记号笔、铅笔的经验。他们的第一反应通常是"我不能"。让他们对使用材料感到舒适是一个巨大的挑战。许多初始项目只是使用新材料进行的练习——简短的项目，可能是一小时、一个早晨、一个星期。

我不知道对德马科斯和蕾妮能有什么期望。我们之所以选择他们，是因为我们从他们过去的黏土工作中知道，他俩都喜欢这一工作。在与六个孩子一起进行的探索中，德马科斯自发地制作了三座小桥，就像一条黏土蛇，每座小桥都首尾相连。它们不可思议地立了起来。在桥梁项目之前，德马科斯和蕾妮仅探索了三次黏土。但是他俩都具备尝试新挑战的能力。德马科斯喜欢工作室，并且始终渴望做任何涉及它的事情。如果我邀请能够熟练使用材料的蕾妮，她总是回答："当然可以。"（J. Azzariti，1995）

支持教师意味着将他们置于新颖而复杂的环境中。他们和所有人一样都需要挑战，这有时意味着走在一条没有护网的高空绳索上！

德马科斯和蕾妮

6岁的德马科斯和5岁10个月的蕾妮几乎没有使用过黏土，但他们建构的积木表明他们对桥梁有所了解。他们也对桥梁有记忆。他俩在项目开始时都提到了吊桥。德马科斯对吊桥为何会打开有一个理论。他们在项目的进行过程中受阻时，蕾妮知道："我们可以建造一座打开着的桥！"如此多的事情关系到项目的成败：孩子们的自信心，教师的胜任感，瑞吉欧教育工作者对他们的学习方法是否会改变的评估，魔豆中心的声誉。

第二节 故事

1994年4月12日上午9:38，珍妮弗教师把孩子们带到工作室。录像机开着，佐瓦尼教师在录音，阿梅莉亚教师在观察。珍妮弗教师回忆说：

我好紧张。我从来没有做过这样的事情，有两位专家正在研究每一步。我知道我不能打断（他们）去问问题、去征求他们的建议或意见，我完全是独自一人。我知道大家对这个项目的期望。同样的项目已经在两所瑞吉欧学校中开始了，现在他们期待着我们。（J. Azzariti, 1995）

解释挑战

珍妮弗对蕾妮说："有一天，在工作室里，我看到了你做的一些奇妙的东西——汽车、恐龙的房子、一棵树。还记得树吗？"

珍妮弗对德马科斯说："德马科斯，你做了很棒的事情。桥梁！记得吗？你实际上搭建了三座桥梁。你曾在某个地方看到过桥吗？"

德马科斯："我看到过一座打开的桥梁，这就是为什么我做到了。"

珍妮弗："桥打开了吗？哇，真不可思议！为什么会打开呢？"

德马科斯："为大船而打开。"

珍妮弗对蕾妮说："你见过那样的桥吗？"蕾妮对于看到过的吊桥进行了评论。

珍妮弗教师继续介绍该项目："我有个主意。由于你们在黏土方面表现出色，并且是有能力的建造者，所以我认为今天我们可以尝试建造一座大桥梁。"

珍妮弗教师指着桌子上的一张大蓝纸："我这里有这张蓝纸。"它覆盖了120厘米长、76厘米宽的桌子的大部分，两端各有一点空隙。"这可能是条河流，像波托马克河（Potomac）一样。"

德马科斯："就像水……"

珍妮弗："是的，这可能是水。是吗？"

德马科斯："……并漂浮起来。"

珍妮弗："的确是的。因此，我们需要一座桥梁。（她将手放在德马科斯一侧的桌子边）但是，它必须有一侧在这边……"

德马科斯兴奋地说道："必须很大。"

珍妮弗："……还有一侧在这里。（她从桌子的一侧打手势，把一只手放在另一侧）它必须越过这条河。"

德马科斯："它必须进入水中。"

珍妮弗："的确是的。你认为你们可以尝试吗？"德马科斯和蕾妮热切地点头。

材料介绍

珍妮弗走到附近有黏土和其他物品的桌子旁："这是什么？"

她旁边的孩子："黏土！"

珍妮弗："是的！你们喜欢新的黏土吗？"

德马科斯："嗯，嗯！"

珍妮弗得到了准备良好的环境、阿梅莉亚的指导、佐瓦尼的记录、我的热情以及她对如何选择儿童开展项目的不断加深的理解的支持。

桌子上的材料有：几块小黏土和一块巨大的矩形黏土块——重11千克，高38厘米，被切成两半（用铁丝将黏土从块上切下来）；许多木质圆柱体，它们的直径和高度各不相同，有些直径大于 2 厘米，有些比铅笔还细，有些高 40 厘米，有些仅 10 厘米高；木板条，厚约 6 毫米，大小不一，有的大到 15 厘米宽、30 厘米长；还有两个装胶水的罐子，里面各有一把刷子。

珍妮弗边搅拌胶水边说："你们以前使用过这个吗？有水的黏土。它能做什么？"

德马科斯和蕾妮："它是胶水，能粘住你的碎片。"

珍妮弗："是的。如果你们需要的话，这里还有一些木板条和用来切割黏土的铁丝。我们将从黏土开始。如果你们还需要其他东西，你们可以再来拿。"

蕾妮很高兴："耶！"

珍妮弗："我希望你们一起努力弄清楚如何架起这座桥梁。因此，准备好了就开始吧，不过你们可能想谈一谈要做什么。"

当孩子们看着材料桌时，珍妮弗提醒他们："这将是一座巨大的桥梁。"

孩子们开始了

德马科斯拿来了被切成两半的大黏土中的一半和一罐胶水。蕾妮拿来了小黏土和一些木质圆柱体。

德马科斯看着大量的黏土："我们或许可以建造两座桥。"

珍妮弗作为一名艺术家，对如何聚焦问题有一种天生的意识："不，我们就建造一座，但它将是一座很大的桥，这将需要很多黏土。"

艺术家的视角可以重新定位其他教师的整体教学方法。让艺术家作为合作者是一种支持教师的新颖方式。

当孩子们开始将他们的大块黏土变成煎饼状并左右翻转时，可以听到拳头敲打黏土和黏土块撞击桌子的声音。珍妮弗看着，记录下他们的评论和活动顺序。这种实践的反思性——允许有时间进行观察和记录——引导着她。

蕾妮沉默了很长时间:"德马科斯,你忘了使用胶水了。"

德马科斯:"但是我不需要胶水。"

蕾妮表现出听得很认真的样子:"她不是说,别忘了胶水吗?"德马科斯开始在黏土饼上刷胶水。

蕾妮也开始在黏土饼上刷胶水:"为什么这么做?"时间在流逝着。

珍妮弗不确定如何继续进行该项目:"现在你把胶水涂上了,你打算做什么?"

德马科斯开始走向蕾妮拿到桌子上的木质圆柱体:"我要用一个木棍……"

在他触碰到它们之前,蕾妮伸手拿起两个最大的圆柱体,并将其中的一个递给德马科斯:"木棍是硬的,你甚至无法弄断他们,德马科斯。"

德马科斯将圆柱体插入他的黏土饼中,使其直立,然后回答:"不,你可以,如果你……"他做了一个挥手的手势,不小心碰到木棍,把它打翻了。

蕾妮用一只手在黏土饼上刷胶水,另一只手握着木棍:"我在握着我的,德马科斯。"

一个计划

德马科斯再次插入圆柱体,捡起一小块黏土并将其拍平。他坚定的行动表明他有一个计划:"我们可以将黏土粘在一起,然后架起桥梁。"他开始用胶水刷柱顶:"我要把桥粘在这里,蕾妮。"

蕾妮盯着德马科斯的直立的圆柱体,模仿他所做的事情:"我在做同样的事情。"德马科斯继续在他的圆柱体上刷胶水,将其从黏土上移开,小心地在其侧面刷胶水。

珍妮弗仍不确定,犹豫着对德马科斯说:"呃,你想告诉我什么……"德马科斯停止了刷胶水,并将圆柱体的一端插入他的厚黏土饼中。

珍妮弗作为艺术家的感觉凸显出来,她指着这罐胶水和德马科斯讲话。

她坚定地说："这可能不会帮助木头粘在黏土上。你为什么不使用更多的黏土呢？"现在珍妮弗对自己非常肯定且非常有指导性地说："请尝试用更多的黏土并将其粘在上面。"（她再次指向胶水）"因为这样做，固定不了木头。"德马科斯从黏土块上切下一小块黏土并将其捣成薄饼状，然后将其压在圆柱体的顶部。蕾妮照做。

德马科斯激动地将他的建筑物从桌子的侧面搬到了蕾妮的一侧，将它放在靠近她的桌子上，然后大声说："哇，天啊！"在他看来，如果黏土可以使他的圆柱体与蕾妮的圆柱体连接，那么桥梁就建成了！

"呃……德马科斯……"珍妮弗问，"你为什么要把它放在桌子的那一边呢？"蕾妮正在平衡她和德马科斯的圆柱体顶部的一块扁平的长方形木板，以填补中间的距离。德马科斯压下木板，伸出双手，好像在说："瞧！"蕾妮高兴地叫出声。他们相信桥梁已经完成！

珍妮弗站起来进行介入："这是个好主意，但需要更长的时间。"接着，她打了个手势："它必须从桌子的一边穿越到另一边。"

德马科斯拆下木板，却不相信："更长一些？"

珍妮弗："我们必须弄清楚……从桌子的那一边（她指向德马科斯的一侧）到这一边。"（她指向蕾妮的一侧）

德马科斯："我们如何才能做到呢？"

珍妮弗以设计者的身份思考："这就是你们需要谈论的。它需要更长。你们需要帮助吗？还是你们可以小心地将自己的建筑物搬回原位？你们可以另想办法。"德马科斯移走了木板，将他的建筑物放回到他那一侧，然后离开了。

孩子们从头开始

珍妮弗作为合作者，将圆柱体和黏土块从蓝纸上移出："我可以将它们移开吗？这样你们就能看清方向了。让我们把它变得清澈。"（她指向水面）她重新整理使"水里"不再有其他物品："好了！现在！"

蕾妮在蓝纸上比画："现在，德马科斯，我们将如何使这座桥横跨所有的水面……"

德马科斯在房间的对面说："你完成它。你来想吧，我不想了。"

任何教师都熟悉这类情况：超出儿童能力范围的挑战会引发抗拒。你是否承认该项目可能太具挑战性或需要坚持不懈？坚持不懈需要一种具有支持性的氛围，这种氛围需要有时间和态度接受试验与错误、未经检验的理论和不可行的假设。支持教师意味着允许他们失败。

德马科斯回来了。两个孩子都到材料桌上拿更多的黏土。德马科斯拿取了另半块大黏土和几块小黏土。蕾妮也拿取了很多黏土，开始将黏土推向厚圆柱体的底部。她有个主意。德马科斯一直在努力地稳定顶部的木板，而蕾妮却专注于底部。

后来珍妮弗说：

我不知道要干预多少或何时干预。在孩子们捡木头的时候，我特别紧张。我不知道是否规定只能使用黏土。幸运的是，我看到了佐瓦尼和阿梅莉亚鼓励的神情，所以我知道用木头是可以的。

专家们在关键时刻做出了回应。

一种方法的出现

珍妮弗作为设计者，注意到蕾妮正在做的事情，指着底部建议道："使用更多的黏土，把黏土放在柱子旁边，因为德马科斯要在顶部增加东西。"她还向蕾妮展示如何做："底部需要进一步加固。用手指将它弄平。"

蕾妮将几块黏土稳稳地推到底座上，将它们压到柱子的侧面并向上压，直到柱子最终稳定："你瞧！"德马科斯也开始向底部添加黏土。

蕾妮："德马科斯，不需要了……它足够坚固了！"

德马科斯摇动圆柱体："感觉并不是很坚固。"

珍妮弗："它还是会有点摇摆，但蕾妮做得很好。"德马科斯拿了一块厚厚的黏土，将其压在圆柱体的顶部。

珍妮弗进行介入，坚定地纠正了他的操作："别那么用力。要温柔。"

蕾妮来到德马科斯那一侧，围绕他的柱子工作，敲打黏土块，然后在底座周围将其推平整以固定柱子，直到它像她的一样坚固为止。

德马科斯仍然在弄着蕾妮的圆柱体。他拿出另一块厚黏土板，并用胶水将其与第一块连接，从而使蕾妮的柱子顶部朝德马科斯的方向延伸了大约20厘米。但是，这个重重的跨海大桥倒塌了。

蕾妮看到后，从巨大的黏土块上整齐地切下一块薄薄的黏土板。她在德马科斯的柱子上刷上胶水，然后巧妙地将她的黏土板粘在柱子上。接着，她粘上第二块薄板，这次她用一块固定在"水中"的木板支撑末端。它平衡了！她在黏土桥上刷了更多的胶水并添加了第三块薄板以延长桥面的长度。意识到自己的方法行得通，她高兴地大叫："两个！"

珍妮弗回忆道：

我以为他们会用木头来支撑黏土，直到它变干。我仍然不确定，甚至觉得用木头做桥柱可能是作弊！（J. Azzariti, 1995）

竞争

德马科斯仍在试着把他那块不断脱落的厚桥板固定住，并嘲弄道："你快被打败了，蕾妮！"德马科斯在厚厚的木质圆柱体中间增加了一个巨大的鼓起的黏土环。

珍妮弗靠近德马科斯："如果你把它放在底部会更牢固。"（她指向黏土环）

蕾妮嘲弄德马科斯，唱着歌："瞧瞧你做了什么！"

德马科斯感到不好意思："每个人都在看着我！"

蕾妮笑着，仍在嘲弄："每个人都在看德马科斯！"德马科斯的笨重的黏土环平衡了片刻……"德马科斯，你在干什么！"……但是柱子又塌了！

蕾妮大笑："你的塌了！真有趣！"

珍妮弗坚定地进行了干预："蕾妮，也许你可以帮助德马科斯将那一部分立起来。你认为你可以帮助他吗？"她重复道："你能帮他吗？"

蕾妮："呃，也许吧。"但她一直在自己的这侧工作。

珍妮弗坚持道："我认为你可以帮他。为什么你不试试是否能现在向德马科斯伸出援手呢？（她指向上方的突起）它不停地掉落，所以他需要一些帮助。"

魔豆中心的教师对何时进行干预、坚持和坚定地重新定向有着良好的意识。他们是有意向性的。

合作

蕾妮走到德马科斯的身边，拿掉巨大的黏土环并将它捣成一块大的平板："如果那东西不重，它就不会掉下去。"德马科斯专注地看着她。蕾妮用一只手将黏土板放在德马科斯的柱子上，用另一只手去拿一块木板。她将木板放在厚黏土上并将其向自己的那一侧倾斜，然后将其插入黏土底部。接着，她用一只手支撑黏土板，用另一只手捏住它，以使其粘住木板上层的薄薄的边缘。她以连续不断的灵巧动作完成了这一任务。"喔！我们正在搭建一座桥梁，一直到这里，"她指着她之前所在的桌子的那一侧，"看！你的是直的，我的在那儿。"

保持专注

10:30。50多分钟过去了。充足的时间可以支持参与重大挑战的教师。蕾妮在工作，德马科斯跑到一边。孩子们交谈着与桥无关的话题。蕾妮一边聊着，一边工作，德马科斯在回应时只是看着，并没有参与。珍妮弗教师坚定地将德马科斯重新带回到任务中："德马科斯，如果你尝试在那一边工作，那么会怎么样？"她指向桌子的另一侧。德马科斯拿了一大块黏土到另一侧并捣碎，然后将它们添加到蕾妮放置的支撑物上。蕾妮回到她原来的那侧，测试着那根大柱子："它不稳定。"

德马科斯去洗手间，于 10:36 返回。

珍妮弗坐在蕾妮的柱子的后面："我能把这里做得更坚固一点吗？"作为合作者，她将黏土粘在底座周围，熟练的手指动作使结构保持稳定，从而使其立住。复杂的角色为教师提供了多种干预方式。

10:40。蕾妮热情地看着每一侧的桥，回想起吊桥："我们可以建造一座打开着的桥！"

10:42。珍妮弗在德马科斯的身边，把手放在他所添加的木板上："我们需要一些东西来帮助它立起来。"珍妮弗和德马科斯一起在底座周围弄黏土。

一种结构出现

10:44。在蕾妮一侧有四个支撑，在德马科斯一侧有两个支撑。两侧的距离还很远，但桥的结构显然正在形成。蕾妮环顾四周："噢！一座桥！我们会做成的！"

当德马科斯压平黏土以作为第三个支撑物时，珍妮弗教师与德马科斯合作加固了一个细圆柱体。当德马科斯准备添加一块平板时，珍妮弗问："多大尺寸？"她接着说："我们快成功了，几乎要连上了。"她对正在为这边的桥面捶打黏土的蕾妮说："别太用力了！"

蕾妮的桥面平坦，平行于桌面，以斜向上的角度与第一个圆柱体相交，然后略微上升连接到下一个圆柱体，甚至更高以便与第四个圆柱体相交，圆柱体太细了。她找到一个粗矮的圆柱体，在其顶部放置了一块薄平板！这使她的下一块黏土板向上倾斜，但它保持住了："哇！我的桥！要接上了。"

德马科斯的第三个圆柱体支撑着黏土。"对了！"他喊道。两个孩子都掌握了这项技巧。蕾妮添加了一块黏土板并尝试制作她的第五个支撑物，但它太短了,需要桥面向下倾斜才能对接上,这样桥就太陡了。她拿掉了黏土,稳稳地将第五个圆柱体放在之前的那个粗矮的圆柱体的上面!(见图9.1)现在,两个圆柱体在相同的支撑物上得以平衡!"就是这样!"她惊呼。

图 9.1　蕾妮增加了第五个支撑物

两个孩子都停下来检查他们完成的工作,唱道:"要接上了,要接上了!"

德马科斯的第四个支撑物保持良好:"越来越近了!"他们越来越兴奋,两侧的结构的距离明显开始缩短。德马科斯选择了一个厚实的又矮又粗的圆柱体作为第五个支撑。

约束

珍妮弗不满足于现有的解决方案,因为"水"里面的木头支撑物越来越多:"我们必须为船留出空间。"她的艺术家意识限定了问题,增加了复杂性。

这是艺术家的视角如何塑造问题的另一个例子。

蕾妮将德马科斯的粗矮的圆柱体移开了："我们需要给船留出空间。"

德马科斯："我们不能不为船留任何空间！"

珍妮弗："我们必须留出一条船的空间。"

德马科斯想到要拆掉那块稳定的木头，就伸出舌头，扬起眉毛，并添加了另一块黏土板："蕾妮，我要越来越近了！"

蕾妮发出嘶哑的尖叫声："更近了！"珍妮弗移到一个更利于观察的位置。德马科斯移到桌子中间。蕾妮在他的对面。

德马科斯："哦，蕾妮，我们就要够着了！"

从她的新角度来看，珍妮弗看到只剩下一个很小的空隙："哇！"

德马科斯观察了两段桥之间的水面："为什么这么宽？"

蕾妮擦着"水面"说："因为这是为船留出的空间。"

视线尽头

德马科斯："我们只需要……"他来回地转动他的手指，从桥的一侧到另一侧，唱道"嗒嗒——，嗒嗒——，嗒嗒——"。桥两侧的距离小于15厘米。与此同时，蕾妮压平了一块比所需更长的黏土，以弥合剩余的长15厘米的桥面。她正在桥面上刷胶水。

珍妮弗指向了德马科斯刚完成的部分与上一个部分的连接处："请确保你把它们压在了一起。"德马科斯像珍妮弗所建议的那样紧紧地挤压最后的两个平板。蕾妮将最后一个黏土板按压到她这边。两个孩子如此靠近，以至于他们的手几乎要碰触到。蕾妮用左手握住最后的黏土桥的未连接处的末端，同时伸出右手把黏土板放在德马科斯的最后一块平板的末端上，将桥面相连。

德马科斯睁大眼睛，看着说："蕾妮，你快做到了。加油，蕾妮！加油，加油！"当德马科斯大声鼓励时，蕾妮举起了最后一块长黏土板，并直接将其放在德马科斯的平板上。它们重叠了几厘米。她又将她的黏土板调低，小心翼翼地把它们连在一起。

德马科斯:"蕾妮,你做到了!"

德马科斯和珍妮弗:"你做到了!"

珍妮弗指着桥面的交汇处:"就在这里把它们捏在一起。"

德马科斯的手迅速地帮助蕾妮将她的平板牢固地按向他的平板。"啊!"带着压力,他咕哝着,当他们把最后一段桥面连接起来时,他们的四只手触碰到一起。

10:49。德马科斯大喊:"我们做到了!"(见图9.2)

珍妮弗:"太棒了!"

图9.2 "我们做到了!"

桥梁在桌子上延伸了将近90厘米。德马科斯为此欢呼!"现在,"蕾妮得意扬扬地说,"我要建造一条船。"她兴高采烈地跳了起来,高兴得手舞足蹈!

第三节 支持教师

魔豆中心的访客最常提出的问题是如何培训和更新教师。简短的答案是,瑞吉欧教师在内置的教师支持系统中工作。它采用多种形式:每班两名教师、许多非教学支持人员、管理员、厨师和其他帮手、午后员工、木偶师、艺术教师和教育工作者。教师必须不断学习。教师的选拔严格，每年从数百名申请人中精选出五六名教师。社区高度尊重教师。最重要的是，教师拥有每个人都认同的基本理念。共同的信念和协作式教学，再加上许多其他的支持，营造了一种氛围。在这种氛围下，教师不是接受培训，而是在职学习。正如马拉古奇（1993）所说，"除了在职培训，我们别无选择"（p.66）。

共同信念

因为每个人（包括整个社区），都有着相同的理念，所以一种文化得以进化（就像任何信仰体系一样）。教室在细节、项目和记录方面有所不同，但教师们对儿童的看法或与儿童互动的方式却是一致的。所有的教师都了解社会文化理论：我们——教师和儿童——是通过与环境及环境中事物的互动（尤其是通过与人的关系）而被塑造的。要通过工作被创造出来，就意味着要与儿童、家长、其他教师以及学校系统和社区中的其他人进行互动。这是瑞吉欧教师教育方法的本质。他们拥有共同的理念：一是因为他们拥有相同的根源，是同一文化的产物；二是因为30多年来，每个人都受到马拉古奇的影响，他的超凡领导力、独特的能量和远见推动了学校的发展。马拉古奇坚信每个人都"有能力创造，每个人都由许多人与许多历史片段所建构"（与戴安娜学校到访团的问答，瑞吉欧·艾米利亚，1992年3月6日）。这肯定了每个人的复杂性和做出贡献的潜力。在他们的互动中，瑞吉欧教师利用了每个人的"历史"和丰富性：无论谁在讲话，他们都会倾听，给予其表达自己的时间。小组成员尊重个人想法，无论他们是否赞成。尊重使新教师有勇气利用自己的经验，信任自己，产生想法并采取行动。新教师对在职学习的期望支持了他们的发展。

同事关系

经过紧张的甄选过程，最年轻的新手教师仅有19岁，开始与拥有15年教学经验的教师一起教学。从"第一天"开始，他们就与专家协同教学。专家作为一个随时可以接近的榜样，实际上是一位私人教练，也是这项工作中的同事。多年来，这样的两人组合每天协同教学，为同样的儿童和家庭工作，分享经验，讨论数百种想法，争论不同的解释，相互影响。经验丰富的教师是新手教师的榜样、讨论伙伴、辩论对手和教练。经验丰富的教师可以在每一分钟内直接或间接地塑造新手教师的个人能力，帮助新手教师成长。新手教师则提供了崭新的观点，他的想法不断更新并挑战成熟教师的观点。新手教师的问题激发经验丰富的教师用新的眼光来解释、反思和检验教学。

这种做法类似于师傅和学徒的关系，但有不同之处：经验丰富的教师从一开始会对新手教师的想法给予充分的认可，认为他们的想法和他自己的一样重要。从一开始，两者就分享见解、计划、观察、担忧和不同的意见。他们在家长／教师会议上有平等的发言权。新手教师并不是课堂助手，而是可以做出同样的贡献的伙伴。经验丰富的教师不会讽刺或冷嘲热讽，不会下达命令或开列任务清单。一切都是通过共识来完成的。随着相互信任不断增强，他们的合作简直天衣无缝。

马拉古奇并不是一开始就决定每个教室内应该有两名教师，而是实践了几年之后做出了这样的决定。是信念，而不是工作量或成人／儿童比率，推动了这一决定。他坚信两个成年人的多重视角将使教师成为更好的观察者，并对儿童的反应更敏感。这一承诺需要大量增加预算和采取暴风雨般的行政改革。马拉古奇亲自领导了这场"斗争"。

支持性环境

在瑞吉欧的课堂上，我目睹了教师频繁的讨论和辩论，看到了他们的坦率，听到了分歧，也感受到了爱。我看到他们对教师的尊重，并注意到艺术教师会经常出现在教室里，有时与一位或两位教师交谈，有时与一个或一群儿童交谈，偶尔会向我解释一些东西。他们的状态是自然的、轻松的、具有支持性的。后来，我见识到在这些交流中产生了多少反馈，对一位正在质疑自己所做的事情的教师来说，这些反馈是多么的有用。人力资源——教师同伴、学校中的其他教师、艺术教师、教育工作者——消除了恐惧并产生了信任。

制度是合理的。教师们的工作时间合理，假期宽裕，待遇优厚。家长们积极地参与并提供真正的帮助——制作教室设备、游说筹款、接待来访者、建造游乐场、安排外出郊游、积极参加家长会。家长的角色定义明确：不对教学内容或教学策略做决定，而要与教师合作，更好地研究如何促进儿童的成长，并使社区团结起来以支持学校。最后，由教师（而不是行政人员、学校董事会成员或家长）制定教学决策并通过自主权和资源来控制教育环境，这是美国教师所不知道的。

观察 / 反馈

在两次漫长的会议中，魔豆中心的教师与阿梅莉亚、佐瓦尼一起回顾了桥梁项目，并收到了专家的即时反馈。瑞吉欧教师经常收到这种反馈。它使他们的表现更出色，使他们的努力得到充分的回报。卡丽娜使用观察（observation）的拉丁词根来解释观察，"ob"——朝向某事，"servare"——保持或保存。我把自己放在某些东西之前，以使这些东西得以保存，这是教师与他所观察到的东西之间的互惠过程（Rinaldi，1992）。它暗示了被观察者和观察者之间的关系。最初，教师可能不了解正在发生的事情。但是随着项目的发展，他可能会再次遇到这个问题，也许从另一个角度讨论它，听取同事的评论，然后逐渐理解。

在桥梁项目中，我们看到珍妮弗教师进入了马拉古奇所说的"危险地带，未开发的、不熟悉的环境"（与戴安娜学校到访团的问答，瑞吉欧·艾米利亚，1992年3月6日）。珍妮弗在每次干预之后，都会变得更加自信。专家的在场、被观察的压力、对反馈的期望、挑战的规模、挑战的风险、新颖性和复杂性——这些都是培养一名教师应考虑的因素。

第四节　信念和文化是否支持实践

据我所知，没有哪所美国的瑞吉欧学校中有像马拉古奇这样的教育者。有些学校所在的社区对学校信念知之甚少，还有一些学校的家长则认为孩子在读写算中的进步是他们成长的唯一的重要证据。很少有人能理解——社会文化理论或对儿童能力的信念在实践中是怎样的。学校中既缺乏经验丰富的教师作为每时每刻的榜样，又缺乏瑞吉欧系统中可找到的教练和其他具有支持性的教育工作者。成人所了解的教育环境主要是教师教和学生学的地方，或者是教师因错误认识而导致教学失败的地方——教师错误地认为儿童通过自己的探索学得最好。在美国，工作／家庭中的时间压力与瑞吉欧教学的需求相对抗。这些差异是我们的文化现实。

许多幼儿教师还没有为意向式教学做准备，也不知道如何激励儿童。他们的经验并没有使他们为扮演第八章中所描述的多种角色做好准备。我曾与魔豆中心里的新手教师一起工作，他们真诚而勤奋。他们的材料是一个大杂烩，例如：卡通造型的塑料动物和抽象的木制动物，一些逼真的塑料昆虫和使恐龙显得矮小的蛛形纲动物。我们淘汰了这些卡通造型的材料，并按照科学分类法对所收集的蛛形纲动物、哺乳动物、史前爬行动物和鸟类等玩具材料进行了分类。教师和儿童一起尝试，并报告说儿童不再乱跑，而是长时间地玩动物分类的游戏。瑞吉欧教学法不是被动的。协作需要教师直接参与儿童的活动，这些活动具有挑战性，足以将儿童的精力从奔跑转为追求智力发展。瑞吉欧教学法要求教师干预儿童与刺激之间的关系以产生中介影响。教学的艺术意味着知道何时进行干预，说什么或做什么以及何时退出，并且每分钟都知道如何扮演第八章中所描述的每个角色。

创建瑞吉欧教育实践需要对教师的支持、开明的领导文化、精辟的学术研究、非凡的奉献精神和长时间的工作。它需要财政支持（通常在美国难以获得），并且需要从目前驱动政策的教学／考试思路的束缚中解脱出来。只要这些要求与政治意愿背道而驰，瑞吉欧学校就将停留在主流学校之外，对典型实践的影响很小，并与低收入家庭脱节。

　　魔豆中心尽管有其优点，却无法幸免于期间不断演变的政治气氛。希望无论身在何处，那些试图开办瑞吉欧学校的人所做的超凡努力都会被认可。希望这些先驱者会从这些关于魔豆中心教师、儿童和家长的挑战和成功的故事中得到启发。希望这些故事将有助于弥合文化鸿沟。

第十章

塑造幼儿园

> 过去读童话故事的时候，我想象过从未发生的事情，但是现在我却身处其中！
>
> ——刘易斯·卡罗尔（1941, p.47）

在这一章中，我将展示本书的研究和案例如何为政策提供指导以实现幼儿教育的最佳实践。首先，我简要地讨论了幼儿教育的五个方面——教师素质、评估、特殊教育、计划／人口匹配以及家庭参与。其次，我提出了充实现有标准的方法，使它们更好地向教育工作者、家长和政策制定者传递最佳实践的本质。最后，我总结了一些有关改变的想法。

第一节 幼儿教育的若干方面

在强调上文列出的五个方面时，我没有从一个全面或客观的角度出发。我的论述决不像文献综述。其他人对于教育家、心理学家的描述被详尽地呈现在大量的期刊和书籍中。我的讨论带有个人色彩、主观性和局限性，基于我40年来在幼儿教育领域（尤其是大多与经济贫困家庭相关）的工作经验。最初我是一名社会工作者，接着成为一名所谓的变革代理人，为公共教育提供新思维（主要是面向一些公立学校，这些学校里有很多学生的家庭符合联邦贫困标准）。目前我在不同情境下担任作者、讲师、顾问以及辅导员。

教师素质

一个方法或课程是给定的，其实施效果取决于教师的素质，无一例外。课程是一种工具，它能产生什么取决于谁来使用它。此外，研究显示，文化在代际间的传递需要一个尽心尽力、敏感且有意向的人来承担。教育——无论正式或非正式、书面或口头、私立或公立——都是文化的基石。研究已经确凿地证实，在美国正式的教育系统中，"教师的高素质是一个项目获得成功的关键要素"（Policy Research Institute，2006，p. 2）。"受过较多正规教育的照护者可以提供更高质量的养育"（NICHD[1]，2002）。讨论到此结束，除了关于如何进行教师教育的问题。

教师教育。当一个教师积极地与学生在一起并有意向、有意义和有所超越地融通这种联系（第八章）时，教学由师生间每时每刻的互动组成。高素质的教师从不会习惯性地行动，而是会不断地反思（甚至在沉默的时候）。例如，珍妮弗教师会不断地问自己何时介入桥梁这一项目（第九章）。优秀的教学可以发生在任何阶段——从幼儿园到研究生阶段——都是最高的艺术形式；它的目标最难实现，即塑造学生的情感和智力，促使他们始终有所为或进行思考，进而开阔思维并深化理解。

教师接受教育的方式有三种：父母的养育或学校教育，课程、培训和指导，以及岗位经验。遗留的痕迹或岗位经验会带来最富戏剧性（或创伤性）的影响，教学指导（实地考察除外）几乎总是缺少真实体验中的情感影响。请思考：一位教师负责一个混乱的课堂。他会从记忆中搜寻教材或教授提到的有关恢复课堂秩序的片段吗？他会表现得像个纪律严明的家长，咆哮着"坐好，闭嘴"之类的话语吗？他会借用观察到的指导教师的用语吗？父亲或指导教师更有可能影响教师的反应。此外，如果他发现了一种有效的策

---

[1] 英文全称是 National Institute of Child Health and Human Development，中文意思是美国国家儿童健康与人类发展研究所。——译者注

略，那么这可能成为他面对类似情况时的第一反应并最终成为本能反应。

教师培训被寄予了很多的期待，希冀它能取代教师的第一反应和本能反应。所有的教学都受如下影响：

模式驱动的认知、自我防御和认知负荷瓶颈……（以及）许多人非常重视快速的直觉思维而不是更广泛的反思思维……（和）技术知识差距。（Perkins，1995，pp. 169–170）

珀金斯还发现：

当处于新奇的、罕见复杂的或有危险的状况时，受模式驱动的思维常常破坏反省智力。（pp. 276–277）

教学是一个冒险和面对新奇与复杂情况的过程。如果珀金斯关于人的直觉思维模式会破坏其冒险的可能性的论断是正确的，并且我们接受教学即冒险这一事实，那么教师势必不可能成为反思型教师。然而，最好的教学实践源自持续的教学反思。如果意识到这个问题并采取相应措施（比如第八章中提到的成为教师/研究者），那么这个问题就能够得以解决。

教师的教师。教师的教师处在金字塔的顶端，学生处在底部。然而，因为缺少训练有素、有经验且有见地的教师培训人员，金字塔的顶端常常人员稀少。教师的教师是决定谁能获得资格证的守门人。如果一个懦弱的人成为系主任，那么如何保证学生们的担忧被知悉呢？同样，当同事们为下次晋升或提交论文寻求支持时，他们如何能够做到相互批评呢？

如果既没有吸引教师的教学内容，也没有热情投入的培训者，那么想法就不会被传达到任何年级的课堂中。如果教师要理解教学内容，那么教师的教师必须是专家且教学内容必须具有实质性：地质学（儿童喜欢寻找岩石，但是他们知道如何利用划痕实验和条纹平板来识别它们吗？），诗歌［儿童诗歌很棒，T. S. 艾略特的《擅长装扮的老猫经》、兰斯顿·休斯（Langston Hughes）的《梦想》以及罗伯特·布朗宁（Robert Browning）的《哈默林的花衣吹笛人》都很棒］，拓扑学（克莱因瓶，某些环和节，莫比乌斯带——这些儿童可以自己制作的数学形状令他们着迷）。只要能够提供满足儿童无限好奇心的内容即可，其主题无关紧要。例如，生日派对这一主题看起来可能平淡无奇，但它却拓展了儿童的能力（第五章）。因为在教师的协助下，儿童构建了自己对于礼物的奇思妙想，这不仅加强了他们对材料和过程的掌控能力，也加深了他们与朋友们的关系。

对问责制的日益重视转变了教师教育的内容：未来的教师应该将课程内容与课程目标相契合，并且提供相契合的证据以及制订符合教师指南的课程计划。从字面上看，重点已经从内容转为了形式。相反，为教师做的准备必须是实质性的、延伸思维的，促使他们深入研究内容，激发他们形成新概念。为了改善教师教育的内容，必须停止教导如何使用预设课程，而应开始讲授富含重要观点的内容和大概念！

评估

儿童的早期发展是迅速的、不规律的，并且依赖这样一种魔力，它蕴藏在儿童的天性、生活环境以及其所受到的中介影响之中。这些变量无法用评估来解释。影响评估的因素包括教师对评估选项的认识、教师的目的以及对评估的有效使用。

选择评估手段。注意：教师必须明确他们使用评估的原因，并且一定要谨慎使用旨在全面了解孩子成就的测试。什么样的测试能够证明泽泽因意外将颜色混合后所学的东西呢（第二章）？什么样的测试能够根据孩子们的对话（如对雪花是如何产生的这样宏大的话题的讨论）追寻其成长呢（第三章）？什么样的测试能够探寻孩子们对传真机工作原理的理解呢（第六章）？

对测试不了解的教师可以请专家解释特定测试的用途及其结果的含义。测试的信度、效度和统计学意义受到管理者和一些政策制定者的高度重视；对政治家们来说，考试成绩才是最重要的。如果目的是说服某人认可一个项目的价值，那么就需要选择一个标准明确、被证明有效和可信的评估手段。否则，反对者们会对这一成就产生质疑。

注意：幼儿是不可预知的。因此，在儿童进行日常活动的过程中，教师应在其认为最合适的时间内评价儿童。教师应该对儿童开展长时间的评估，因为儿童在有些方面发展迅速，而在有些方面发展缓慢。本书中的事例证明，记录是一种可以呈现儿童能力发展的评价技术。

目的。为什么评估？通过评估，教师能够发现那些在原地踏步的儿童。这些儿童需要学校以外的帮助，例如：语言病理学家的诊断、眼科检查、更好的饮食、更多的睡眠以及更少的电视时间。当儿童被委托给家长之外的照护者时，儿童发展的所有方面就成了家庭和学校的共同责任。评估能够帮助教师确定他们还没做到的方面，进而了解哪里需要改变或寻求帮助。回想下珍妮弗对于工作室和工作室教师角色的困惑，以及教师不知如何利用笔记（第二章）。他们把这些看成问题并认为他们需要帮助。

方法。评估可以适时地展示儿童在特定时刻的发展情况。"儿童越小，越难以获得可靠的评估数据……对6岁以内儿童的认知能力的准确评估尤为困难。"（Epstein, Schweinhart, DeBruin-Parecki, & Robin, 2004, p.4）另一种选择是"系统地观察儿童在日常情境中的活动"（p.6）。这被称为非正式的、自然主义的或真实的评估，涉及照片、视频、逐字陈述的记录（语法不变）和工作成果。这些随时间收集和存档。当你把9月份与5月份的记录进行对比时，变化（或缺少变化）一目了然。文档记录（第七章）提供了一种供儿童反思自己在每个关键阶段所做之事的方式，也可以让成年人看到儿童发展的连续性。

评级。随着时间的推移，教师和家长的评级也会改变。正如测试，专家制定和批准的等级量表在主管和出资人那里所占的权重更大。马里兰州的评级就是一个例子，它使用了熟练的、进行中的以及需要发展的等温和的术语（Bruner & Copeman，2003，p. 11）。如果教师使用记录儿童具体行为的笔记作为"什么是熟练的""什么是需要发展的"的例子，它就验证了评级。教师在笔记上增加内容，对于帮助家长了解孩子的发展程度至关重要：蒂凡尼说"9比7少"，这表明她需要学习更多／更少和更大／更小这些概念；阿隆佐可以说出词语，但不知道它们的含义，因此我们需要扩展他的词汇量；达琳没有抓住"乌鸦喝水"寓言的重点，她知道照片（picture）在相框里，但不知道水罐（pitcher）里盛着液体，而且她将两个词发出同样的读音。注释可以帮助教师了解他们需要强调哪些技能。珍妮弗的魔法清单（第七章）向教师们展示了她们还没做的项目。清晰的信息提高了大家对关注点的理解的准确性。注意：幼儿需要和自己比较，而不是和他们的同学比较。

特殊教育

特殊教育所涵盖的儿童范围非常广泛，如那些行为失范的、学习障碍的、多动的、自闭的、学习迟缓的儿童（Narrol & Giblon，2001）。通常，特殊教育者会使用出色的技巧。特殊教育教室的设备和设计往往是最好的，而教师需要接受使用不同的材料和方法的培训，以便服务好所有的儿童。不幸的是，特殊教育教室可能被用来安放从常规班级中转移出的有行为问题以及测试成绩低于正常水平的儿童。

费厄斯坦的研究。费厄斯坦对唐氏综合征儿童的研究在治疗方面掀起了一场革命。他和他的同事们对有其他情况的儿童的治疗研究也取得了重大的突破，包括因为严重的学习障碍而被认为无药可救的脑损伤儿童、自闭症儿童以及有天赋的差等生。大量的研究证实了费厄斯坦的理论和材料的有效性（Presseisen & Kozulin，1994）。

2004 年，费厄斯坦出版了面向学前儿童的课堂材料，这套材料将其几十年的研究成果应用到这些孩子身上，如今供 3—5 岁儿童使用。我强烈建议读者们熟悉他的理论和材料。如费厄斯坦所述，早期的、一致的且有效的中介影响（第八章）可以避免许多特殊的教育安置。

许多患有学习障碍的儿童（从注意力缺陷到无法集中注意力和选择刺激物），是那些没有获得足够满足其需求的中介学习体验以建立认知功能的儿童……在（中介）不足或缺失的情况下……这些儿童更有可能出现偶发的或冲动的反应。（Feuerstein & Feuerstein，2004，pp. 9–10）

魔豆中心的经验。大约 17% 的华盛顿公立学校的学生——魔豆中心的生源——正在接受特殊教育（Parents United，2003）。魔豆中心接收了几乎所有被送来的儿童（一个除外）。他们是随机样本，在 8 年的时间里超过了 150 人。每个儿童都接受了大量的在种类或频次方面不同于其他儿童的中介影响（第八章）。所有人或早或晚地取得了进步（超过 3 年——这是他们在学校里度过的时间），完成了非凡工作——原创的、复杂的和富有创造性的——对此本书中已有描述。他们学会了自我调节（第四章）、享受友谊（第五章和第六章）、用渐增的口头和书面语言技能进行交流（第六章）、对其他生物表现出同情心、尊重其权利（第四、七和八章），以及以不同的方式［如音乐创作（第五章和第七章）、诗歌创作（第三章）、比例绘制（第三章）、地图制作（第六章）］熟练地进行自我表达。我们不建议儿童接受特殊教育，也并不认为谁应该被放置在那里。然而，我们的研究结果受限于小样本，也缺乏资金跟踪学生的发展，因此我们不知道他们在小学的发展如何。我可以假设，根据公立学校系统的统计数字，17% 的学生需要接受特殊教育，但是我怀疑他们并不是特殊儿童。我常常这样想。

费厄斯坦关于中介作用重要性的理论支持了我们的有限经验。全纳教育奏效的前提是：①采用一对一或小组形式进行指导；②坚守基本原则，确保所有儿童可以自我调节；③如果行为矫正是必要的，那么介入应是即时的；④每天多次进行一对一或小组中介影响来提升儿童的情感和认知功能。进一步的讨论超出了本书的范围，但仍然有必要做出提醒：搞清为什么一个孩子被贴上"特殊教育"的标签，提高师生比以及增强专业教师储备是非常有必要的。

计划／人口匹配

人口统计学家预计，随着人口多样性的增加，到2050年美国白种人将成为少数群体。着装、称呼语，以及无数的习俗和行为都与文化有关。在此处常见的手势、拥抱或言语在别处可能是卑劣的。一些教育实践用在不同的人身上是没有效果的，另一些则反映了对文化差异性的无知。例如：以色列接收了大批移民，这些移民是创伤受害者。20世纪80年代早期，饱受饥荒之苦的埃塞俄比亚犹太人移居到这里。以色列的重置计划涉及希伯来语教学。但是，重置中心未能教会埃塞俄比亚人阅读。费厄斯坦通过调查发现，埃塞俄比亚文化中没有识字的传统，但是埃塞俄比亚人的口头表达能力较强。在接受口头教学时，他们表现出极高的智力水平。另举一例，没有绿卡的美国移民对提供姓名和地址或暴露身份十分谨慎。对此，一些人既不交学校表格，也不参加家长会，这表露出他们的担忧。学校可以给这些无记录家庭提供支持，用家庭成员的母语明确表明学校没有兴趣了解某个家庭的移民状态，并且与移民局没有关联。

家长可以成为教师的盟友，学习什么在文化上是适宜的、被接受的。如果投入足够的时间来建立信任，那么教师谦虚且真诚地向家庭发出的求助就可以有效地促进家庭参与。魔豆中心不是通过关注文化差异来建立信任，而是通过建立一种关注共性的学校文化来建立信任——季节变化（第三章），生日派对（第五章），信息制作（第六章），家庭照片和学校对材料的需求（第一章）。最初的关注点是我们的共性。一旦在共同基础上建立了信任，就很容易要求家庭分享他们的传统和文化习俗。

家庭参与

没有家庭参与的幼儿园就像孤儿院一样。家校之间关于儿童的学校和家庭生活的交流应是确定的事情。在魔豆中心里，一个中产阶级的教师学会了如何使经济困难的家庭参与进来。关键的一点是通过向家庭发送大量的书面信息使学校的活动可视化，在信息发出前教师会与孩子们进行讨论。另外，我们会请求家长帮忙解决具体问题，比如提供额外的材料以及考虑修订生日或假期程序的必要性。最终几乎所有的家庭都参与了所有的活动。

家庭选择。 美国公立教育的理想是提供足够同质化的教育，从而保证来自不同文化背景的人在言论自由的精神下团结一致。在有些公立学校里，学生可以戴头巾，英语之外的语言成为主要的语言，宗教习俗被认可；然而这些学校因为不入主流，经常在其社区中引起争议。当时代精神中弥漫着分离主义时，就需要有效地建立一种平衡，它要求在建立共同基础的同时尊重家庭的不同文化。教育工作者可能会发现他们的计划受到分离主义者情绪的冲击，而不是由自己造成的。当家庭和学校使用的语言不同时，会产生一些特殊的问题。为此，一些学校会为家长和孩子一起提供英语课程。一些学校在会议和家长会上会任用口译员，在书面材料上使用多种语言，以此来尊重语言差异。

尊重家庭。 魔豆中心一旦建立起家长的信任，我们会把他们的喜好融入学校实践。家长之所以建立起信任，部分原因是我们把所做的事情透明化了，我们既会告诉他们我们的成功，也会告诉他们我们的问题。还记得我们如何承认失败并重定程序使生日庆祝活动成功吗（第五章）？我们不断地努力，确保家长能看到孩子的许多成就——涉及墙壁上的记录、学校里的雕塑、带回家的写作、孩子的个人对开本、幻灯片以及经常召开的会议（教师会在会议上描述孩子们的活动）。学校保证儿童茁壮成长、提高儿童的能力与技能，没有什么比这些更能体现对家庭的尊重。

如果所有的家长同时参与讨论他们所关心的问题，那么他们将在学校中扮演有意义的角色。"蕾妮的妈妈说：'我一定问了有 500 个问题……我刚开始做母亲，但我在努力做好它。不论我问了什么，你们都处理好了它。'"（Lewin-Benham，2006，p. 138）"里奇的祖母说：'这里不是一个仅仅放置孩子的地方。你可以通过周围的图片等了解到孩子们参与了什么……孩子们在其中玩得开心。'"（p. 138）随着家庭和学校逐渐联系在一起，魔豆中心变成了一个学习社区。

第二节　标准

标准的推动回应了早期保育需求的激增，这种需求源于大量受过良好教育的女性走上工作岗位这一事实以及对单亲妈妈参加工作的福利政策。同时，越来越多的研究证实了幼儿早年在身体、社会/情感、性格和认知方面的发展的重要性，而这些为未来的幸福奠定了基础。现行标准规定了儿童在进入学前班或一年级之前的发展目标。在本节中提到的标准来自：①关于课程、评价以及项目评估的立场声明，由全美幼教协会发布；②国家入学准备指标 17 州倡议/国家幼儿政策技术援助网络，由"儿童很重要"组织开发；③各种论文数据，由罗格斯大学国家幼儿教育研究所提供。这些组织分别代表：①最大的会员组织，被视为幼儿教育之声；②早期健康和教育领域内的数百名教育提供者、倡导者、民选官员以及州和地方机构代表；③来自大学的、独立的、无党派的研究人员。这三个组织的标准虽不具体，但实际上完全相同。我总结了这些标准，将本书中的示例作为建议，并给予详细说明。

标准 1：身体健康和动作发展

在一个以体育为导向的国家中，标准对学前儿童的身体健康状况没有规定，仅仅提到跑步、蹦跳、快跑、平衡和攀爬。我的建议如下。

（1）如果儿童的运动没有侵犯其他人开展活动的权利，那么应允许他们运动——无论他们所选择的运动在何时、以什么方式、持续多长时间。回顾一下魔豆中心里关于运动的规则（第一章）。

（2）在每个教室中配备运动器械以供儿童选择和使用，使那些不能等待休息的儿童可以保持精神旺盛。回忆一下魔豆中心的攀爬／翻滚装置（第一章），儿童可以攀登、爬行或跳跃而不打扰别人。在瑞吉欧学校中，每个教室都有攀爬及跳跃设备，像铅笔和积木一样随时供儿童使用，并且不会对其他人造成任何干扰。

（3）为每所学校提供设备齐全的室外空间，由学校和家庭合作设计和建造。我任教的公立学校设有幼儿园与学前班，但直到今年还没有游乐场或室外设备。此外，因为儿童要花更多时间练习字母和数字，室外休息几乎被移除了。

（4）儿童定期参与律动活动。

（5）儿童经常玩动作游戏。

（6）为儿童提供关于运动的分析体验。回忆一下：孩子们用铁丝制作自己滑冰的雕塑；在树木间奔跑，在樱花树边起舞，然后绘制树叶飘落的图画；绘制游乐场上滑滑梯或攀爬的其他人；在春天，做一个鸟形道具在国会大厦广场的幻灯片（比真实尺寸大）前"飞翔"（第三章）；研究可可的动作并制作视频（第四章）；用图画诠释自己的动作（第五章）。

该标准也没有提及小肌肉动作的发展，即能够以更高的技能做出钳形动作（拇指、食指和中指）的能力。关于这方面的例子在本书中数不胜数，因为它是魔豆中心活动中不可或缺的。我建议提供如下材料，使儿童可以随时且不限时长地使用，并有意鼓励他们使用。

（1）彩色的2号铅笔、细线笔、剪刀、胶水等。

（2）足够数量的小型操作材料，以确保班级中的多数儿童可以同时使用。比如，乐高积木、孔钉、图形嵌板、桌面积木以及属性积木。

该标准还进一步提出了健康和安全问题，但这些并不在本书的范围内。

政策启示： 改善对教师教育的资助、改善设施，提供更多的物资和设备。

标准 2：社会 / 情感发展

标准使用了略微不同的词语，但表达了同样的想法：儿童应当尊重其他人的权利，不要太害羞、孤僻、专横或好斗，要乐于提供支持，交流他们的需求，并且像期待别人对自己一样待人。

魔豆中心所强调的——全班的、小组的或一对一的讨论与谈话——能帮助儿童发展自律以及亲社会行为，这些强调贯穿全书（第四章）。他们在大、小团体中合作，积极参加学校活动和遵循说明，这些都是判断社会 / 情感能力的指标。此外，他们彬彬有礼且富有同情心，重视彼此的友谊。这些行为是使用意向式教学策略的结果，比如：用坚定的命令规范攻击性行为（第一章）；定期让儿童参与规则制定以及关于权利和责任的对话（第四章和第六章）；进行分组，使不同性格的儿童相互影响。在分组时要有许多的考量。小团体和教师一起工作并创建了合作的文化；对友谊的极大重视培养了儿童的性格，他们希望别人如何对待他们，他们就如何对待别人（第七章）。本书中描述得极为广泛的材料和表达方式旨在确保每个儿童都能找到自己的声音，从而发展越来越多的认知能力并体验成功。

将这些做法编入标准，我的建议如下。

（1）每个四年级以下的班级都配备两名教师。

（2）多数活动以小组形式开展，小组规模从一对一到一对多（不超过六人）。

（3）始终遵循四条规则：轻声说、慢慢走、管好你的手、收拾好你的东西。

（4）经常让儿童讨论彼此的权利。

政策启示： 资助每班所配备的两名教师和改善教师教育项目。

标准 3：学习方法

列举几个这里所指的"个性"：专注的、有领导者或追随者特质的、合作的、求知的、同情的或负责任的。标准中提到，儿童应该展示出"完成任务的热情、好奇心和毅力"（Bruner, Floyd, & Copeman, 2005, p. 5）。"儿童很重要"项目添加了"创造力、独立性和合作性"（KIDS COUNT, 2005, p. 69）。

哈佛大学"零点项目"的研究人员戴维·珀金斯和沙里·提斯曼（2006）指出，目前学校的实践集中在尝试最大化利用：

（儿童的）初始能力，使学习者掌握技能、知识和理解力，并期望这些能力能够随时得到适当地运用。关于个性的观点认为这是极不真实的。在现实世界中的许多情况下，未开发或相反的个性对最初的学习以及之后表现的限制，至少和能力的限制一样多。(p.3)

考虑到个性是否可以被教授，他们得出结论：个性是通过教师在课堂上建立的文化的"渗透"来传递的（p. 30）。因此，我们再次发现，教师、教师的信念和意图以及教师如何介入是关键的影响因素（第一章和第二章）。幼儿教育工作者认识到个性的重要性，但是标准中并没有提及如何从理想的个性清单中获取培养它们的方法。

个性是指一个人的先天特征和自然倾向。思考：个性在桥梁项目中的作用（第九章）。珍妮弗教师选择蕾妮和德马科斯是因为他俩愿意接受新体验，这是她手中试图使这个有风险的项目获得成功的唯一王牌。注意领导权如何在蕾妮和德马科斯之间转换：最初蕾妮模仿德马科斯，之后德马科斯模仿蕾妮。注意他们对于坚持的不同态度：德马科斯走开了，蕾妮则继续。注意珍妮弗教师的注意力、关注点、坚持、坚定和多数时候的沉默。在一个意向性差点儿或认为儿童不应该面对巨大挑战的教师的指导下尝试这个项目应该会很有意思。许多这样的教师访问过魔豆中心；每当我们介绍桥梁项目时，他们都激烈地争论说这超出了学前儿童的能力。

　　蕾妮和德马科斯是否拥有坚持的个性？我不知道。假使珍妮弗教师选择了不愿意接受新体验的儿童，他们会坚持吗？我想会的。珍妮弗教师会提供支持并极力鼓励他们。在其他的项目活动中，教师会有意识地选择不太可能获得成功的儿童（比如特雷尔）。当被要求画画时，他会变得"固执，……完全卡壳并拒绝尝试"（Lewin-Benham，2006，p. 97）。教师做了一切必要的事情来支持这些儿童，以证明他们能掌握一些他们所回避的东西。这本书中的每个项目都可以被分析，因为它揭示了儿童的个性以及项目目标、小组影响和教师信念在结果中是如何体现的（第一章和第二章）。我们是否应该为学龄前儿童提供更多的挑战来影响他们的个性？当然！

　　政策启示：资助每班所配备的两名教师，增加材料，改善教师教育。

标准 4：早期读写

　　我将首先介绍已制定的标准，然后重新开始，提出不同的标准。最后，我将提出一种读写文化。

　　成文标准。根据"儿童很重要"项目（2005）。

　　摘自执行摘要：

（1）词汇量

（2）识别字母

（3）理解字母和发音的关系

　　摘自第 66 页：

（4）字体意识

（5）早期写作

重写标准。我提供了以下清单。

（1）在日常频繁的对话中，全神贯注、积极倾听（全班、小组和一对一），这些对话是有目的的、有意义的、非凡的（超越直接刺激并将其与其他相关事件联系起来）。

（2）将谈话的文字整理稿（来自教师笔记）与展示情境的照片一起摆放在显著位置，经常和儿童重读、讨论（第六章）。

（3）教自然拼读法和听写教过的拼写。

（4）将写作作为阅读途径（第六章）。

* * *

前两项创建了一种对话文化。人类早在会读会写之前就已经学会了讲话。写作和阅读的途径依赖说话。然而，家庭经济困难的儿童（第三章），那些父母压力过大、心烦意乱的儿童或看太多电视的儿童，在家里很少有积极的倾听与扩展性谈话的机会。为了读写，你必须使用并喜欢语言。从婴儿期开始，和孩子进行频繁的、有目的且有意义的对话比训练字母发音能更好地为读写做准备。孤立地训练字母发音毫无意义。读写的本质是创造意义。

后两项指向读写。采用练习/操作策略教学龄前儿童拼音是错误的做法。蒙台梭利的"声音游戏"中采用砂纸字母和可移动的字母表，以小组或一对一的方式开启语音教育。简单地说，儿童在熟悉的词语中听发音［ssss-kiss（亲吻）、snake（蛇）、soon（不久），mmmm-mommy（妈妈）、hammer（锤子）、mitten（连指手套）］，然后在他们说出发音的时候寻找相应的大砂纸字母。这个输入同时融合了视觉、听觉和动觉。几周或几个月之后，许多儿童会自发地将发音和形状联结。然后，教师口授——强调每个发音（没有附加元音在辅音上）——儿童使用可移动字母进行拼写（sat：ssss-aaa-t，pop：p-ah-p，gum：g-uh-m）。这种持续的方法帮助儿童通过书写（用剪裁好的砂纸字母）学习阅读。他们真正地理解了阅读，意识到文字是可视的话语。

读写文化。你还记得，孩子们自发地提出使用字母造词的想法吗？或者当他们试图了解污染，提出要利用词典弄清楚一些问题，但是发现词典不能提供什么信息时，他们建议查阅图书区的书籍。这就是所谓的情境化课程。大多数魔豆中心的体验活动会涉及很强的读写情境。回忆下在所有章节中儿童不断地交谈、使用书籍、阅读记录，使他们的想法可见。

当读写体验是快乐且令人激动的时，儿童倾向于喜爱语言：我们想看乌龟（第七章）、蝴蝶（第三章）或猫（第四章）的图片吗？那我们就看书吧！我们想要了解更多吗？那我们就去寻找更多的书籍。书在哪里呢？在图书区里。我们去吧！可以问两个问题：你想知道什么？我们如何搞清楚呢？准备好积极地倾听。我从未遇见过一个不想了解一切的3岁儿童。但是，如果他们把时间花费在被训练上，那么对知识的渴望会早早消逝。他们可能会在6岁前学会把声音和符号联系起来，但代价是什么呢？

政策启示：资助教室图书区、实地参观公共图书馆、组织如何使用蒙台梭利语言材料的培训。

标准5：认知

"认知包括语言和读写、数学、科学思维、艺术、音乐、知识习得、创造性表达、推理和问题解决"（KIDS COUNT，2005，p. 68）。标准中列举了具体的技能，如：

- 观察
- 注意相似点和不同点
- 解决问题
- 提问

对于数学（执行摘要），标准增加了：

- 计数
- 空间关系
- 图案

认知是一个大课题：大脑的主要功能是认知功能，包括情绪认知和自我调节（D'Amasio，1994）。标准是缺乏活力的，这样儿童可能会出现学习问题。问题可以表现在情感和情绪认知上，也可以表现在更多的智力认知领域中，通常是二者兼有，因为情感和认知是一体的。在这里，我首先简要讨论认知的建立，接着描述费厄斯坦的学前教育认知建构项目——费厄斯坦工具强化（Feuerstein Instrumental Enrichment-BASIC）。

建立认知。认知能力建立在"从理解经验的内容到形成概念的过程之中，这可以使儿童习得心理操作，也称概念的适应性操作"（Feuerstein & Feuerstein，2004，p.19）。例如，一个6岁的儿童有这样的任务：将三维形状（正方形、圆形、三角形）匹配到一样大小的二维轮廓中。儿童能够正确匹配并知道形状的名字（如圆形和正方形），但是当被问到他在玩什么时，他却不能用"形状"这个词来表达。因此，他理解的是内容而非概念。理解概念是比理解内容更高层次的认知。没有形成概念的能力，儿童就难以进行发生在更高认知层次上的心理操作。缺乏活力的标准让低能儿童身陷困境——无论他们的问题是环境所致，还是本身的机能所致，而对高能儿童来说，这个标准则过低。

幼儿认知课程。费厄斯坦已经确定了一个学前儿童应该先掌握的全面领域，以便形成一个坚实的内容基础，并且在此基础上发展概念。它包括：比较、空间定位和情感识别等。根据是否合乎逻辑、情绪化、强烈程度等，对回应进行判断。目标是使儿童能够：

发展心理操作能力，这将有助于他们比较、对比、详述，使他们的内容知识有所差别并更具实用性……（使用）在生活中运作所需要的内容。若没有这些工具（感知的、注意的、语言的等），儿童将无法处理传入的刺激。（Feuerstein & Feuerstein, 2004, pp. 8–9）

费厄斯坦认为学前儿童的情感和情绪认知问题可以通过周到地呈现和日常生活相关的基本内容、一些基本的认知行为（如刺激、聚焦、模仿、问答、寻求关系、预测、类比），以及其他层级越来越高的认知来解决（Feuerstein & Feuerstein, 2004）。这些不在本书的范围之内。我强烈建议读者学习费厄斯坦工具强化项目并在幼儿园中使用。它基于经过深入研究、长期使用的理论和一系列有说服力的实践，以全面、系统的方式构建认知，同时整合了认知的情感／情绪及智力方面。

政策启示： 资助教师参加培训和使用费厄斯坦工具强化项目材料。

第三节　对政策制定者的挑战

每项标准都附有政策启示，几乎都需要资金。反过来，资金需要立法行动来保障。但是，幼儿园与政策制定相距甚远，因为政策制定是在拥有良好设备和支持人员的办公室中进行的。很少离开办公室的政策制定者不了解幼儿园的现实生活。喜爱婴儿的政客们很少将健康成长的婴儿与充足的健康、福利和教育资源联系起来。关于美国儿童状况的完整报道可以在儿童保护基金会网站上找到，该组织不遗余力地敦促政客们通过人道主义立法。受拥护的美国价值观和行动之间存在很大的脱节。要缩小这一差距就需要为从监护人到首席执行官的所有儿童照护者提供更高的薪酬，需要资金改革教师教育以及建立和配备具备美学激励功能的保育中心。没有一个政策制定者愿意在装修是儿童保育美学风格的办公室里工作。

政策要灵活，这样才能使教师的创造力和专业性得到加强，其持续成长的需求得到满足。限制性政策扼杀了快乐。没有快乐，任何人都无法为儿童的健康全力以赴。灵活性是昂贵的。如果政客们想要检测美国儿童保育的标准，那么他们应该将美国典型的幼儿园与世界上一些更好的儿童教育中心（中国的少年宫、意大利或斯堪的纳维亚的儿童中心）进行对比。如果政客们了解早期经验的影响，那么他们可能会移居国外，以确保他们的孩子接受优秀的幼儿教育。

教育者未能说服政策制定者拨出充足的费用来确保为儿童提供优质的家庭之外的早期体验。让这么多的幼儿待在缺乏笑声与光线的地方。在那里，他们关于生活的印象主要来自录像和视频，而他们的户外体验被沥青和塑料占据。对当今世界上最富有的国家来说，这是一种对我们的讽刺。我们已经在城市内部问题上取得了成果。《艰难抉择或艰难时刻》（*Tough Choices or Tough Times*，2007）的出版清楚地表明，如果我们无法在儿童发展最重要、最能出好结果的阶段确保他们接受最好的实践，那么我们的经济发展将岌岌可危。从这个意义上说，教育即政治。我们选举了谁、如何影响他们、让他们挑起什么重担，关系重大。因为他们制定的政策不仅决定着我们的孩子的未来，也决定着美国的未来。

第四节　展望未来

这是最好也是最坏的时代。失望和希望并存，期待早期教育实践会改善。

失望

所有的标准都有这个谬论——稀缺的高质量的照护者和教师愿意在提供低工资的幼儿教育领域工作。城市中心和上流社会的教育中心的差距是巨大的。但是高价格、企业管理或大学附属机构并不能保证最佳实践的效果。据说一些最好的学习中心的计划是平淡简单的。来自富裕家庭的孩子会做得很好，前提是他们的家庭环境能补充幼儿园所不能提供的东西。但是，与瑞吉欧·艾米利亚市属幼儿园所展示的儿童的能力相比，太多的美国学校黯然失色。

当幼儿教育进入公立学校，人们担心的是教育的形式不适合学龄前儿童：坐着不动／面朝前／保持安静；一刀切；教他们／测试他们。没有标准或评估能确保幼儿在受教科书约束和以测试结果为一切基准的公共项目中得到他们需要的东西（也没有能保证质量的法规）。他们可能提供了一个高度，但不会激励任何人去攀爬以达到新的高度。为了防止对儿童造成伤害，我们已经编织了一张监管网，但基本上无法执行。如果你真的认为标准／评估／法规可以触及经济最困难儿童的学前经历，那就驾车穿过任何城市的大片区域并观察那里的儿童保育中心；低水平的设施和照护者令人担忧。或者，坐在一所公立学校的幼儿园中看 5 岁的儿童在大多数的时候被要求保持沉默和一动不动——除非他们给出正确的答案；这是不自然的、不快乐的且使人头脑迟钝。

问责网存在套住一些社会企业家的危险，而这些社会企业家实际上可能会为学龄前儿童做一些有质量的事情。问责制确保了新一批会计师会有工作，就像研究原始数据和撰写报告的专业人士一样，他们的薪水都要比他们所监控的照护者高。我们的国家不乏为儿童发声的作家，我们需要的是勇士。

2007 年 10 月 29 日，两名勇士——来自田纳西州的谢尔比县县长 A. C. 沃顿（A. C. Wharton）和来自田纳西州的前五届美国国会议员小哈罗德·福特（Harold Ford, Jr.），在孟菲斯日报上发表了一篇长文《修复破损的梦想》以发声。他们开篇的引述来自孟菲斯城市儿童研究所——"教育不足的孩子没有未来"，并慷慨激昂地呼吁（特别是对于经济贫困的儿童家长），我们需要以家长为中心的教育。他们敦促社区领导者"要有勇气和开放的心态来考量新想法"（Wharton & Ford, 2007, p. V1, p. V3）。他们建议提供激励措施——金钱——以确保家长的参与。为了实现作者宣称的每一个家长的愿望，即"他们的孩子将获得大学学位"（p. V1, p. V3），需要付钱让家长参与进来——

这是多么奇怪的一个主意啊。我们是不是对自己的教育体系如此迷茫，以至于必须付钱给家长，而不是为优质教育买单？魔豆中心的家长参与的动力来自意识到我们真正重视他们的参与，以及他们孩子的成就显而易见。如果有值得看的东西，家长们就会参与。

希望

问题。在进化的大部分过程中起作用的教育年轻人的方式在当今是不足够的。这不是因为人类发展的过程改变了，而是因为孩子的养育方式发生了巨大的变化（从家族到单亲家庭），同时掌握高科技社会的工作技能要比学习农业或工业技能更复杂。我们都知道困扰幼儿教育的问题，但它们是可以被解决的。

解决方案。人类具有适应能力。如果人类受到鼓舞，那么他们会集中意志想出有效的策略。那些和他们的孩子的表现完全同步的高明的教师是鼓舞人心的。这样的教师站在人类努力的新前沿。他们处于当今育儿模式和人类发展进程的交汇处。他们是开拓者，拥有勇敢的新灵魂，手中握有传承文化的力量。政策制定者们，你们在听吗？教师是我们最宝贵的资源。让我们用足够的酬劳来吸引、教育并留住最优秀和最有希望的人。

蔚蓝的天空：教师教育

培训包括两个方面的教学：与学生交流的策略和交流的内容。

关于策略的建议

- 录制世界上（不限于美国）伟大的教师的微观行为——他们每时每刻的互动——涉及广泛的行为，比如观察、倾听、传达信息、教授特定的技能、交谈、记笔记、提问、训导。然后，研究、分析并模仿他们。
- 创建示范学校，让未来的教师和在职培训的教师可以观察到实际中的卓越行为并参与讨论,以确保教师理解其特征。
- 拥有像教学协调员和艺术教师这样的专职人员,他们在课堂上和教师并肩工作,进行展示、指引和指导。他们不进行评估,而是像同事一样工作。
- 录制自己的教学实况,和专家一起评论视频,并立即练习被评论的行为,然后再次录制、评论和教学。如此循环往复,直到最终满意!
- 以专家/新手团队的形式授课,这样容易形成优秀的教学模式。
- 确保专家可以交叉教学,这意味着涉及不同的专业领域,如瑞吉欧的艺术家/幼儿教育专家,以及许多其他领域的专家——木工、语言学家、诗人、认知心理学家、营养师、体操运动员、数学家和戏剧导演。

关于内容的建议

- 通过为期1年的学科课程深化教师教育,学科课程涉及哲学、古典文学、地质学、拓扑学、音乐理论、海洋生物、水土保持、畜牧业——清单是无穷尽的,目标是向教师传输至少两个不同领域的特定知识——设置选修课是因为它们激励着未来的教师。原因是什么?宇宙中的万物都可以被介绍,但让教师最有激情的事情是如何激励学前儿童。让我们唤醒幼儿教师的求知热情。
- 教授工具的使用,这些工具包括:锤子、钻头、锯子、量角器、指南针、转换器、天平——用于设计、测量、切割、定型、修补和接合的真正的工具。每个工具都有一段悠久的历史——它为何被需要,如何被创造,起源于何处,在何时被首次使用,如何演化,谁为其负责,以及它带来了什么。工具的起源是一个关于人类历史、地理、交流和技术的故事。幼儿教师需要知道并传递这些故事,并成为合格的工具使用者。
- 教室设计需要打破被高饱和原色和间色束缚以及被批量生产的教室饰品占据的局面。设计包括教室布局、家具和材料选择,以及用于记录的图形技术。它适用于教室中最细微的细节，如每个篮子中的物品、墙上的图片、颜色及布局。
- 确保教师知道如何教授语音、数字内容和概念，以及事物属性。在这方面，蒙台梭利教具具体而详细。
- 向教师传授与生态系统的运行机制相关的知识，这样他们就能拓展对教室里的鱼缸和沙鼠笼的认识，把它们看成一个反映动物、植物和矿物生态系统的缩影。
- 让教师了解人类发展，包括了解物种和个体的发展，以及人类的发展如何受到进化、文化、社区和中介的影响。
- 向教师传授有关大脑的最新研究成果，包括大脑的进化和始于胎儿时期的发展，但并不是照搬教科书中的章节，而是举办真正了解人类大脑的神经学家的讲座。
- 确保准教师知道如何倾听，这意味着培训者必须倾听他们。

家长是儿童最坚实的拥护者。好好对待儿童的共同意愿可以使家长们团结起来。在团结的情况下，他们可以影响政治行动。现在是为幼儿教育采取这种行动的时候了。优秀的教师和示范实践，无论存在于何处，都提供了蓝图。美国的历史——个体团结起来推动改变——提供了范例。每个儿童大脑的潜能发挥都依赖于此，地球的未来也需要它。

术 语 表

阿梅莉亚·甘贝提（Amelia Gambetti）：退休的瑞吉欧教师，在不同国家担任讲师或顾问，为学习瑞吉欧教学法而付出巨大努力的学校提供咨询建议。

北美瑞吉欧联盟（North American Reggio Emilia Alliance，NAREA）：一个会员组织，支持瑞吉欧教学法的知识在北美传播。

背景（context）：周围的条件——一个词的上下文、工作周边的材料、一个地方或时代的氛围。

材料（materials）：大量的物品——大部分是可循环使用的、教师制作的或从大自然中收集的，这些物品被存放在教室或艺术教室里，方便儿童在项目或其他活动中随时取用。

超越（transcendence）：将即时的刺激进行拓展，并将其与其他事件联系起来，这些事件可能是过去的，也可能是未来的。

重访（revisiting）：与小组中的儿童研究记录。这样的过程维持了儿童的兴趣，使儿童专注于已经做过的事情，并激发关于如何继续工作的想法。

戴安娜学校（Diana School）：这是一所为3—6岁儿童开设的瑞吉欧学校。维娅·维基担任该校的艺术教师并与洛里斯·马拉古奇一起致力于塑造（艺术教师）这个角色。

儿童保护基金（Children's Defense Fund）：一个研究与宣传组织，这个组织为经济困难的儿童而设立。

非凡工作（significant work）：教室里的活动。它们是有意向性的、被高度整合的、有目的性的、吸引人的、对儿童的兴趣有回应的。它具有向其他直接相关或不直接相关的主题拓展的潜力，并产生有创造性的、复杂性的、原创性的成果。

符号系统／表征系统（symbol system）：一种综合性方式，代表一组思想或行动，其中一定数量的复杂部分与其他部分紧密相连，从而实现特定的目标。例如，语言被用来代表意义，字母表被用来代表口语中的语音，谱号被用来代表音乐中的发音。

概念（concept）：一类想法的命名，例如，颜色之于红色、翠蓝色、紫色，形状之于圆形、钻石形、长方形，数字之于数量和表示数量的符号。概念可以使大脑组织信息，使人们可以有效地交流。

干预（intervention）：在儿童与一项刺激之间产生，目的在于为儿童提供脚手架或鹰架，不是消极意义的干扰或中断。

个性（disposition）：一个人的内在倾向，如坚毅、有领导力、退缩、外向、有同情心、有体验快乐的能力。

工作室／工作室教师（studio，studio teacher）：请看艺术工作室、艺术教师的相关注解。

合作（collaboration）：一个过程，在这个过程中，儿童与他人组成小组一起工作，教师们也一起工作，以便研究儿童的兴趣，并且儿童在进行项目时，教师就在旁边工作。

合作者（collaborator）：教师角色的一个子角色，与儿童肩并肩工作。合作者是有观察力的、有经验的参与者。合作者会对每个儿童的特殊优势、小组的互动做出敏感的回应。在儿童实现他们的计划的过程中，合作者是他们的同伴、助手。

霍华德·加德纳（Howard Gardner）：世界著名的心理学家，提出了多元智能理论，是哈佛大学零点项目的联合创立者，也是一位在教育领域很有影响力的进步思想的发言人。

激发／引发（provocation，provoke）：瑞吉欧教育工作者使用这两个词来代指激起或导出儿童的兴趣；并没有英文单词"挑衅的"（provocation）的消极含义。

记录（documentation）：大块的展板，以摄影记者式的风格呈现项目故事。这些记录展示着儿童是如何思考的，提供了了解学校生活的窗口，同时是一种评价儿童发展的手段。

记录者（documenter）：教师角色的一个子角色，同时参与并观察，以便确定项目的关键时刻。他以笔记或照片的方式进行捕捉，然后将其呈现在展板上，以作为反思的基础。

焦点对话（focused conversation）：全班儿童、小组儿童或一对一地扩展对话。在这个过程中，教师带有一个目标，例如：提高儿童的记忆力、延长儿童的专注时间、丰富儿童的知识或帮助儿童形成概念。

脚手架/鹰架（scaffolding）：成人的干预和介入，目的在于支持儿童在理解、认识方面的尝试。

教学协调员（pedagogista）：在瑞吉欧教育系统中的有经验的教师或心理学家，与几所学校组成的小组一起工作，提供了对学校各个方面的另一种看法。美国的学校中没有类似的岗位。

卡丽娜·里纳尔迪（Carlina Rinaldi）：长期担任教学协调员，在马拉古奇逝世之后，成为瑞吉欧学校的思想体系代言人。

拉维利塔学校（La Villetta School）：一所接收3—6岁儿童的瑞吉欧学校，阿梅莉亚·甘贝提在此担任教师，佐瓦尼·皮亚泽担任艺术教师。

列夫·维果茨基（Lev Vygotsky）：苏联心理学家，他的著作为社会文化理论奠定了基础。他在20世纪末与21世纪初专注于研究人类发展。他于1934年逝世，时年38岁。

洛里斯·马拉古奇（Loris Malaguzzi）：一位教育工作者、哲学家，他把一生献给了瑞吉欧教学法的发展。他对儿童有着敏锐的洞察力，在识别、激发教师的卓越能力方面具有天赋，在引发令儿童感兴趣的活动方面有着不同寻常的激情。

模式/样式（modes，modalities）：在实践中人们通过结合不同的感觉、动力系统来表达自己的多种方式。

魔豆早期学习中心/魔豆中心（Model Early Learning Center/MELC）：

华盛顿特区的一所幼儿园，为 36 名符合"开端计划"条件要求的儿童提供学前教育服务，是美国的第一批瑞吉欧学校之一，是唯一一所被瑞吉欧·艾米利亚市属幼儿园认可的幼儿园。魔豆中心存在于 1989—1997 年。

内容（content）：具体的知识。它可能是将"红色"这个词应用于颜色的能力，将正确的名称应用于形状的能力或只有专家才有能力使用的非常复杂的信息。

倾听（listening）：一个活跃的过程，在此过程中，教师会记笔记或拍照，或者收集儿童活动中的其他证据，目的在于搞清是什么深深地引发了儿童的兴趣，以及儿童到底理解了什么。

全美幼教协会（National Association for the Education of Young Children, NAEYC）：一个庞大的会员组织，提出了课堂实践、教师教育方面的标准，通过会议、出版物提供信息，并给予幼儿园认证。

让·皮亚杰（Jean Piaget）：发展心理学领域之父，通过研究儿童而非动物来认识人类发展的第一批心理学家之一，将发展阶段作为人类发展的原始动力。

瑞吉欧·艾米利亚（Reggio Emilia）：意大利的一座小城市，约有 14 万人，瑞吉欧教学法就是在此发展起来的。距离米兰的东南部，大约两小时的车程；距离博洛尼亚的西北部，大约一小时的车程。

瑞吉欧·艾米利亚市属幼儿园（Municipal Preschools of Reggio Emilia）：城市支持的幼儿园——婴儿/学步儿中心、幼儿园以及其管理、组织与社区参与通常被认为是世界上最棒的。

瑞吉欧儿童（Reggio Children）：瑞吉欧·艾米利亚市属幼儿园所建立的组织，目的在于为全球各地的幼儿园及学校提供实践瑞吉欧教学法所需要的信息或帮助。

瑞吉欧教学法（Reggio Approach）：瑞吉欧·艾米利亚这座意大利城市发展出来的教育思想体系及其实践的通常称呼，今天它仍然在影响着全球各地的早期教育工作者。

瑞文·费厄斯坦（Reuven Feuerstein）：世界著名的心理学家，提出了人类发展与认知理论，引领了评估的新范式——该范式基于教学与测试之间的动态关系，创造了可靠的教室实践。在这种实践中，教师对儿童的经验进行介入或干预来建立或改善他们的认识结构。

设计者（designer）：教师角色的一个子角色，为儿童准备环境，塑造人与人之间、人与物之间的关系。

社会文化理论（sociocultural theory）：人类发展理论，基于这样的信念——成长是在特定的文化背景下使用该文化中的工具而与他人产生关系的结果。该理论对语言有特别的强调，认为语言是塑造发展的最重要工具，同时强调教师在儿童与文化之间所扮演的中介者的作用。

生成课程（emergent curriculum）：教师与儿童之间进行想法的交流、辩论、磋商，从而引发一个项目的开启，决定一个项目将如何继续或扩展。它也可被称为协商课程。

实践（practices）：教师所使用的技巧、课程或内容，它由教师的信念决定或由国家规定。

数学能力（numeracy）：一种能力，这种能力在于理解数量、数字符号等概念，理解如何运用数字符号及数量，理解如何在抽象与真实的世界之中使用它们。

微型艺术工作室（Mini-Atelier）：一个小工作室，它是瑞吉欧教室的一部分，是一个可以制作、储存、展示许多材料的地方。

维娅·维基（Vea Vecchi）：在戴安娜学校工作了20年的艺术教师，戴安娜学校是一所瑞吉欧幼儿园。她与马拉古齐一起开发了艺术教室的功能以及艺术教师的角色。

文化（culture）：一个群体中全体成员的信念、行为，这个群体小至一个家庭，大至一个国家。在社会文化理论与瑞吉欧教学法中，班级文化由教师、儿童和家长共同建立。

详尽阐述（elaboration）：一种极其重要的学习与思考过程，是认知的核心，可以将刺激转化为清晰、有组织的知识。

项目（project）：由小组完成的工作，一般小组中有 4~6 名儿童与 1 名教师。项目通常是由于教师在儿童的对话中捕捉到了有可能发展成非凡工作的信息而开启的。项目可能持续数小时、几天、几周或几个月。

信念（belief）：对某些被认为是真的事物的接受。由于根深蒂固的原因，不论是否能被清楚地表述出来，它都构成了一个人的情感与认识行为的基础。

研究（research）：倾听并观察儿童，从而理解儿童的言语、行为所传达的兴趣。

研究者（researcher）：教师角色的一个子角色，研究者会倾听、观察、记录、提出假设，并与同事进行头脑风暴来诠释他在观察中所发现的儿童的兴趣。研究者通过向受到活动激励的儿童呈现假设；假如儿童表现出进一步的兴趣，这将有可能催生新的项目，尽管就如任何研究一样，结果还不确定。

一百种语言（hundred languages）：这一如诗般的短语被瑞吉欧教育工作者用来传达这样的思想——儿童有能力学习多样化的表达方式（如语言、数学或音乐等一系列方式）。

艺术工作室（atelier, studio）：指艺术家用来创作的房间。房间里有多种排列整齐的材料（如颜料、黏土、金属丝和一些拾来的材料）。这样的房间光线明亮，有充足的墙壁和货架空间，用以存放半成品，并展示成品和工具。

艺术教师/工作室教师（ateliersta, studio teacher）：艺术家或工匠作为教师，能娴熟地使用种类繁多的材料。他的视角为其他教师对儿童作品的解读提供了一种不同的维度。

意向式教学（intentional teaching）：对儿童的活动进行有目的、有意义的干预的实践，其目的是关注具体的内容或实现特定的目标，经常由教师与儿童一起做决定。

早期读写能力（emergent literacy）：读写技能的早期阶段。例如，察觉到单词是由音节构成的，将声音与符号进行关联，进行早期书写与发音的尝试，以及具备不断增长的对话语、文本的理解力。

珍妮弗·阿扎里提（Jennifer Azzariti）：魔豆早期学习中心的艺术教师，也是美国第一位（瑞吉欧）艺术教师。

真实性评价（authentic assessment）：追踪儿童发展的工具或手段。收集儿童的工作样品、所说的话和照片，时间跨度长达几个月，甚至几年，以此作为儿童发展的证据。它包括教师关于儿童活动、行为的定期记录笔记。

中介者（mediator）：教师角色的一个子角色，在刺激物与儿童之间进行干预，带有意向、意义、超越性、能量和情感。

自控的/自律的（self-regulated）：自控的儿童发展出了足够的内控能力来抑制分心、冲动、破坏等行为。自控也可被称为自律。

组织者（orchestrator）：教师角色的一个子角色，他把特定的儿童组织起来以开启某项活动，提出启发性问题，推进项目的进展。

佐瓦尼·皮亚泽（Giovanni Piazza）：长期工作在拉维利塔学校的艺术教师。

作为第三位教师的环境（Environment-as-a-Third-Teacher）：这种教室环境像一位无声的合作伙伴。教师相信，它可以让儿童有意义地、独立地、专注地做某事，就好像他们在有一位教师参与时一样。

参 考 文 献

Barnett, W. S., Yarosz, D. J., Thomas, J., & Hornbeck, A. (2006). *Educational effectiveness of a Vygotskian approach to preschool education: A randomized trial.* New Brunswick, NJ: Rutgers University, National Institute for Early Education Research.

Berk, L. E., & Winsler, A. (1995). *Scaffolding children's learning: Vygotsky and early childhood education.* Washington, DC: National Association for the Education of Young Children.

Bruner, C., & Copeman, A. (2003). *School readiness: Options for developing state baselines and benchmarks.* Des Moines, IA: State Early Childhood Policy Technical Assistance Network.

Bruner, C., Floyd, S., & Copeman, A. (2005). *Seven things policy makers need to know about school readiness* [Briefing Papers]. Des Moines, IA: State Early Childhood Policy Technical Assistance Network.

Bruner, J. (1996). *The culture of education.* Cambridge, MA: Harvard University Press.

Carpenter, E. G. (1973). *Eskimo realities.* New York: Holt, Rinehart and Winston.

Carroll, L. (1941). *Alice's adventures in wonderland.* New York: Heritage Press. (Original work published 1865)

Cherry, C. (1957). *On human communication.* Cambridge, MA: MIT Press.

Children's Defense Fund. (2002). *Mini green book.* Washington, DC.

Corsaro, W., & Molinari, L. (2005). *I compagni: Understanding children's transition from preschool to elementary school.* New York: Teachers College Press.

Csikszentmihalyi, M. (1993). *The evolving self: A psychology for the third millennium.* New York: HarperCollins.

D'Amasio, A. R. (1994). *Descartes' error.* New York: Putnam.

Donovan, J. E. (2007). Really underage drinking: The epidemiology of children's alcohol use in the United States. *Prevention Science, 8*, 192–205.

Edwards, C., Gandini, L., & Forman, G. (Eds.). (1993). *The hundred languages of children* (1st ed.). Norwood, NJ: Ablex.

Eisner, E. (2002). *The arts and the creation of mind*. New Haven, CT: Yale University Press.

Epstein, A., Schweinhart, L. J., DeBruin-Parecki, A., & Robin, K. B. (2004). *Preschool assessment: A guide to developing a balanced approach*. New Brunswick, NJ: Rutgers University, National Institute for Early Education Research.

Feuerstein, R. S., & Feuerstein, R. (2004). *User's guide to the theory and practice of the Feuerstein instrumental enrichment BASIC program*. Jerusalem: International Center for the Enhancement of Learning Potential.

Feuerstein, R., Feuerstein, R. S., Falik, L., & Rand, Y. (2002). *The dynamic assessment of cognitive modifiability*. Jerusalem: International Center for the Enhancement of Learning Potential.

Feuerstein, R., Feuerstein, R. S., Falik, L., & Rand, Y. (2006). *The Feuerstein instrumental enrichment program: Part I and Part II*. Jerusalem: International Center for the Enhancement of Learning Potential.

Forman, G. (1992). Research on early science education. In C. Seefeldt (Ed.), *The early childhood curriculum: A review of current research* (pp. 175–192). New York: Teachers College Press.

Gandini, L. (1993). History, ideas and basic philosophy: An interview with Lella Gandini. In C. Edwards, L. Gandini, & G. Forman (Eds.), *The hundred languages of children* (pp. 41–89). Norwood, NJ: Ablex.

Gardner, H. (1980). *Artful scribbles: The significance of children's drawings*. New York: Basic Books.

Gardner, H. (1983). *Frames of mind: The theory of multiple intelligences*. New York: Basic Books.

Gardner, H. (1993). *Creating minds: An anatomy of creativity*. New York: Basic Books.

Grehan, A. (2006, May 2). Using evaluation to improve and sustain literacy and educational programs [lecture of Mid-South Reads]. Memphis, TN.

Harr, J. (1995). *A civil action*. New York: Random House.

Hawkins, D. (1974). *The informed vision: Essays on learning and human nature*. New York: Agathon Press.

Hawkins, D. (1983). Nature closely observed. *Daedalus, 112*(2), 65–88.

Hendrick, J. (1994). *Total learning: Developmental curriculum for the young child*. New York: Macmillan.

KIDS COUNT. (2005). *Getting ready. Findings from the national school readiness indicators initiative: A 17 state partnership.* Providence, RI: Author.

Klein, L. G., & Knitzer, J. (2007, January). Promoting effective early learning: What every policymaker and educator should know. *Effective preschool curricula and teaching strategies.* Columbia University, National Center for Children in Poverty.

Kunkel, D., Wilcox, B., Cantor, J., Palmer, E., Linn, S., & Dowrick, P. (2004). *Report of the APA task force on advertising and children: Psychological issues in the increasing commercialization of childhood.* American Psychological Association.

Lewin-Benham, A. (2006). *Possible schools: The Reggio Approach to urban education.* New York: Teachers College Press.

Malaguzzi, L. (1991). *The very little ones of silent pictures.* Reggio Emilia: Municipal Infant/Toddler Center.

Malaguzzi, L. (1993). History, ideas and philosophy (L. Gandini, Trans.). In C. Edwards, L. Gandini, G. Forman (Eds.), *The hundred languages of children* (1st ed., pp. 68–69). Norwood, NJ: Ablex.

Malkin, M. (2003, July 21). "Day care or toddler death centers?" BNET.

Mix, K. S., Huttenlocher, J., & Levine, S. C. (2002). *Quantitative development in infancy and early childhood.* New York: Oxford University Press.

Montaigne, M. (ca. 1580). Of divine ordinances. In *Works, book 1*, Chapter 31.

Narrol, H. G., & Giblon, S. T. (2001). *The fourth "R": Uncovering hidden learning potential.* Baltimore: University Park Press.

National Association for the Education of Young Children. (1996). *Developmentally appropriate practice in early childhood programs serving children from birth through age 8.* Washington, DC: Author.

National Association for the Education of Young Children. (2008a). *Accessing community resources.* Washington, DC: Author.

National Association for the Education of Young Children. (2008b). *Adapting curriculum, individualizing teaching, and informing program development.* Washington, DC: Author.

National Association for the Education of Young Children. (2008c). *Building and physical design.* Washington, DC: Author.

National Association for the Education of Young Children. (2008d). *Curriculum content area for cognitive development: Early literacy*. Washington, DC: Author.

National Association for the Education of Young Children. (2008e). *Curriculum: Essential characteristics*. Washington, DC: Author.

National Association for the Education of Young Children. (2008f). *Environmental health*. Washington, DC: Author.

National Association for the Education of Young Children. (2008g). *Maintaining a healthful environment*. Washington, DC: Author.

National Association for the Education of Young Children. (2008h). *Management policies and procedures*. Washington, DC: Author.

National Association for the Education of Young Children. (2008i). *NAEYC academy for early childhood program accreditation*. Washington, DC: Author.

National Association for the Education of Young Children. (2008j). *NAEYC early childhood program standards*. Washington, DC: Author.

National Association for the Education of Young Children. (2008k). *Physical environment*. Washington, DC: Author.

National Association for the Education of Young Children. (2008l). *Program evaluation, accountability, and continuous improvement*. Washington, DC: Author.

National Association for the Education of Young Children. (2008m). *Promoting and protecting children's health and controlling infectious disease*. Washington, DC: Author.

National Association for the Education of Young Children. (2008n). *Relationships*. Washington, DC: Author.

National Association for the Education of Young Children. (n.d.a). *Table 1. Candidacy requirements*. Washington, DC: Author.

National Association for the Education of Young Children. (n.d.b). *Critical facts about the early childhood workforce*. Washington, DC: Author.

National Association for the Education of Young Children. (n.d.c). *The next era—a timeline*. Washington, DC: Author.

National Center on Education and the Economy. (2007). *Tough choices or tough times: The report of the new Commission on the Skills of the American Workforce*. Washington, DC: Author.

NICHD Early Child Care Research Network. (2002). Direct and indirect effects of caregiving quality on young children's development. *Psychological Science, 13*(3), 199–206.

Ohri, M. (2007). Education and training market 2007: Key trends and dynamics. Outsell. Retrieved September 27, 2007.

Parents United for the D.C. Public Schools. (2003). *D.C. public school funding: Myth and reality.*

Perkins, D. (1986). *Knowledge as design.* Mahwah, NJ: Erlbaum.

Perkins, D. (1995). *Outsmarting IQ: The emerging science of learnable intelligence.* New York: Free Press.

Perkins, D., & Tishman, S. (2006). *Learning that matters: Toward a dispositional perspective on education and its research needs.* Cambridge, MA: Harvard Graduate School of Education.

Pinker, S. (1994). *The language instinct: How the mind creates language.* New York: HarperCollins.

Pinker, S. (1997). *How the mind works.* New York: Norton.

Pinker, S. (2002). *The blank slate: The modern denial of human nature.* New York: Penguin.

Policy Research Institute of the Region. (2006). Preschool teacher qualifications a vexing issue. *Regional Update.* Princeton, NJ: Princeton University.

Presseisen, B., & Kozulin, A. (1994). Mediated learning: The contributions of Vygotsky and Feuerstein in theory and practice. In M. Ben-Hur (Ed.), *On Feuerstein's instrumental enrichment: A collection* (pp. 51–81). Palatine, IL: IRI/Skylight.

Rinaldi, C. (1992, June). The philosophy of the municipal preschools of Reggio Emilia [lecture]. Mt. Ida College, Newton Centre, MA.

Rinaldi, C. (2002). Pedagogy and furnishing. In *Atelier: Furnishings for young children.* Reggio Emilia: ISAFF.

Rinaldi, C. (2006). *In dialogue with Reggio Emilia: Listening, researching and learning.* London: Routledge.

Sacks, P. (1999). *Standardized minds: The high price of America's testing culture and what we can do to change it.* New York: Perseus.

Shin, E., & Spodek, B. (1991). *The relationship between children's play patterns and types of teacher intervention.* East Lansing, MI: National Center for Research on Teacher Learning. (ERIC Document Reproduction Service No. ED332803)

Vecchi, V. (2002). Grace and care as education. In *Atelier: Furnishings for young children.* Reggio Emilia: ISAFF.

Verne, J. (1992). *20,000 leagues under the sea* (M. G. Vogel, Ed.). New York: Baronet.

Weiss, H., Caspe, M., & Lopez, M. E. (2006, Spring). *Family involvement makes a difference* (Harvard Family Research Project No. 1).

Wharton, A. C., & Ford, H., Jr. (2007, October 28). Fixing broken dreams. *The Commercial Appeal*, pp. V1, V3.

Wilson, F. R. (1998). *The hand: How its use shapes the brain, language, and human culture*. New York: Pantheon Books.